大夏书系·教师专业发展

有效作业创意设计

这样的作业有意思

李志欣 / 主编

华东师范大学出版社
全国百佳图书出版单位
·上海·

图书在版编目（CIP）数据

有效作业创意设计：这样的作业有意思 / 李志欣主编 . —上海：华东师范大学出版社，2022

ISBN 978‐7‐5760‐3345‐8

Ⅰ.①有... Ⅱ.①李... Ⅲ.①学生作业—教学设计—中小学 Ⅳ.① G632.46

中国版本图书馆 CIP 数据核字（2022）第 195481 号

大夏书系・教师专业发展

有效作业创意设计：这样的作业有意思

主　　编	李志欣
策划编辑	卢风保
责任编辑	万丽丽
责任校对	杨　坤
封面设计	奇文云海・设计顾问

出版发行	华东师范大学出版社
社　　址	上海市中山北路 3663 号　邮编　200062
网　　址	www.ecnupress.com.cn
电　　话	021‐60821666　行政传真　021‐62572105
客服电话	021‐62865537
邮购电话	021‐62869887　地址　上海市中山北路 3663 号华东师范大学校内先锋路口
网　　店	http://hdsdcbs.tmall.com

印 刷 者	北京密兴印刷有限公司
开　　本	700×1000　16 开
印　　张	23
字　　数	360 千字
版　　次	2022 年 12 月第一版
印　　次	2025 年 7 月第八次
印　　数	14 101–16 100
书　　号	ISBN 978‐7‐5760‐3345‐8
定　　价	72.00 元

出 版 人　　王　焰

（如发现本版图书有印订质量问题，请寄回本社市场部调换或电话 021-62865537 联系）

编 委

主　　编：李志欣

副 主 编：袁凤芹　刘向娟　潘啊媛　张艳君　丁曼旎　朱盈梅

参编人员（排名不分先后）：

谢　君	燕东溪	李华旭	孟　丹	李　丹	孟凤英	杨　璐
强　荣	吕志敬	周　莉	安　艳	申雨夕	付　静	吴与伦
石文君	韩文皓	李志叶	王晓庆	王英华	乔韵璇	庄美娟
杨宏丽	孙维敏	段宁宁	臧　丹	张　磊	王　鑫	范秀敏
李晓惠	王　烨	刘和妍	魏小林	翟媛媛	张凤莲	赵　艳
常　崑	韩　静	商利民	杨宁宁	高士文	王丁丁	刘　晶
穆增宇	郑　敏	陈　燕	徐娅玲	杨　洪	牟孟诗	伍徐婷
王婷婷	刘文亮	杨倩倩	徐　娟	李　红	李方超	张　颖
陈　霞	张晓婉	张　驰	杨　帆	李　斌	尹　宏	曹一敏
柴　琼	唐　婕	王作舟	李　鹏	刘怡斐	赵　娜	刘　佳
吴振华	马晓瑾	张　琦	刘石岩	王美珍	陈新红	宫晶波
王在英	石　芯	孙志龙	张玉淑	罗　蓉	唐婷婷	方广琴
张嘉懿	王小英	栗方薇	范冬晶	刘　晨	杨寒文	李　莉
欧阳红霞	王　赫	梁小娟				

目录

序　尊重学习者的作业设计归来了 / 1

第一章　分层式作业设计

分层作业点燃兴趣
　　——低年级"中华先锋人物故事汇"系列丛书整本书阅读 / 3

采访分工，写作分层
　　——《对_____的一次访问》分层作业设计与实践 / 9

点燃思维的火花，展现不同的自我
　　——茅盾《白杨礼赞》分层式作业设计 / 13

关注差异，分出精彩 / 17

作业优化分层，让学习更高效
　　——四年级数学分层作业设计与实施 / 22

盲盒不盲，心中有数
　　——"分数的再认识（一）"分层式作业设计初探 / 26

精做、能做、乐做、想做的分层作业设计 / 31

分层预习作业助力减负增效 / 36

"常规+特色"初中数学资优生作业设计实践探索 / 40

分层让每个学生爱上英文写作

　　——What's your favorite animal? 例析 / 44

有效作业精彩"分层"

　　——初中英语大单元核心任务分层设计初探 / 49

分层设计"看见"学生

　　——《鸟类的生殖和发育》分层作业设计 / 53

给 BMI 指数"开处方"/ 57

第二章　探究式作业设计

以单元视角优化语文作业设计，培养学生探究能力 / 63

触动爱的玄机

　　——《背影》探究式预习作业设计 / 69

架设支架，让作业不难且有趣 / 74

统计视角下的"欢乐泡泡跑"/ 78

关于"正方体展开图"精准有效作业的设计与实施 / 82

在探究中渗透数学"类比"思想 / 86

"探中学，学中探"

　　——"我最喜爱的动物"探究式作业设计 / 91

以素养为导向的化学探究式作业创新研究 / 95

小豆子发芽啦 / 100

基于核心素养培养的初中历史探究性作业设计 / 104

跟着贝尔看世界 / 108

以"崇尚英雄,捍卫历史"为主题的思想政治学科探究作业设计 / 112

第三章 项目式作业设计

我的中队日志我记录 / 119

"最美校园,最美遇见"
——小学五年级语文项目式作业探究 / 124

如何设计有趣、有用、有意义的整本书阅读作业 / 128

做一个独立思考的人 / 133

我当小小导航员 / 140

制作 2022 年个性化年历 / 144

大概念视角下的项目式作业设计 / 148

基于教材主题情境的初中英语项目式作业设计 / 152

项目式初中英语寒假作业设计探索 / 157

见证生活中的党史 / 161

热点联动区域 / 165

十分钟的水钟,十年的约定 / 169

第四章　体验式作业设计

把课文演起来 / 175

让作业成为学生的幸福体验 / 180

让语文作业"活"起来 / 185

通过真实体验激发学生写作动力 / 190

"动"起来

　　——从切土豆丝到动词的挑选 / 194

在体验中"走近鲁迅" / 198

钟表里的那些事儿 / 203

究竟有多高 / 206

作业即生活,生活即体验 / 212

身边土壤的多样体验 / 217

"累跑 mini 马拉松" / 221

我与中秋有个约会 / 225

第五章　开放式作业设计

基于中国二十四节气的小学低年级语文开放式作业设计 / 231

短故事，长作业 / 235

校园文化行 / 239

搭建开放作业平台，感受传统文化魅力 / 243

开放设计提升思维 / 247

操场面积齐测量，手绘地图各创想 / 251

制作一本年度纪念册，讲"过去"的故事 / 255

穿越历史时空的对话 / 260

共同捍卫国家利益 / 265

邀您一起过花朝节

　　——"花·生命·美"跨学科开放式作业设计 / 269

小沙包，大学问 / 273

法定假日开放作业设计 / 278

第六章　全学习式作业设计

认识"一整个儿"秋天

　　——大单元作业设计助力减负增效 / 285

创设多元实践活动，让语文学习从"有意思"到"有意义" / 290

独一无二的定制学习单

　　——七年级语文原创字词互测卡 / 294

"种蒜苗":单元长周期数学实践作业设计案例 / 298

测来测去,"圆"来如此 / 303

小学数学拓展类作业设计的华丽转身 / 308

基于 SWOT 分析法的问题分析式英语作业设计 / 315

制作健康生活杂志:基于主题意义探究的英语单元作业设计与实践 / 321

"育英大讲堂"微讲座:让作业为学生成长"赋能" / 325

统一的多民族国家的建立与巩固

　　——"剧本杀"与历史作业的结合尝试 / 330

议题式作业对提高高中思想政治作业有效性探究 / 334

《学习导航》:以评价体系构建系统设计九年级化学作业 / 339

层进式音乐综合性实践作业设计初探

　　——以《浓郁的思乡情》单元作业设计为例 / 344

后记　重构家庭作业的逻辑起点 / 349

序 PREFACE

尊重学习者的作业设计归来了

2021年7月,中共中央办公厅、国务院办公厅印发《关于进一步减轻义务教育阶段学生作业负担和校外培训负担的意见》(下文简称"双减"),提出"全面压减作业总量和时长,减轻学生过重作业负担"。作业设计与有效管理成了落实"双减"政策的必然要求。全国各地中小学校纷纷制定作业管理办法,展开作业设计的实践探索。

这让我记起了2008年在山东工作时,在一所普通的农村初中学校,与一群普通的农村教师一起,"斗胆"进行了旨归"减负增效"的课下作业改革。当时,老师们内心是认可作业改革的意义的,但是严峻的"应试教育"环境,裹挟着老师们每天身困于同一班级不同学科之间、同一年级相同学科之间的博弈状态中,大家为了争抢学生的课下时间,以期让自己的学科获得更多的学习时间,仍然想出了很多争相布置作业的办法。

于是,我对老师们所布置的作业规定了时间,对内容进行了限制,如语文、数学、英语一天只能布置30分钟以内的作业,物理、化学只能在有课的当天布置30分钟以内的作业,其他学科一律不准布置任何形式的作业。实施一段时间后,我通过调查,发现学生作业还是很多,原因就是作业量缺乏监控,无法保证教师自觉地按30分钟的时间去布置作业。

我重新思考新的措施,要求语文作业只能在周一、周四布置,数学作业在周二、周五布置,英语作业在周三、周六布置(当时一周上6天课),物理、化学在有课的当天布置,且都规定了明确的题型和数量,如语文只允许布置一个阅读理解题，数学只能布置一至两道题，英语只能布置一道书面表达题，物理、化学只能在有课的当天布置一至两道题，其他学科不允许布置作业。这样，作业控制的效果自然上去了，但是实施过程却异常艰难，令人心酸。

有位老教师工作很卖力，他布置的作业是全校最多的。对于作业改革，他就是想不通。我先是对他进行说服教育，他不听。没有办法，我只好把他分发下的试卷收起来。他质问我："难道工作干得多也是错？"对此，我继续耐心解释。当然，还有更令人不可理解的事情发生，比如，刚下发了关于作业布置情况的通报，马上就会被人撕掉；写在小黑板上的常规检查提醒反馈，被人打上刺眼的叉号。

以上现象都是在教师对作业改革的意义形成一致意见的情况下发生的，我没有想到在实施过程中会出现如此多的矛盾。教育需要按规律办事，即使再困难也要坚持。我是想通过这种毅然决然的方式，让教育回归本真，不要再按"应试教育"的老路走下去了，我们该为孩子一生的幸福打点行装。我坚决地执行着在当时被看作是另类的教学管理，教师则不断地同我玩"猫捉老鼠"的游戏和打"游击战"。

可喜的是，在不长的时间里，作业改革显现成效，教学成绩不降反升，获得了全面丰收。以此为突破口，学校启动了一系列卓有成效的全方位的改革。该项作业改革实践于2014年荣获教育部首届教学成果奖评选二等奖。

现在回想起来，当时的作业改革只是围绕作业的时间、作业的数量来展开，采取截断教师"后路"和"倒逼"的方式，督促教师关注作业的质量、作业的形式与作业的反馈，继而转变教学观念，提高教学效率。这种依靠学校行政力量强硬推进的措施在短时间内可能有效，但是也会引发一系列的问题与矛盾，如家长的不理解，感觉管理孩子的学习没了抓手；没有关注到不同层次的学生需求；教师未得到有效设计作业的专业指导；课堂先进观念与有效操作还不能及时跟进；等等。

至今仍然让我感到内心不安的是，当时的行动是有些功利色彩的，说直白些，就是为了当时的考试成绩，其逻辑是避免老师们的不正当竞争，让老师的课堂教学效率高一些，学生有些自主学习的空间。其实，当时的措施还没有完全触及作业改革的本质，没有打动老师真正为了学生的需求而进行探索，老师们只不过是对练习册或教辅书上的材料进行了比以前更加精细的筛选，还没有考虑到学生的个性选择与全面发展。有效发挥作业育人功能，在当时仍然显得苍白无力，作业改革势单力薄。

"双减"政策的颁布与实施，让我敏锐地感受到，中小学校作业改革的春风到来了。坚持立德树人，落实"五育"融合，积极培育和践行社会主义核心价值观，弘扬中华优秀传统文化，充分发挥作业育人价值，通过布置科学合理的有效作业，帮助学生巩固知识，形成能力，培养习惯，促进学生全面发展。

作业设计要以提升学科课程核心素养为目标，关联真实情境，注重综合性，突出开放性，通过设计多种类型的作业，促进学生形成适应个人终身发展与社会发展的正确价值观念、必备品格和关键能力。以单元作业的科学设计和实施为重要途径，以问题解决为导向，关注学生差异性，关注学生心理需求，增强作业的针对性、实效性、创新性和趣味性，实现减负增效。

各学校在作业改革方面都进行了有益探索，如我校不断完善作业管理制度，对作业设计与实施的全流程情况进行指导和监督，实行年级组和教研组"双统筹"机制、班级与学校"双公示"制度。年级主任负责对本年级作业布置情况具体调控管理，加强监督指导；教研组长负责本学科作业的学期规划和专业指导；班主任负责班级各学科作业布置的协调和反馈，学科教师负责作业的具体设计和实施。各学科教师将当天的作业布置情况在班内显著位置进行公示。年级每周以学科组为单位在本年级显著位置进行作业公示。

学校不定期组织座谈会、开展问卷调查等，就作业专题问道于师生和家长。将学科作业设计与实施能力作为教师的基本素养，纳入教研和培训，组织各年级学科教师结合日常单元教学开展专项研究，鼓励教师先行先试，积累经验。

我发现，老师们由开始的面对作业管理惊慌失措，到逐渐对作业属性进行纠偏，再到对作业设计进行理性研究，最后到自觉在课程视域与素养导向下重新构想作业的设计，彻底打破了过去对于作业"松散管理、惩戒控制、机械训练"的思想偏执，转变了过于功利追求成绩以致忽视学生成长的不良心态。

华东师范大学出版社编辑卢风保老师在2021年11月与我联系，希望我负责主编一本关于作业设计的书，中心议题是："双减"之下，教师如何设计出既有创意又有效的作业？本书基本框架分为六章：第一章是分层式作业设计，第二章是探究式作业设计，第三章是项目式作业设计，第四章是体验式作业设计，第五章是开放式作业设计，第六章是全学习式作业设计。每篇文章均按照"作业设计缘起""设计与实施过程""教学反思"三部分撰写。

这正好触动了我的神经，点燃了我再次研究作业设计的想法。于是，我把约稿通知发到学校教研群里，同时发给我微信群里的部分校长与教师。没想到的是，大家反应积极，不到两个月，截至 2022 年 1 月 31 日除夕夜 8:00，150 余篇稿子发到我邮箱里。其实，老师们积极参与活动的热情，证明了大家对"双减"政策的支持，反映了老师们对和谐教育环境的期待。

本书 74 篇作业设计案例，以北京市育英学校一线骨干老师设计的作业为基础，同时囊括全国多个地区老师的作品，内容涵盖中小学不同年级的多个学科。这样，便于不同学科、不同年级之间的学习借鉴、融通整合，构建基于共同育人目标的九年一体化作业设计系统。每篇文章均凸显新创意、新思维，体现原创性、实效性，可学可用。

有的案例将学科必备知识与关键能力融合其中，兼顾对学习方法、策略、习惯、情感、态度、思维、价值观的培养；有的案例内容涉及相关学科的各类创新实践、体验探究、场景操作等学习项目；有的案例在方式上不再局限于"纸笔答题"，为课堂所学服务，也不仅仅局限在教室内学习，更多的学习空间打开了，灵活多样的学习方式诞生了；有的案例采用的方法包含口头与书面、动手实验、制作设计、采访调查、探索研究等多种形式的结合，课前、课中与课后的结合，自主完成与合作完成的结合，跨学科横向与纵向的结合，时空、生活与世界的结合，有线上与线下的结合，现实社会与未来发展的结合；有的案例在评估反馈上，从"对错评判"到"证据诊断"，将过程性评价、表现性评价纳入设计，让学生在作业实践中，有可以依据的自评、互评标准，在评价中学会学习，实现成长。

同时，这本在 2022 年寒假期间由百余位教师共同完成的书稿，让大家明白，教师才是作业设计的直接主体，作业改革不仅有意义，更有可能优质推进，有效的作业设计与科学的实施，是教师教书育人过程中应担起的责任与使命。本书为教师学会如何设计一份高质量的标准化作业，提供了思路和样本；

也为加强教师作业设计方面的交流，提供了经验和启发。设计作业的过程也是教师自我提升、实现专业发展的过程。

  当你阅读完书中所有的案例，或许你会改变学生作业设计的思维方式，会认为承载着全面育人功能的作业应该流行起来，你会感觉到，尊重学习者的作业设计归来了。

李志欣

2022 年 2 月 2 日

PART 1

第一章

分层式作业设计

我国古代的教育家孔子提出了"因材施教"的育人主张；近代教育家陶行知说，"人像树木一样，要使他们尽量长上去，不能勉强都长得一样高，应当是：立脚点上求平等，于出头处谋自由"。"因材施教""不能勉强都长得一样高"都强调在教育过程中要尊重学生的个性差异。教育要面向全体学生，同时要根据学生的兴趣爱好、知识基础、智力水平、学习习惯、家庭环境等方面的差异，有的放矢地进行教学。

"双减"背景下精心设计分层作业，能够激发学生学习的积极性，提高学习效率。分层作业布置关注学生的主体地位，学生可以从作业探究中感受到学习的乐趣和成就感。

本章所收录的作业设计案例，呈现了教师在实践过程中对"分层式作业设计"的探究和创新。阅读本章，您可以了解低年级整本书阅读和初中作文个性化分层作业设计与实施的过程；您可以了解数学学科通过"题目变式"，为学有余力的学生提供个性化作业的有效探索；您可以了解英语学科"大单元核心任务""写作练习"的分层作业设计方案……

"教者有心，学者得益"，老师们精心设计和实践"分层式作业"，给学生们提供了选择的机会。在作业完成的过程中，学生们张扬了个性，获得了个性化的生命成长。

分层作业点燃兴趣

——低年级"中华先锋人物故事汇"系列丛书整本书阅读

北京市育英学校　谢君

一、作业设计缘起

《义务教育语文课程标准（2022年版）》指出，要鼓励学生自主阅读、自由表达，倡导多读书、好读书、读好书、读整本书，培养读书兴趣，提高读书品位。"双减"背景下，学生的阅读兴趣不能减。多元智力理论为我们进行分层作业提供了参考，既要有作业量的分层，也要有作业难度的分层（分为基础、发展、创造三级目标），还要为学生提供自主选择的作业。（曹秀华，《基于多元智力理论的分层作业设计》）在整本书阅读教学时，要坚持整体性和系统化的原则，同时营造良好的读书氛围。（王春林，《中小学语文"整本书"阅读教学研究》）通过分层作业，我们期望每个学生体验读完整本书的快乐，不同能力的学生在课堂上有所得，充分激发学生读整本书的阅读兴趣。

二、设计与实施过程

实施中我们分成三个阶段：选书和预读、通读和研读、评价与总结。作业为基础类、发展类和创造类。学生必须完成基础类作业，再根据喜好任选其他两类。阅读课每周两节，响应"双减"号召，为减少学生作业负担，每课作业完成时长为两周。

1. 进度分层，激发兴趣——选书和预读

这套丛书从书册数量和种类来说具有可选性。课前，我们进行读书期待的交流，大致分为几类问题：人物生平类、人物品质类、背景知识类、重要事迹类。课上，我们先选一小段人物的童年故事读给学生听，激发他们继续阅读的愿望。学生根据自己的兴趣选出了爱看的书（见下表）。

职业分类	书　名
石油工人	《王进喜》
医生	《钟南山》
解放军	《王杰》《雷锋》
科学家	《王选》《钱学森》《中国航天员》
运动员	《中国女排》
政府工作者	《孔繁森》《杨善洲》《谷文昌》《廖俊波》《焦裕禄》
数学家	《华罗庚》
作家	《张海迪》
戏剧家	《常香玉》

在预读环节，每个同学读目录了解书的内容。当遇到不认识的生字时，我们鼓励学生自己查字典解决。学生边读边联系生活进行想象和补充，再打开书本进行阅读验证。我们还为学生设计了阅读积分折，按阅读次数记录。

作业设计：

（1）基础类。读自己喜欢的章节，记录在阅读积分折上。

（2）发展类。说说读书过程中解决了什么问题，对自己下一步的阅读有何帮助。

2. 积累分层，学会表达——通读和研读

学生根据阅读偏好，选择不同人物的书进行阅读，在读中不断积累和发现。他们发现在人物成长过程中，有一些人对他们的一生会有深刻的影响，比如钟南山的爸爸、华罗庚的朋友闻一多等。

学生选择感兴趣的故事讲故事。能力弱的学生，站在讲台上讲自己感兴趣的故事情节；能力强的学生利用书上插图或是网上的图片进行复述。阅读同一本书的学生，还按照人物在不同时期的经历将故事进行汇编。

作业设计：

（1）基础类。

①写一写你积累的好词好句。

②你喜欢的这个人物为什么能成为先锋人物？你能从书中找到依据吗？

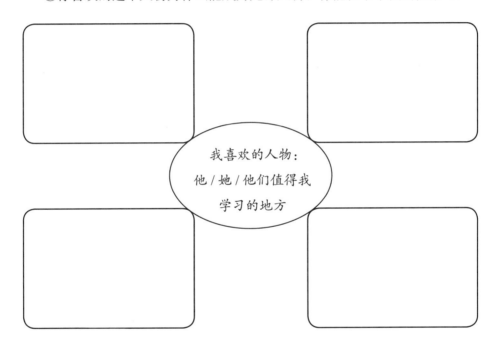

（2）发展类。

①绘制人物时光轴。

书中讲了很多先锋人物的故事，选择你最喜欢的人物，为他的一生画一画时光轴。你还可以根据自己的理解，加上时间点。

②为你喜欢的人物画一画人物关系图。

③我与人物做对比。

先锋人物的童年和我们的很不一样,你觉得和你的生活有哪些不一样呢?请你找出书中相关句子,抄写下来,并和自己的生活做对比。提示:可以从家人、衣食住行、社会背景等角度进行对比。

④背景知识我知道。

先锋人物来自各行各业,你喜欢的人物从事什么工作?他/她/他们在自己的工作领域做出了特别大的贡献,你想了解背后的知识吗?比如,新冠病毒、发射卫星、数学知识、排球知识、建造铁路知识、戏剧知识等。你从书中提出的任何一个问题都可以通过查阅资料和阅读来解决,快开始吧!试着做一份小报。

(3)创造类。

①为喜欢的人物故事画插图。

你最喜欢哪个人物?印象最深刻的是哪件事?请你把自己的理解画下来。

②我为此书绘海报。

温馨提示:海报中应包含本书的内容简介、情节插画或书的封面、你真挚的推荐语,还可以引用人物的名言、其他人的名言等。

3. 展示分层,我型我秀——评价与总结

本阶段主要是对读书成果的评价和总结。在研读的基础上,学生选择喜欢的人物进行进一步的学习,学生选取自己喜欢的故事情节进行展示,或朗读或讲故事。在表达中,讲的学生认识了更多生字,锻炼了表达能力;听的学生更深入地了解了故事情节,感受人物形象。

作业设计:

(1)基础类。

①识字小报展示。

②我会讲故事。

根据故事情节(书中相关的插图),请学生围绕书中图画内容和文字讲故事。用同样的方法,让学生自己讲一讲其他先锋人物的故事。

例：

钱学森
数星星的孩子
少年有梦
两个"一百分"
留学路上
归心似箭
祁连山下

（2）发展类。

①谁是成长中最重要的人？

每个人物的成长都离不开重要的人，像钟南山的父母、女排的教练等。选择你最喜欢的人物故事读一读，说一说你觉得谁对他/她/他们的成长最重要。

②先锋人物中有很多人物职业相同或不同，他们身上有哪些异同点？总结他们成为先锋人物的原因。

先锋人物之对比

我最喜欢的人物是_____和_____。

他们的共同点：_____

他们的不同点：_____

（3）创造类。

先锋人物故事有多种展现方式，如人物传记、回忆录、纪录片、电影等。请你根据推荐，选择喜爱的方式进行拓展阅读。

①读一读《焦裕禄》这本书，结合书上的六幅插图，找一找对应的句子，讲一讲人物故事。

②观看央视纪录片《故事里的中国：焦裕禄》或电影《焦裕禄》，找到书中相应的故事情节，想一想有什么异同。

三、教学反思

苏霍姆林斯基曾说:"课后作业应当是根据学生的爱好和多方面的智力需求来设计的,课后作业应当使学生的知识面向广度和深度发展,能提高学生各方面的能力,使读书与生活实践联系起来。"我们依据学生的年龄特点来设计阅读课和作业,不但培养了学生的阅读习惯,而且将趣味性与知识性相结合。菜单式的作业将阅读延伸到课后,激发了兴趣,提升了能力。学生通过基础阅读、比较阅读和拓展阅读,潜移默化地受到人物品质的熏陶,建立起书籍与生活的联系。

尽管如此,我们的作业设计还有待提高的地方,要更多地考虑到学习能力弱的学生,在学校为他们提供更多阅读的空间。

采访分工，写作分层
——《对_____的一次访问》分层作业设计与实践
北京市育英学校　刘向娟

一、作业设计缘起

作业设计要突出作业的层次性。每位学生都是独特的生命个体，不同的生命个体之间存在着一定的差异。从语文写作教学来看，学生的认知能力、情感体验、语言表达等方面都有很大的差异。

七年级写作内容以写人叙事为主，写作体裁以记叙文为主。在写作训练的过程中，我发现有的学生或缺少素材，或内容虚假，学生的写作能力参差不齐。怎样让学生在作文中描写真人、讲述真事、抒发真情、写出实感呢？

"双减"背景下，怎样通过作业设计，降低写作难度，激发学生的写作热情呢？在写作训练中，怎样通过分层作业设计，既让学有余力的学生发挥个性专长，又让学习困难的学生有所提升呢？怎样将写作知识的学习，落实到实际应用中呢？针对这些问题，我进行了分层作业设计与实践。

二、设计与实施过程

1. 教材上的写作任务

部编版教材七年级上册第四单元写作任务三如下：

你有勇气去访问你所在地区的一位名人，或者本校一位不熟的教师吗？勇敢地尝试一次，你不仅会获得人际交往的经验，还可能收获满满的自信。记得提前做点儿准备，列出你的访问提纲。访问完成后，以《对_____的一次访问》为题，写一篇作文，跟同学分享你访问的经过和感受。

这个写作任务的设计，落实学习目标"思路要清晰"，让学生学会作文中的布局谋篇，做到结构完整、层次分明，清晰地表达自己的思想情感。

2. 改编后的写作任务

根据教学的实际情况和育英学校七年级学生的特点，我把写作任务变成了一次作业，鼓励学生与校园内"不熟悉"的人近距离接触，进行采访，完成写作训练《对_____的一次访问》。采访结束后，再根据自己的采访体会、写作兴趣，选择不同层次的作业。

要素	A 层	B 层
采访过程关注要点	能重点观察记录被采访者的表情、语言、行动，尤其是采访者的眼神和手势，体会他当时的心理活动。	在 A 层的基础上，整合谈话记录，体会被采访者的心理、精神、美德，明确对自己的影响。
写作基本知识	思路清晰。能够按照空间和时间的顺序，记录采访的过程。	思路清晰。能够按照一定的逻辑顺序，介绍你采访的人。
写作升格	在文章适当的位置，概括出被采访者值得你学习的美德或精神。	在写作中能融入自己的感受，可以是被采访者给自己的启发，也可以是访问后多元的感受。

改编后的写作任务，落实学习目标"思路要清晰"。在实际写作中，七年级学生已经学习了三种写作顺序：按照事情发展的顺序写作，按照空间顺序安排层次，按逻辑顺序安排层次。"时空顺序"在写作实践中是相对简单的写作设计，"逻辑顺序"对于学生来说需要高阶思维。所以在作业设计中，我主要就写作顺序进行了分层设计：写作水平低的同学继续夯实"时空顺序"写作，写作水平高的同学挑战"逻辑顺序"写作。

3.《对_____的一次访问》分层作业的实施

作业时长两周，采访时间自由选择，采访对象可以自由选择。在语文课堂上，小组先确定采访对象，大部分小组选择的是学校领导、老师，也有小组选择的是优秀学长。有个别小组的采访对象是重复的，我再向他们推荐其他的老师，供他们选择。班级11个小组，确定了11位采访对象。小组共同制定采访提纲，合作采访，独立写作。

作业需要运用所学习的语文知识——写作顺序，可以选择简单的空间和时间顺序，记录采访过程；也可以选择逻辑顺序介绍采访者。选择A层作业的同学需要记录真实的采访过程，选择B层作业的同学需要整合采访内容，理清人物精神，再去写作。

在采访中，学生分工不同。几个人在一起明确分工，相互合作，最终顺利地完成采访任务。

学　生	活动分工建议	分工原因
A组长	采访前：负责组内采访分工；审核采访提纲；预约采访对象。 采访中：补充提问；采访记录。 采访后：总结；帮助写作有困难的同学梳理采访内容；制定采访提纲。	学有余力的学生承担的任务多，在采访活动中起到主导作用。
B同学	采访前：设计、完善采访提纲。 采访中：采访记录。	此同学有一定的创新能力；书写速度快。
C同学	采访前：熟悉采访提纲。 采访中：现场提问。	此同学语言表达能力强，善于沟通。
D同学	现场拍照。	此同学动手能力强。
分工合作设计意图与效果	（1）四位同学采访的对象相同，所听到的内容也相同，写作素材来源于生活，所以每位同学在写作时，都有内容可写。从学生的作品来看，虽然内容相同，但是写作的结果却不尽相同，有个性化的特点。 （2）学有余力的学生在活动过程中，可以将他的思维方式传递给小组的其他同学，在一定程度上锻炼了学有余力学生的能力；作业分层，又让学有余力的学生呈现出更精彩的作品。 （3）写作困难的学生减少了对写作的畏惧感，他们也能根据采访提纲及被采访者的语言，写出比较精彩的文章。	

三、教学反思

这份作业的内容、主题来源于教材，在具体实践过程中又超越教材，有校本特色。

这是带有游戏性的分层作业设计。下课后，同学们分别去约被采访人，确定好采访的时间。课间、午间，我看到学生们在校园里，拿着相机、笔记本，去拜访他们的采访对象，俨然就是一个个记者团队，挖掘校园中学生仰慕的人物背后的故事。他们要采访的是相对陌生的人，具有一定的挑战性。

学生们采访了初中学部校长、老师、学长……在写作中，他们呈现了校园中师生员工不为大家所熟知的另一面。采访的过程，也是学生发现精神力量的过程。

比如学生在阅读了李志欣校长的散文《祖母》后，采访了李校长，在文章结尾处写道：

"向死而生"是很高尚的生命哲学。懂得"向死而生"，才能活得更通透，更明白，更轻松，更健康。我忽然明白了，当我们提到李校长的祖母时，他没有伤心，不是因为他冷血无情，而是因为他通过祖母的乐观与豁达，懂得了与其深陷思念与痛苦，不如欣然接受离别的现实，珍惜当下的生活，活出境界，活出精彩。

在采访体育老师陈宇后，学生写下了这样的文字：

不知不觉中，我们的采访走向了尾声。我们向陈老师表达感谢并道别。陈老师远去的背影与操场上十个大字"文明其精神，野蛮其体魄"融为一体。这是伟大领袖毛主席所说的一句至理名言。通过体育，我们要使体魄"野蛮"，更要铸造强大的"文明"的精神。

在完成作业的过程中，学生亲自采访，合作分工中彰显团队的力量；自主选择完成分层写作任务，又展示了学生的个性。

点燃思维的火花，展现不同的自我
——茅盾《白杨礼赞》分层式作业设计
山东省东营市广饶县丁庄街道中心初级中学　燕东溪　李华旭

一、作业设计缘起

长期以来，我校语文老师在作业布置上，仍然更多地重视基础知识和基本技能的训练，忽视了《义务教育语文课程标准（2022年版）》中"学科核心素养"导向的教学目标。再加上中考的压力，学生的作业负担没有减轻，反而让自己陷入了重复、单一的机械作业当中，毫无生气，甚至厌倦。随着"双减"政策的落地，传统的作业观已不适应新课程实施的要求。

面对现状，我们从学科的角度出发，从改变作业的形式、内容以及考虑学生的个体差异等方面进行思考，优化作业设计，实行分层作业模式，提升作业趣味性，转变过去那种机械、枯燥、重复的作业形式，切实减轻学生过重的作业负担，使不同层次的学生都能体验到做作业的乐趣。我们把作业过程与情感态度、价值观的熏陶结合起来，改变学生的学习态度，养成良好的学习习惯，不断提高学生综合运用语文的能力，提升学生的语文素养，提高语文学习的效率和质量。

二、设计与实施过程

1. 作业分层

《白杨礼赞》是茅盾先生的一篇脍炙人口的散文，选录在八年级语文上册

（五四制部编版）课本中。我们把《白杨礼赞》一文的作业分为三个部分：积累运用、阅读理解、素养提升。

（1）积累运用。

①基本字音和字义：无边无（垠）、坦荡如（砥）、倦（怠）、（潜）滋暗长、旁（逸）斜出、婆（娑）、（虬）枝

②成语运用：我们学校新建的操场真大呀，一眼望去，无边无垠。（"无边无垠"运用错误）

③标点符号运用：王旭城看到我校新体育馆由衷地感叹："真壮观啊"！（感叹号应该在引号内）

④修改下列病句：白杨树是西北地区极普通的一种树，只要有草的地方，才有白杨树的影子。（关联词有误，应是：只要……就……）

设计意图：立足于文本字词句意最基础的考查，同时结合学校和学生实际，设计了成语理解、标点符号和病句的考查，让一些中考知识点始终出现在学生脑海里。通过对这部分作业的训练，达到让所有学生都能掌握一些基本技能和本课的一些基础知识的目的。

（2）阅读理解。

当你在积雪初融的高原上走过，看见平坦的大地上傲然挺立这么一株或一排白杨树，难道你就觉得它只是树？难道你就不想到它的朴质，严肃，坚强不屈，至少也象征了北方的农民？难道你竟一点也不联想到，在敌后的广大土地上，到处有坚强不屈，就像这白杨树一样傲然挺立的守卫他们家乡的哨兵？难道你又不更远一点想到，这样枝枝叶叶靠紧团结，力求上进的白杨树，宛然象征了今天在华北平原纵横决荡，用血写出新中国历史的那种精神和意志？

①选文主要写了什么内容？

②白杨树的内在精神是作者"礼赞"的根本原因，但作者又说"白杨树算不得树中的好女子"，作者在这里运用了什么表现手法？有什么作用？

③结合语境品味下列句子中画横线词语运用的妙处。

它没有婆娑的姿态，没有屈曲盘旋的虬枝。<u>也许你要说它不美。</u>

④文中画线的四个反问句之间构成什么关系？运用这种关系揭示白杨树的象征意义有什么好处？

设计意图：作业选段是文章关键段落，是主旨升华部分。设计了概括内容、理解词语及其作用、分析写作手法等问题，让绝大部分学生对文章的重点问题都能基本掌握。训练概括文本内容、分析表现手法、赏析句子、理解文章的主旨等答题技巧，使学生实现从不会答题到熟练答题的能力提升。

（3）素养提升。

学习了《白杨礼赞》之后，请你参与并完成以下任务。

①识白杨。下面是检索自网络的关于"白杨树"的介绍文字（略），请你说出它与课文第五段中写白杨树的文字在语言风格和表现手法上的不同点。

②唱白杨。歌曲《小白杨》脍炙人口，你能根据这首歌的歌词，探究其借助"小白杨"抒发的感情吗？

③议白杨。课文中，作者用白杨树象征西北敌后抗日根据地中国共产党领导下的抗日军民。历史的车轮驶入21世纪，你觉得白杨树还可以象征我们身边哪些人物？为什么？

设计意图：在理解文本的基础上，把文中对"白杨树"的描写和其他对"白杨树"的介绍或讴歌进行比较，让学生多方面去认识事物、感悟事物、结合实际表现事物，即：识—悟—用。这部分训练有助于培养和提升学生学以致用的能力。

2. 实施过程与效果

（1）实施过程。

实施过程中把学生分成三个组：A组占总人数的20%，B组占60%，C组占20%。分组的时候给学生讲清分组的目的和重要性，消除学生思想中的消极心理。

积累运用类作业，B、C两组都必须完成，A组可以不做；阅读理解类作业，三个组都要完成；素养提升类作业，A组必须完成，C组可以不做，B组从三个题目中任选其二。

学生完成分层作业后，各层次的学生在作业本上对当天的知识进行小结。教学中的分组不是一成不变的，一个月的作业都能够达到高一级的要求，可以进入到高一组，B 组中学习特别困难的也可以退入到 C 组。

采用分类评价学生作业的方法测评学生，对学困生判分适当放松，对优等生判分适当从严。在完成作业的时间上，对中差生可放松些，对优等生可紧些。

（2）实施效果。

在激励机制下，学生学习有压力也有动力，在成功的尝试中树立了学习的自信心，培养了学习的兴趣，从而实现了"人人都能获得必需的知识，不同的人都得到不同的发展"的目标。

三、教学反思

在《白杨礼赞》的教学过程中，我们先是设计好积累运用、阅读理解、素养提升三类作业，三种题目要求学生达到的目标各不相同，层层递进。对于 C 组，要求能够达成作业布置的最基础目标；对于 B 组，重在检阅学生对所学知识理解的深度和运用知识的熟练度；对于 A 组，利用作业发挥学生的学习潜能，注重引导学生的独特思考。通过批阅学生的作业，我们发现：C 组能够达成作业布置的最基础目标；B 组能够完成基础题与阅读提升题；A 组发挥出较好的学习潜能，三类作业都能按时完成。分层作业，调动了学生的积极性，达到了预期的教学效果。

设计分层作业，让我们更好地了解了学生掌握知识、发展能力的综合信息。从这些信息中，我们不但可以比较准确地了解学生"学"的情况，还能及时发现自己"教"所存在的问题，从而为今后进一步改进教学方法，调节教学结构提供了有力的依据。

关注差异，分出精彩

北京市育英学校　孟丹

一、作业设计缘起

《义务教育数学课程标准（2022年版）》指出，数学课程要使"不同的人在数学上得到不同的发展"。要落实这一理念，设计合理的分层作业显得尤为重要。

在分层作业设计之初，我们根据难易程度对作业题目简单分类便进行布置。一开始，学生的兴趣很高涨，但时间一长，形式的单一让学生心生倦怠，积极性不断下降。"双减"背景下，关注学生差异的同时，我们应该如何丰富分层作业的实施路径？如何通过分层评价调动学生的积极性？带着这两个问题，我们在不同年级对分层作业的实施路径和评价原则进行了探索。

二、设计与实施过程

1. 分层作业前期准备

（1）了解教学内容。

作业是课堂教学的延续，是教学活动的有机组成部分。为了让分层作业达到最大的实效性，首先要基于单元整体确定"课时学习目标"，在此基础上梳理"学生学习结果表现"，再据此确定合适的题目。

（2）了解学生特点。

教师要及时记录学生的优缺点及知识掌握情况，关注学生在认知特点、思维发展、能力水平、个性特点等方面的差异，只有这样才能设计出适合不同层次学生的作业。

2. 分层作业实施路径

关注学生不同方面的差异，结合教学内容可以选择不同的作业分层路径。

（1）关注认知特点差异，通过题目变式实现分层。

初学圆的面积公式，在认知上，基础薄弱学生只能利用公式直接解决问题，有的可以在变式中灵活应用公式，还有的能从整体上进行知识把握。因此，针对"利用圆面积公式解决问题"这一目标可进行如下题目设计。

学习目标	学习结果表现	作业内容	作业目标
能运用圆面积公式解决简单的实际问题。	能将实际问题抽象成圆的数学模型，找到已知和未知之间的关系，从而解决问题。	A. 张爷爷用篱笆围了一个圆形菜地，它的半径是9米，菜地面积是多少平方米？	夯实基础
		B. 张爷爷用篱笆围了一个圆形菜地，篱笆全长25.12米，菜地面积是多少平方米？	巩固应用
		C. 张爷爷用篱笆围了一个圆形菜地，菜地面积是多少平方米？（先尝试补充不同的条件，再解决问题。）	拓展提升

如上表所示，与学习目标相匹配的作业内容，分为夯实基础、巩固应用、拓展提升三个层次，学生可根据自身情况至少选择一个层次完成。每一目标下三个层次的题目内容属于一组变式练习，它们之间既有联系，又有梯度，可以满足不同学生的需求。学有余力的学生不仅能完成选择，还能在选择时"同中求异，异中找同"，建构起不同层次之间的关联。

（2）关注思维发展差异，在必做和选做中实现分层。

在思维发展上，有的学生只能"就题解题"，不能建构题目间的联系，而有的则能挖掘题目中的共性特点，在题目设计时可以兼顾二者。如在学习了"分数的意义"后，为了区分分数表示"数量"和"分率"，在分数练习中进行了如下作业设计。

学习目标	学习结果表现	作业内容	作业目标
理解分数表示具体数量和分率的不同含义，能正确解决相关问题。	能结合具体情境理解、区分分数的不同含义，并能清晰地进行表达。	**必做** 1. 把 5 米长的绳子平均分 6 段，平均每段长（　　）米，每段占全长的（　　）。 2. 下面图形的面积是 2 平方米，请分别画出它的 $\frac{2}{3}$ 和 $\frac{2}{3}$ 平方米。	巩固应用 应知应会
		选做 从以上题目中你有什么发现？请尝试用分数举出更多类似的例子。	拓展创新

这样的分层设计，既有全体学生应知应会的必做练习，又在"拓展创新"中尊重了学生的思维差异，使不同的学生在作业中均有所获。

（3）关注能力水平差异，自由选择中实现分层。

在单元任务或阶段性任务完成之后，结合学生能力水平差异，可以提供不同难度的题目组合，供学生自由选择。如"运算律"单元全部学完之后，就可以提供这样的题组。

学习目标	学习结果表现	作业内容	作业目标
能根据算式的特点，熟练运用运算律正确进行简便计算，以提高运算能力。	能根据算式特点选择合适的运算律，能表述这样选择的理由，以及应用的过程。	85×82+82×15 ★ 5×289×2 ★ 58+39+42+61 ★ 25×125×32 ★★ 32×101 ★★ 85×99+85 ★★ 66666×33333 + 22222 ★★★ 请将算式补充完整：在方框中填写运算符号，横线上填写一个数或一个算式，使补充后的算式能用运算律进行简便计算。 102 □ 25 □ ＿＿＿ ★★★	尊重差异 各取所需 ★　夯实基础 ★★　巩固应用 ★★★ 拓展提升

根据班级情况可设定一个应选择的最低星级数量，以保证练习的效果。这样的设计让学生有充分的自主选择权，体现了学生的主观能动性。"我的作业我来选"，传递给学生的不仅是自由感，更有"我的作业我负责"的责任感。

（4）关注个性特点差异，小组内完成自主分层。

在作业设计多样化的今天，作业主体除了个人，还有团队，如小组合作的实践活动、探究性活动等。团队完成任务时引导学生根据作业目标进行任务分工，不同的任务需要不同个性特点的学生，如细心的同学负责记录数据，善于表达的进行分享交流等，组内在自主认领基础上再进行统筹，这其实也是一种作业分层。

3. 分层作业评价原则

（1）评价标准要多样化。

对于分层作业，不同程度的学生可有不同的评价标准。基础薄弱的学生如果把自己所选题目完成得很好，就可以得到最高等次评价。评价标准的设定要以激励为主，要使每个学生都能看到自己的进步和成功，增强他们的自信心。

（2）评价方式要多元化。

评价时既可以对作业质量进行评价，也可以对完成的态度进行评价，还可以对创新性进行评价。从形式上看，既可以是书面等级评价，也可以是口头评价，还可以是"贴画"等直观奖励评价。从评价主体上看，既可以是教师的评价，也可以是小组内同伴的评价，还可以是家长的评价。

三、教学反思

分层作业丰富的实施路径极大地激发了学生的学习兴趣，达到了预期的效果。但新问题也随之而来，直面问题才能让分层作业更好地发挥它的效能。

1. 引导学生学会选择

（1）问题描述：学生不能理性选择自己适合的层次。

（2）解决策略：帮助有选择困难或选择不当的学生分析优势与劣势，找到最近发展区,确定最适合的作业层次。因学习内容而异,每个人擅长的领域也不同,所以要引导学生动态地去看待自己的作业层级。

2. 鼓励上进,避免分化

(1)问题描述:分层作业后使优生更优,加大了"两极分化"。

(2)解决策略:首先,要鼓励学生在自己原有基础上去挑战更高层级的作业;其次,要发挥小组合作的作用,定期在组内进行作业交流展示,使所有学生对于所有层级的作业都能有一个学习的机会。

"关注差异"的分层作业无疑给老师的工作带来了巨大挑战,也使工作量翻倍,但只要能促进学生的成长和发展,就是"分出了精彩",一切都值得!

作业优化分层，让学习更高效
——四年级数学分层作业设计与实施
北京市育英学校　李丹

一、作业设计缘起

作业是教学活动的基本环节，一线教师要注重作业设计，"双减"背景下的教育环境也赋予了教师在作业设计上更广阔的思考空间。

在过去的作业设计中，我只关注了学生群体，并未经常关注学生个体的差异；往往以布置书面作业为主，缺少对探究性、趣味性、体验性等作业的深入研究。以上问题促使我重新思考作业设计的意义。作业设计是指依据一定的目的，选择重组、改编完善或自主开发形成作业的过程。（王月芬，《重构作业——课程视域下的单元作业》）这些形式是作业设计的重要方式。如何突破作业设计的原有形式？本文从作业分层设计说起，围绕两个"分"的角度谈谈四年级数学作业如何进行优化分层，让学习更高效。

二、设计与实施过程

1. 根据作业类型优化分层，让学生有所得

我将作业类型分为三类：计算作业，常规作业，拓展作业。根据个体的差异，学生每天从这三类作业中至少选两类完成。

（1）坚持计算训练，提高运算能力。

①结合评价，提高积极性。

从低年级的口算练习到现在乘除法的竖式计算、脱式计算，学生已养成了每天练习计算的习惯。为了持续提高学生的积极性，我制作了"计算摘星台"评价表，平时练习主要在课下，每周五课前 8 分钟会进行"计算摘星挑战赛"活动，这在学生心中已成为固定操作，如果周五没给学生组织挑战赛，学生是不会"放过"我的。

②巧用方法，提高正确率。

"每天没少练习计算，怎么还经常错？"这是家长经常问我的问题，同时也是我的困惑，除了认真检查，还有什么好办法呢？后来我建议学生做一张"计算易错追踪表"，记录两周后分析这张表，分析错因后再做针对性练习，这样有目的训练与归纳总结才是有效的练习，计算作业的效果才会事半功倍。

出错原因	运算顺序	进退位/试商	运算定律运用	抄错数/漏写结果	其他
典型错例					
出错次数					
改　正					

建立"计算易错追踪表"，让学生在练习的过程中主动监控自己的学习，还可以对错因进行二次分类，如在运算顺序上出错，是由于数字特点造成的思维定式，还是因为不灵活运用简便方法。每一次的分类都是对错误的一次追根溯源，同样也是一次有效的反馈。目标导向的练习，结合针对性的反馈，对学习是至关重要的。（苏珊·A·安布罗斯，《聪明教学 7 原理》）在四年级上的期末练习中，计算题全对的人数占班级总人数的 95%。

（2）选择重组常规性作业，夯实基础知识。

小学三至六年级每天书面作业完成时间平均不超过 60 分钟。在作业管理的要求下，严控书面作业总量，我们对常规性作业进行选择重组，筛选后的作业少而精，一般选择数学教材或练习册上同步教学进度的题目，尽量减少重复性，以达到巩固知识、理解概念、迁移应用的作用。

（3）改编或开发拓展性作业，挖掘深度，拓展宽度。

拓展性作业，不仅是一些具有难度的拓展题，更多的是根据教学内容进行拓展延伸，或自主开发一些实践性、体验性作业。

①依托课后习题进行拓展延伸，培养学生思维的灵活性。

以四年级上做的练习为例，同一个知识目标下根据题目难度进行分层设计。

改编前	改编后	设计意图
一只蜗牛从正方形桌面的一个点爬到斜对面的点，怎样爬路线最短？	在桌子上放一个正方体盒子，蜗牛从正方体的一个顶点沿盒子表面爬到斜对角的顶点，怎样爬路线最短？	从平面图形拓展到立体图形，培养了学生的空间感，在空间中如何应用"两点之间距离最短"，答案并不唯一，发散了学生的思维，为学有余力的学生提供了探究空间。
教材第17页第3题： （1）过一点可以画几条直线？ （2）过两点可以画几条直线？	继续思考： （3）三点不在一条直线上，最多可以画几条直线？四点呢？ （4）发现了什么规律？ （5）这个规律还适用于解决哪些问题？	从一个点延伸到多个点，再进行归纳总结，5个问题引发学生层层深入思考，锻炼了学生的推理能力、概括能力，培养了学生思维的灵活性。

②自主开发实践性作业，培养学生思维的创造性。

以中秋数学课程——探究月饼中的学问为例，同一个主题活动下根据学生完成作业的形式分层设计。

例：从以下主题中选择喜欢的问题探究，也可提出想研究的问题。

月饼馅——调查年级师生喜欢的月饼口味，用统计图表示调查的情况。

月饼皮——准备制作月饼皮需要的成分表，根据成分表提出想研究的问题。

切月饼——不考虑平均分，切3刀最多得到几块？4刀呢？10刀呢？画一画。

学生通过调查数据、动手制作、画一画等不同的完成作业的形式来呈现研究成果。这样的实践作业深受学生喜欢，学生在生活中学习，在实践中运用，在灵活自主的氛围中激发创新潜能，思维的创造之花自然绽放。

2. 根据学习目标优化分层，让课堂更高效

以北师大版数学四年级下《折线统计图》为例，我根据学习目标制定了对应的作业（见下表）。尤其是作业三，激发了学生的探究热情，学生看到图就想到了龟兔赛跑的故事，有的学生在图上创作了兔子第二次比赛的情况，有的学生还在图上补充了乌龟比赛的情况。这幅图让学生感受到数据能"说话"的魅力，同时这些作业也助力课堂更加高效。

学习目标	分层作业
了解折线统计图的特点，能读懂图，能从图上获取信息。	自学教材，读图分析： 阅读教材第88页栽蒜苗的折线统计图，并思考对应的问题。
学会简单绘制折线统计图。	自主绘图，深化理解： 收集自己近五年的身高数据，绘制折线统计图。
体会折线统计图的作用，提高数据分析的能力。	寓言故事，拓展提升： 用折线统计图讲述龟兔赛跑的故事。 （折线统计图：横轴为时间（分），0到80；纵轴为路程（米），0到5000。折线从(0,0)上升至(10,2000)，在2000米处保持到(70,2000)，再上升至(80,5000)。）

三、教学反思

如果说教学从某种角度着重体现了教师"教"的科学与艺术，那作业则充分体现了学生"学"的需求。在四年级实施了一学期的分层作业设计，作业是"天使"还是"魔鬼"，要听听学生的声音。在学期接近尾声时，我就两个问题进行了调查：（1）你喜欢现在分层布置作业的形式吗？（2）你还希望老师布置什么样的作业？ 90%的学生喜欢现在分层作业布置的形式，三分之一的学生希望老师多布置实践性作业或探究性作业，四分之一的学生希望老师多布置一些拓展练习。学生有这样"学"的需求，老师便要基于学生的需求潜心研究。

"跳一跳，摘果子"的教育理念是适宜的，为了促进学生的智力发展，培养学生的数学思维品质，要尊重学生的个体差异，设计适合学生水平的作业，让学习更高效。

盲盒不盲，心中有数
——"分数的再认识（一）"分层式作业设计初探

北京市海淀区中关村第四小学　孟凤英

一、作业设计缘起

小学阶段对于分数的学习安排在三年级和五年级两个阶段。"分数的再认识（一）"是北师大版五年级上册的内容。分数的内涵丰富，具有多样性。学生对分数意义的理解更是多维的、多元的。为了使每个学生都能理解分数的意义，培养学生的数感，做到心中有"数"，也为了能够恰当布置适合每个学生的作业，了解学生，精准把握教材，做到胸中有数，我对"分数的再认识（一）"的作业进行了分层设计，由简单到复杂，由单一到多样。这样的设计能体现"轻负增质"，减少机械性、重复性的作业，让"不同的学生学习不同的数学""不同的学生在数学上得到不同的发展"。这样设计的作业注重激发学生的学习兴趣，使学生主动学习，在数学作业中获得成就感，提升学生的数学素养。

二、设计与实施过程

1. 前测设计，了解学生的学习基础，明确目标

设计作业前，我反复研究三年级学习分数的情景和直观操作过程，学生对分数的产生过程有初步了解，对分数意义有初步的认识。设计前测作业的目的是了解学生对原有知识的理解及学生现有的思维水平状况，初步完成教师对学

生的隐形分层。

调研题目：请你用自己喜欢的方式表示$\frac{1}{4}$的意思。（至少写出2种）

层　次	完成情况		
★	图示（方格涂色 $\frac{1}{4}$）	图示（数线）	一块蛋糕，平均分成4份，其中的一份就是$\frac{1}{4}$。
	100%	5.4%	37.8%
★★	图示（4个圆，涂1个）	$1÷4=\frac{1}{4}$	4本书平均分给4个小朋友，每个人分到的表示为$\frac{1}{4}$。
	70.2%	10.8%	8.1%
★★★	图示（三角形分组）$\frac{1}{4}$	图示（0.25×4）	有12个人，平均分成4组，每组可以表示$\frac{1}{4}$。有20个苹果，要平均分给4人，每个人拿的5个苹果可以表示$\frac{1}{4}$。
	59.5%	13.5%	18.9%

分析：学生把一个物体作为一个整体来理解分数意义比较到位，而把多个图形、多组物体看作一个整体有一定困难，个别同学也只能用分母的整倍数作为整体。根据学生对分数的理解和思维水平，制定本节课教学目标，设计相应内容的作业。

学习目标	学习的结果表现	作业类型
结合具体情境，借助几何直观，经历概括分数意义的过程，理解分数表示多少的相对性。	能够理解一个整体由单个图形过渡到多组图形。	理解概念
	借助图形理解部分与整体的关系。	理解概念
	具体情境中理解分数的相对性。	巩固知识
在动手操作活动过程中，多维度认识分数的意义，发展数感，主动将分数与生活建立联系。	在动手分一分、画一画、比一比的过程中，理解分数的意义。	理解概念
	能用语言说出分数在生活的实际意义。	联系反思

依据学生学习的结果表现，设计本节课有层次的作业练习，完成教学目标

内容的学习。

2. 课堂作业，通过猜盲盒激发兴趣，合作互助

题目：露出的巧克力 ▭ 是整块巧克力的 $\frac{2}{5}$，请你画出盒中巧克力的形状。

学生的答题情况出现了不同的思维水平。

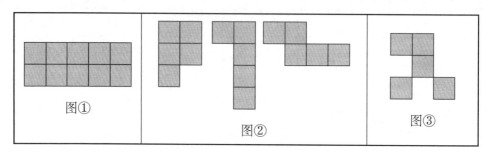

层次一：图①，答题错误。

学生认为 1 份是两块巧克力，总共 5 份，所以巧克力的总数是 10 块，因此学生出现错误。

层次二：图②，展示了学生的部分答案。

大部分学生能够画出不同形状的巧克力，虽然形状不同，但都是 5 块巧克力。学生通过分析探究，知道部分数量就能探究出整体的数量。

层次三：图③，拆开巧克力盲盒后的答案。

当老师拆开盲盒时，所有学生都惊讶了，老师适时追问："难道老师的答案错了吗？"再一次让学生体会跟巧克力的形状没有关系，只要是 5 块巧克力就行。

课堂练习设计为开放性作业，根据部分推出整体数量。学生独立完成后，小组间交流自己的想法（4 人一组，老师根据前测作业完成情况，对学生进行了隐形分组），学生在质疑、解惑、争论过程中，形成了生生互动的学习氛围。这样的作业让每个学生对分数意义的理解更加到位，更能抓住数学核心的本质——"变"的是形状，"不变"的是数量——在学生的数学学习中渗透辩证的数学思考力，层层递进，深化学生的思维。

3. 课后作业，再猜盲盒让学习延伸，分层提升

根据题目的难易程度把学生的课后作业设计为分层作业，猜盲盒增加作业的趣味性。★基础题盲盒：以教材为主的基础题；★★巩固题盲盒：涉及重点、难点、疑点的题目，需要学生加深理解进行巩固；★★★提升题盲盒：源于教材，拓展延伸的提高题。每个类型的盲盒中提供相应的题目，其中★题6道，★★题3道，★★★题2道，学生自主选择摸盲盒，完成题目后得到相应的星数，达到6颗星完成本课时作业。下表选取了部分题目。

类型	作业题目	设计意图
★	圈出这些草莓的 $\frac{1}{3}$ 。	理解分数的意义。
★★	（1）一些桃子，悟空先吃了全部的 $\frac{1}{5}$，八戒从外面回来，看到剩下的桃子说："我也要吃 $\frac{1}{5}$，这样就和猴哥吃的一样多了。"八戒说的对吗？请你说出理由。 （2）孙悟空师徒4人来到一个集市，他们准备买一些食物，悟空拿出自己银子的 $\frac{3}{5}$，八戒不想再吃亏，于是说"我拿出我全部银子的 $\frac{1}{5}$"，大家想一想八戒的想法对吗？请说明理由。	创设了学生熟悉的故事情境，进一步理解分数的意义，体会分数的相对性。
★★★	画一画，说一说，两根面包哪根长？请说明你的理由。	此题设计为对比练习，由易到难。结合"法棒面包"的实际问题，侧重由部分推知整体，进一步理解分数的意义。

此次作业设计，根据难易程度进行了显性分层，引导学生权衡自己的能力和水平，自主选择适合的作业，抽取盲盒中的习题进行练习。选择难度适合自己的题目，作业量减少，思维开放了。这样的作业分层契合学生的学习心理特点，加上教师适时鼓励，学生逐层递进，挑战二星题、三星题的学生比例逐步增加，学生会尽力挖掘自身潜能，选择具有挑战性的作业。每名学生最终都能完成6颗星的作业任务，使学生感受到获得知识的成就感。对作业进行合理的分层设计，可以满足不同层次学生的个体差异，使每个学生从知识和能力上都有所提升。

教师对学生完成作业的情况，从学生的进步、解题思路的多元、面对作业的态度等多维度进行多元评价。

三、教学反思

在以往的教学中，我曾尝试过根据学生的学习基础、学习能力、个性特点等将学生分成优、中、差三个层次布置相应难度的作业。这样的分层看似让每一名学生都得到了发展，但是学生容易被"标签化"。此次的盲盒作业设计，对作业进行分层、分类，学生根据自己对知识的掌握情况自主选择作业完成，达到规定的星数。这种隐性的分层，降低了分层作业的"标签效应"，让每名学生都能感受到成功的喜悦。

本节课的作业设计是一次新尝试。课前基础作业，用以了解学生的认知水平，初步完成对学生的隐性分层，基于此制定合理的教学目标、设计课堂及课后的作业；课堂中开放性作业，由易到难，由浅到深，在合作互助中使每个学生的数学思维得到提升；课后猜盲盒作业，题目显性分层，学生隐性分层，使学生的学习更加主动，让学生学习数学的兴趣更加浓厚。这种分层的作业模式，今后我们可以进一步尝试。

精做、能做、乐做、想做的分层作业设计

北京市五一小学　杨璐

一、作业设计缘起

在落实"双减"的过程中,教师该如何"减负、提质、增效"呢?我们除了要落实到课堂上,还要落实在作业中。从学生知识学习系统的角度来看,作业是学生课堂学习的延伸,高质量的作业能够促进学生知识的内化。从学生全面发展及核心素养培育的角度来看,书面作业与实践性作业的结合、个人作业与合作性作业的结合等,是促进学生在人文底蕴、科学精神、学会学习、健康生活、责任担当、实践创新等方面全面发展的途径。为了发挥作业的育人本质,以学生发展为导向,教师应力求设计少而精、多层次、多形式、贴近学生生活且具备有效评价的作业。

下面我就以北师大版小学数学三年级上册第五单元中的"什么是周长"为例,展示一下我的分层式作业设计。

二、设计与实施过程

1. 作业设计精雕细琢,让学生"精做"

为落实"双减"政策,以学生发展为目的,设计出学生乐于接受的高质量的数学作业,在本课时的作业设计中,我更加关注学生综合素养的提升,如基础知识与基本技能的获得、数学思维的发展、情感与价值观的形成等,避免出现机械性的重复作业。基于此,在设计本课时作业时,我对北师大版小学数学教材中的

每一道习题都做了详细的价值分析，在此基础上精心筛选适量的题目作为书面作业，夯实学生的基础。此外，为了全方位地提升学生的数学水平，我还设计了动手操作、实践探究等多种形式的作业，调动学生的积极性，使学生变被动做作业为主动探究完成作业。作业布置少而精，不仅能激发学生做作业的兴趣，巩固数学学习效果，促进学生的发展提升，而且还能切实有效地落实减负增效。

2. 设计多层次的作业，让学生"能做"

学生的知识基础、思维模式以及学习的能力是存在差异的。因此，数学学习的目标从来不是实现所有学生均衡、同步发展，而是帮助不同的学生在不同的层次水平上获得适合的发展。数学作业设计也应当遵循这个原则。因此，一些教学内容，设计时应当合理分层，讲究梯度，尊重差异，因材施教。

我对作业的结构进行了"333"分类分层。作业类型分为三种：基础巩固类——以巩固基础知识为主；拓展提升类——涉及高阶思维，要求学生运用所学解决新情境下较为复杂的问题；综合实践类——重在积累操作经验和思维经验。

发展水平分为三种：水平一（★）的题目更多关注基础知识和基本能力，难度上偏易；水平二（★★）的题目更多关注提高学生的综合利用，难度为中等；水平三（★★★）的题目更多关注学科素养以及综合素养的提升，具有较强的综合（融合）性。但是，我所分出的三个水平是把题目的功能及难度进行分层，并不是把学生分层。

问题领域分为三种，分别是学科内问题、跨学科问题和超学科问题。

我力图通过这样的多维设计，让学生得到全面成长。每个孩子都可以依据自己的实际学习需求进行自主选择。需要说明的是，分层作业的设计需充分尊重学生个体自由选择的权利，不给学生"贴标签"，并且引导学生每日以变化的眼光看自己、看问题，"按需领取"作业，同时也激励学生向力所能及的更高层次发展。我希望满足不同学习能力的学生的发展需求，使每个学生都能通过"作业"这一重要途径实现持续的成长。

3. 设计生活化的作业，让学生"乐做"

数学来源于生活，又服务于生活。设计作业时，设计一些真情实景的作业促进学生主动探索、思考、合作。比如参加"树叶节",观察"小蚂蚁种植园"并解决相关问题等,使学生认识到生活中处处有数学,培养学生多用数学眼光看待问题的能力。

4. 改进作业的评价体系,让学生"想做"

让学生参与作业评价的全过程,体验到只要付出心血,就能得到回报,从而提升作业的完成度。作业评价以激励为宗旨,采用多种模式组合的形式。首先,学生要对自己完成作业的态度、用时进行自评,这一方面的评价可以引导学生严谨认真地对待每一项任务,努力追求更高标准,培养做人做事的责任感;其次,教师要对学生错因、及时改错等情况进行他评,作业中的错题是学生宝贵的学习资源,同时也是学科育人的契机,这一方面的评价可以使学生知道遇到问题要及时改正,不断完善自我;最后,教师对学生知识的掌握情况、思考习惯、书写习惯进行他评。我们可以通过丰富的评价角度,实现师生互动和交流,使学生体验到完成作业的成就感。

5. 作业实施

(1) 本课时具体作业。

①设计说明。

题 号	目 标	作业类型	发展水平	问题领域	素材来源
作业1	再次经历描边的过程,进一步体会周长的实际含义。	基础巩固类	水平一	学科内问题	引用书P46①
作业2	通过面积的干扰,对"周长"的本质进一步辨析,让学生加深理解"周长"指的是长度,建立清晰的教学模型。	拓展提升类	水平二	学科内问题	改编书P46①
作业3	通过围一围、量一量的实际活动,巩固学生对周长的理解,积累活动经验,感受周长的本质,并延伸到其他学科。	综合实践类	水平三	跨学科问题	改编书P50②

② 内容描述。

作业1：

蜗牛沿着图形的边线爬行一周，请将它们走的路线画下来。（A、B两组中选一组完成）★

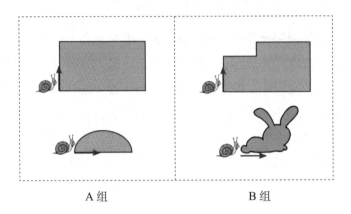

A组　　　　　　　　　　B组

作业2：

三只小蜗牛分别绕着下面的三块菜园爬一圈。

A. 选择一个图形把小蜗牛爬过的路线描一描，数一数爬一圈的长度。★★

B. 爬的路线最短的是（　　）。★★

C. 你还有什么好办法吗？★★

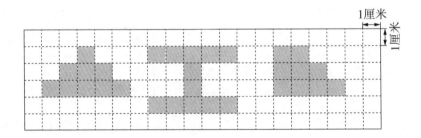

作业3：

秋天到了，我们的校园里有许多落叶。有像手掌的梧桐树叶，有像扇子的银杏树叶，有像心形的杨树树叶……请你选择你喜欢的一片树叶，可以测量树叶的周长，也可以做成精美的树叶画。它使你想到了哪些优美的诗句和科学知识？快记录下来吧。★★★

（2）本课时作业评价说明。

我将从完成态度、知错就改、五星好评这三个维度来评价学生作业的完成情况。

①完成态度。

学生的态度决定作业的质量，良好的做作业态度有利于提升作业质量，有助于学生挖掘自我管理的潜力。

②知错就改。

作业评价时，我将从及时改错、改错的质量和分析错因方面来评价，要求学生分析出错误原因并及时改正，直到修改正确，引导学生养成错必改、改必会的好习惯。

③五星好评。

学生可根据自己的需求选择合适的题目，主动思考，自主完成"五星搭配"，培养统筹能力，调动自己完成作业的积极性。

（3）作业评价量表。

完成态度	态度认真 ☺	按时完成 😐	还需努力 ☹
知错就改	改错及时 👍	一次改对 👍	分析错因 👍
五星好评	优秀：五星以上	完成任务：五星	继续加油：五星以下

三、教学反思

在实施过程中，我鼓励孩子根据自己的情况进行选择，有很多孩子对每道题都好奇。遇到较难的题目，即使学生没选，课上我也都会讲解。综合实践类作业，我会给学生留出较充足的时间。可能刚开始他们做得比较粗糙，但在教师的个性化指导及欣赏同伴的作业后，学生们的作业都会有不同程度的提升。

在日常作业中，我从帮助每一位学生的角度出发，开展广泛的分类、分层作业探索。教师在教学中应对每一位学生的薄弱点进行分析和记录，在布置作业时设计出难易程度、能力维度各不相同的作业任务，同时也兼顾减轻学生负担，减少压力，唤醒学生兴趣，培养学生的自主能力。

分层预习作业助力减负增效

北京市育英学校　强荣

一、作业设计缘起

"双减"背景下，减负增效的挑战尤其突出，作业改革势在必行。传统的数学预习作业过于笼统且流于形式，一般是阅读教材并完成练习题，缺乏教师无形的指导。（管恩臣，《巧设预习作业化解课堂难点》）然而，数学是一门逻辑性强且充满思维乐趣的学科，过于笼统使得部分学生不屑于阅读教材，认为练习题过于简单，教师需要引导学生发现数学的思维乐趣；而部分学生阅读完教材后，面对习题无从下手，教师需要引导学生在阅读中建立逻辑关系。

有效的作业预习能调动学生课下"学"的积极性，客观地反馈学生的预习效果，指导教师把握课上教的重难点，实现由重教到重学的转变（李志欣，《重构家庭作业的逻辑起点》）。本文的分层预习作业为学生提供多条完成作业的路径，可以达到自主分层的效果，促进不同学生达成不同的作业目标。

二、设计与实施过程

1. 有效设计分层作业

分析学情是设计分层预习作业的第一步。本次作业为"不等式的性质"课前预习作业。设计本次作业前，围绕学生知识、能力和态度三个方面进行了第一次学情分析。知识层面，学生已掌握数字运算的大小比较、等式的性质等相关知识，认识了不等式及其解集。这些知识为预习不等式的性质做好了知识准备。能力层面，学生掌握了等式的性质研究及规律探究的方法，本班同学对该部分内容掌握情况良好，初步具备了探究的意识、兴趣和能力。态度层面，本班 15 名数学兴趣小组的同学探究积极性高，且带动其余一部分同学长期开展数学探究活动。

深研教材是设计分层预习作业的第二步。教材中的设计处处体现学法指导，为教师指明设计预习作业的逻辑关系。本节教材中的"思考"栏目，让学生经历从"数的大小比较"到"式的大小比较"，从特殊到一般、从具体到抽象地归纳出不等式的性质。课后"阅读与思考"栏目提到等差法比较两个数量的大小，引导学生对性质加以证明，为不等式性质的进一步探究奠定基础。此外，教材中提到"与解方程需要依据等式的性质一样""不等式是否也有类似的性质""比较等式的性质和不等式的性质，它们有什么异同"等，引导学生类比等式的性质探究不等式的性质。

基于第一次学情分析，结合教材中提供的学法指导，准确把握符合学情的问题梯度大小，关注问题间的递进关系，设计出了分层预习作业。希望在课前预习作业的引导下，学生能预习与本节课相关的知识，掌握基础知识，即不等式的性质，会用不等式的性质解决问题，会推理证明简单的不等式。学有余力的学生能归纳"从特殊到一般，从观察到猜想再到归纳"的数学学习活动经验，并应用活动经验解决问题。

2. 不同路径实现自主分层

分层预习作业为学生提供多条完成作业的路径，自动实现了作业的分层。本次作业中共有三条路径可选择，称之为简单路径、中等路径和提升路径。不会解不等式的学生选择走简单路径，即右侧路径，完成教师事先准备的例子，通过观察实例、阅读教材尝试归纳猜想，这条路梳理了本节课的基础知识。中等路径即学生自认为会解不等式，检验时发现自己的求解有误，自行筛查出问题，激发学生的求知欲，这也促使学生继续思考求解不等式时的注意事项，带着问题再展开本节课的自主学习。提升路径即会解不等式且求解正确，这部分学生有更高阶的目标，即梳理探究性质的"观察、归纳、猜想、验证、应用"的数学思想和方法。

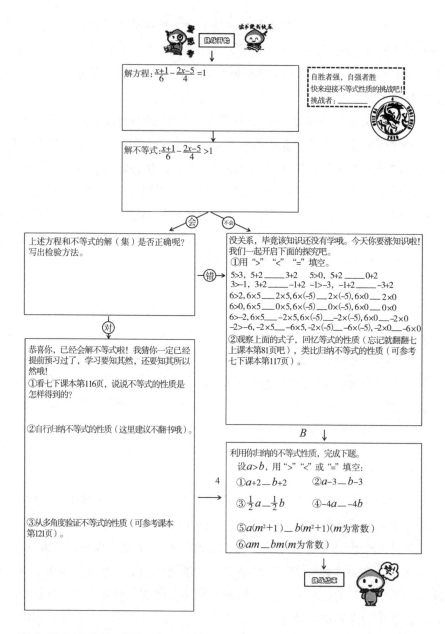

学生所选的路径不同,实现了自主的分层,通过学生完成的情况,教师可分析学生预习后的效果,进行第二次学情分析,掌握学生本节学习的重点和难点。本班共有 42 人,本次作业共有 8 人选择简单路径,18 人选择中等路径,16 人选择提升路径。

分析角度	作业反馈情况	第二次学情分析	确定学习重点
知识分析	①解方程（正确人数/全班人数=37/42）。②选做数字运算大小比较的学生都对。	数字运算的大小比较及等式的性质掌握扎实。	简单路径下的学生学习重点：①巩固解方程。②掌握不等式的性质，会基础应用。
能力分析	①不等式性质猜想（正确人数/全班人数=31/42）。②作差法验证（正确人数/全班人数=8/42）。	①已掌握从具体归纳一般的能力，但缺乏归纳的严谨性。②文字语言和符号语言的转换掌握较好，但逻辑推理及数学抽象能力需要加强。	1. 中等路径下的学生学习重点：①掌握不等式性质的探究方法。②不等式性质的归纳猜想。2. 提升路径下的学生学习重点：不等式性质的证明。
态度分析	全班同学通过不同路径都走到了终点，学生的主动意识和探究意识得到提升。	了解学生就近发展区，根据学生反馈资源上课交流，使学生带着问题上课，激发学生的求知欲。	体会预习给学习带来的积极作用，激发学生自主预习。

三、教学反思

数学基础和自主学习能力不同的学生，面对闯关式的分层预习作业，实现了自主分层。提供难易程度不同的作业路径，学生预习过程中会产生不同的问题。基于学生完成的不同情况，教师更好地掌握学情。

自主预习作业的设计重在各任务间的逻辑，即知识点间的承接关系和问题间的递进关系。本作业中，先复习解方程，再引入解不等式，引导学生思考等式与不等式之间的关系。类比方程的探究方法探究不等式，反映知识间的联系，学生可以迁移等式性质中的数学思想和方法，来解决本节中遇到的问题。此外，问题间的递进关系也尤为重要，有助于展现解决数学问题的思想和方法。本次作业中，将数学思想作为暗线，促进学生归纳数学学习活动经验。有逻辑的分层预习作业实现了教师无形的引导，有利于学生梳理模块框架，建立知识间的联系，让学生在自主预习的过程中建立起思维的逻辑。

"常规+特色"初中数学资优生作业设计实践探索

山东省利津县北宋镇实验学校　吕志敬

一、作业设计缘起

在班级教学中,老师们总会碰到一些对数学学习活动非常感兴趣、学习主动性强、能够自觉学习、主动思考且数学成绩优秀的学生,我们习惯于把这部分学生称为数学资优生。数学资优生一般具有以下学习特征:数学思维敏捷,认识问题深刻,空间想象力强;能够用独特的方法解决数学问题;能够创造性地解决问题;学习成绩能够稳定在相对较高水平。(金艳,《初中资优生数学作业设计的研究》)

显而易见,传统意义上的作业设计模式并不能满足数学资优生的学习需求,并且有可能制约他们的发展。于是我从数学课程实施的进度、广度和深度等方面,尤其是在作业设计上对数学资优生的培养进行了实践探索,形成了"常规+特色"的初中数学资优生作业设计形式。

二、设计与实施过程

1. 常规作业层次化,深化教学内容

由于班内学生的差异化,在常规作业的设计上,我采用了层次化的设计思路,即从整体考虑、由易到难、由浅入深、逐层递进的方式对常规作业进行设计,其中对于数学资优生的作业设计更倾向于利用基础知识的实际应用及学生智力开发的拓展题。比如在学习鲁教版七年级上册(五四制)数学《平方根》

时，我为数学资优生设计了综合性比较强的一道题目：$7+\sqrt{19}$ 与 $7-\sqrt{19}$ 的小数部分分别是 a、b，求 a、b 的值。这类题目不但需要学生熟练掌握平方根的基础知识，还要求学生能根据平方根的定义、性质及数作出估算，对学生的知识迁移和思维能力的培养等方面都有较高的要求，数学资优生做非常适合。再如在学习鲁教版七年级上册（五四制）数学《探究三角形全等的条件》时，针对数学资优生的作业可以更侧重于使学生深刻理解三角形全等的本质，即不会随着图形位置的改变而改变其全等关系，所以经过平移、旋转、翻折等图形变换变化以后的图形都与之前图形保持全等关系。

2. 特色作业创意化，注重素质培养

数学教育的目的是培养有创造能力、创新思维和应用意识等综合素质的人，而这一目的对数学资优生而言更显得尤为重要，且常常被人忽视。为了提高数学资优生的综合素质，我针对其做了如下的特色作业设计实践研究。

（1）自编式作业。

有调查报告表明，有高达 61.4% 的数学资优生认为自己学习数学的兴趣降低是因为讨厌作业，所以合理、创新地安排作业对促进数学资优生学习兴趣的提高是有帮助的。（吴仁芳，王珍辉，《初中数学资优生数学学习兴趣的现状调查与分析》）于是，我针对数学资优生设计了自编式作业形式（与常规作业二选一）。要求如下：

首先，内容要和所学内容配套，突出重点、难点；其次，少或不设计选择、填空题，多设计侧重思维的问题，少设计需要大量繁琐运算的题目，避免重复性练习；再次，可设计对比或递进式题目，提倡"一题多变"或"一题多解"；最后，作业设计及完成时间要控制在半小时以内，在质不在量。通过设计自编式作业的作业形式，使数学作业不再单一、枯燥，更有利于数学资优生能力的提高。

比如，在学习鲁教版七年级下册（五四制）数学《二元一次方程组的应用》时，我对选择自编式作业的数学资优生除以上基本要求外，还做了如下要求：①选择生活中的实际场景编写 1～2 道有关二元一次方程组实际应用的题目；②适当变换数据或条件，考虑能否"一题多变"。

（2）读写性作业。

现在学校越来越重视对学生阅读能力的培养，但针对数学学科的阅读却少之又少。每学期我都会组织数学资优生阅读有关数学学科的书，并每周设计一份特色作业，可以是读书笔记、周记、读后感或思维导图等，形式不限。我们现在正在阅读的是《数理化通俗演义》，他们在阅读的过程中开阔了视野，也深化了课堂知识。

（3）口头作业。

"说"是学生思维过程的一种整理，只有学生能够清晰地整理出思路，才能表达、展现出自己的思维过程。于是，在我的班级，每节课前数学资优生都会走向讲台，充当"小老师"的角色，这也是我针对他们设计的口头作业。他们事先排好顺序，课下自主选择感兴趣的数学题材，为大家口头讲解。在这个过程中，学生们锻炼了自己的口头表达能力和自信心。

除此之外，我还组织数学资优生开展数独社团活动，让他们每天来一次"思维体操"，有助于提高他们的严谨性和逻辑推理能力。

另外，在数学教学过程中，很多几何探究过程需要大量的时间，但由于教学任务重、课时量少等因素的影响，很大程度上，通过几何探究学习的内容都不能完整地进行，这一现象对于数学资优生探究能力的培养无疑是欠缺的。于是我提前设计好探究过程任务单，让数学资优生利用周末或假期自主完成探究过程，让他们经历完整的数学知识形成过程。

比如，在学习鲁教版七年级上册（五四制）数学《探究三角形全等的条件》时，我设计了如下探究过程任务单。

任务1：为证明两个三角形全等，至少要测量并比较每个三角形的一个部分，两个部分，还是三个部分？					
对　　象	边	角	边–边	角–角	边–角
反例图形					
测量与比较的结果					
得出结论：					

任务2：那么三角形的三个组成部分是什么？					
对　象	边–边–边	边–角–边 （两边夹角）	角–边–角 （两角夹边）	角–角–角	边–边–角 （两边不夹角）	边–角–角 （两角不夹边）
图　形					
测量与比较的结果					
得出结论：					

我鼓励数学资优生通过画图、观察、比较、猜想、验证、推理、证明、交流等方式，遵循由特殊到一般的数学学习过程，探究出结论，并要求他们写出翔实的探究过程报告。在这一过程中，数学资优生将探究过程的实践性思维上升到分析性思维，使他们的分析能力、探究能力得到了有效提升。

三、教学反思

目前中国高等教育已发展到大众教育的历史阶段，每年高校都为社会各行各业输送大量人才，但钱学森之问"为什么我们的学校总是培养不出杰出的人才"却总是萦绕在教育工作者的心头。（朱胜强，《数学优秀生教育教学的实践探索》）众所周知，若从大学才开始培养，已经为时已晚，一个人对于某一专业领域的兴趣和创新能力应该从青少年开始培养，我们教育工作者任重而道远。

由于我所在的学校位于城乡接合部，生源流失严重，数学资优生数量并不多。在实践探索过程中，教师单独针对数学资优生进行作业设计和讲评的时间比较多，未能较好地形成团队，所以设计的合作性作业比较少，这样并不有利于数学资优生团队意识的培养。

分层让每个学生爱上英文写作
——What's your favorite animal? 例析

北京市育英学校　周莉
湖北省老河口市高级中学　安艳

一、作业设计缘起

英语写作体现的是语言的综合能力，学生必须通过实践才能实现从量到质的变化。因此，写作练习仍然是师生不敢轻言"做减法"的痛点。目前中学英语写作练习仍然存在如下问题。

设计方面：写作目的不明确，情境设计虚假或者与生活实际脱离；作业表现形式单一，不能激发学生的兴趣；写作要求缺少层次性，不能满足不同学习水平学生的提升需求。

评价方面：评价内容和标准单一；过程性评价缺失，写作评价不能关注到学生的写作过程等；评价方法僵化。

由于以上的问题在写作教学中长期存在，写作呈现出僵化的现象，写作水平的"原地踏步"让师生焦虑。我们通过分层设计写作练习和分层评价，有效改善了写作教学。

二、设计与实施过程

写作能力不仅体现的是学生的知识水平，是学生运用语言准确、有条理地反映客观事物，表达思想感情的一种能力，也是学生多种思维能力的协调活动。基于学生英语语言能力发展的不均衡性，写作练习更需要有的放矢地分层设计和实施。

1. 分层设计写作情境，真实贴近生活实际

教师根据写作的主题设计不同的情境可以让不同语言水平和思维水平的学生选择适合自己的情境进行写作练习。以 What's your favorite animal? 为例，我们分层设计如下（A、B、C层自主选择）：

层　　次	学生特点	作业内容
A层	知识面较宽； 对动物有一定的偏好； 英语语言表达能力较强，有自由表达的欲望。	介绍自然界中你最喜爱的动物，并制作PPT或者视频。
B层	有一定的英语表达能力，语言学习有一定迁移能力，写作提升内驱力不足。	为学校动物园中自己喜欢的动物制作中英文双语名签卡片。
C层	有爱心，但英语表达能力较弱，通过模仿可以表达思想。	介绍自己家里的、身边的动物并制作小报进行展示。

对于有自由表达需求和能力的学生，我们邀请他们介绍自然界中自己最喜爱的动物，并制作 PPT 或者视频；充分利用学校动物园这一资源，动员 B 层学生为自己喜欢的动物制作中英文双语名签卡片；C 层学生可以选择介绍自己家里的或身边的动物并制作小报进行展示。这样既让单元的写作主题贴近生活实际，也保证学生可以根据自己的实际认知选择适合的情境。

写作情境还根据学习内容进行设计，例如课本剧的改编、阅读故事的续写等。总之，让学生通过多种形式的练习，激发写作兴趣，增强"我笔写我心"的写作意识。

2. 鼓励写作多样性的表现形式，激发不同学生的兴趣需求

写作的目的是多样的，因此，教师根据不同的写作主题和目的，鼓励学生以多样的表现形式展示自己的作业，不拘泥于作业本上的写作。

层　次	作业展示形式	设计意图
A层	以视频或者PPT为辅助，进行年级"环保宣传大使"巡回演讲。	提高学生创新思维能力；变知识性写作为实践性活动。
B层	制作中英文双语名签卡片，悬挂在动物园的相应位置。	以责任和任务帮助学生们增强内驱力及英文写作实用性意识和自豪感。
C层	设置展板集中展示小报，开展"点赞"活动。	在"做中学"；展示交流加强同伴学习；提高写作自信和兴趣。

写作的表现性活动设计还有很多：可以是演讲、宣传手册巡回展、假期英文vlog，还可以是剧本展演、舞台剧创编等。学生在不同的表现性活动中提高口头表达能力、思维能力、文字表达能力、创造能力、实践能力和解决问题的能力。

3. 分层设置评价标准，满足不同学习水平学生的提升需求，鼓励个性化写作

分层设置评价标准是写作分层的重要一环，可以让不同学习水平的学生看到自己的"最近发展区"。我们可以通过评价标准的设置鼓励学生个性化观点的表达及分享，提升写作的成就感。

My favorite animal √ Tick what you can do	层级要求
(　　) 1. I can show my best handwriting.	A、B、C
(　　) 2. I can choose the best one I want to introduce.	A、B、C
(　　) 3. I can introduce the animal from different aspects（方面）like category, appearance, living place, food, activities, habits（习性）...	A层：介绍5个以上方面，信息翔实； B层：介绍3～5个方面的相关信息； C层：介绍2～3个方面。
(　　) 4. I can use some beautiful patterns（句式）in Part A.	A层：模仿使用3个以上的好句式，灵活恰当； B层：模仿使用2～3个句式，准确恰当； C层：模仿使用1～2个句式。

续表

My favorite animal √ Tick what you can do	层级要求
( ) 5. I can use the words in the passage in 2b like "only", "with", "also", "and"...	A、B、C
( ) 6. I can correct some mistakes in grammar（如名词单复数、主谓一致）and share my writing with my partners.	A 层：发现同伴或自己 5 个以上语法错误； B 层：发现同伴或自己 3～5 个语法错误； C 层：发现同伴或自己 1～2 个语法错误。
( ) 7. I like this topic and I show my true feeling in my writing.	A 层：是的，非常符合我； B 层：是的，比较符合我； C 层：我不太喜欢这个话题，写得很无聊。

4. 规划实施过程，改革评价形式和主体

（1）培养学生将过程性写作的材料统一装入写作档案袋的习惯，帮助学生关注写作提升路径。材料包括：过程性写作前的"热身"（包括材料的查找，头脑风暴的采集或者是自由写作法的素材）、阅读文章欣赏、写作阶段的提纲、自我纠错、同伴互批、教师建议以及优秀范文欣赏等，为今后的写作提升提供可视化的材料。

（2）为学生提供丰富的阅读素材，以任务为驱动让学生从语言材料中汲取营养。学生阅读并总结阅读文本的结构、内容、语言特点、情感表达，体验写作的语言、谋篇布局和写作策略以及个性化观点表达的力量。

（3）改革评价内容和主体，让自评、同伴评价、师评等多元评价发挥教育价值和作用。首先，从多维度视角评价学生的写作过程和作品，实现评价内容多元化。如上表中教师增加了 I can choose the best one I want to introduce 和 I like this topic and I show my true feeling in my writing 这样对材料的选择和对写作主题的情感态度的评价，培养学生的信息筛选能力以及建立积极写作情感体验。其次，运用可视化、易操作的评价量表促进学生有效地开展写作自评、互评以及师评，实现评价主体多元化。

三、教学反思

（1）教师在初中阶段英语写作教学的实践中通过分层设计写作练习和分层评价体现了学生是学习主体的教学观，更加符合学生的个体学习，保护了学生的写作积极性，也满足了不同层次学生的发展需求；同时教师能够从繁重的"单打独斗"的批阅中解放出来，从而更细致地观察每位学生的发展情况，为今后的提升提出个性化建议。

（2）"精耕"才能"细作"。教学工作中只有教师用心地"精耕"深研，才能激发学生的"细作"。分层的写作设计对教师提出了更高的专业要求，教师需要全面了解学生的知识水平以及写作的态度和习惯，才能设计好不同层次的练习任务和展示活动，满足不同学生的提升需求，引领学生爱上写作，在写作中成长！

有效作业精彩"分层"
——初中英语大单元核心任务分层设计初探
北京市十一学校　申雨夕

一、作业设计缘起

"双减"于学生意味着"减负增效",于老师则意味着"精炼提质"。有效作业是实现上述目标的关键。同时,"课改"背景下,传统"教学视域作业观"式微,在功能上与教学互补,在目标上与课程接轨,在内容上以能力素养为导向,在设计上强调系统性的"课程视域作业观"。(王月芬,《重构作业——课程视域下的单元作业》)

此外,初中生英语学习基础较于其他学科,分化更为明显,因而作业设计需要对作业内容和难度有动态且适切的把握,凸显学生自主选择性,维持各层次学生的学习兴趣。

本研究将聚焦初中英语大单元核心任务分层设计,针对当下作业目标不适切、任务选择较单一和知识建构不系统的问题进行尝试,让作业满足学生不同的学习需求和不同学生的个性化发展。

二、设计与实施过程

"课程视域作业观"的理念要求作业设计与学生能力相适切、与教学活动相适应、与学习单元系统相适配。本研究将探究作为课程教学环节之一的作业在单元系统中如何进行分层设计,以满足不同层次学生的发展需要。

同时,本研究将以"理解为先教学设计模式"(即 UbD)的三个基本阶段

（格兰特·威金斯，《追求理解的教学设计》）为理论模型，来探索作为教学环节之一的作业设计路径，并结合外研社英语八年级上册 M9 Population 大单元核心任务案例对"分层"理念在作业设计三阶段的落地进行论述。分析框架如下：

UbD 教学模式	UbD 教学模式在作业设计中的应用
确定预期学习结果	确定作业目标
确定恰当评估方法	制定评价量规
规划相关教学过程	细化任务工具

1. 分层作业设计第一阶段：确定作业目标

核心任务是单元学习核心素养落地的"最后一公里"，是检验学习效果的"收口"，而作业设计之初，确定好作业设计目标这个"风向标"至关重要。在"课程视域作业观"下，具有基础性、综合性和实践性的单元核心任务，是推动基础落实、知识迁移和综合运用的重要载体。因此，可以将单元整体教学目标作为确定作业目标的标准。外研社英语八年级上册 M9 Population 单元教学目标及难度如下：

教学目标	对应核心素养	达成难度
1. 听懂谈论人口的对话，能够听辨大数字，并提取所需信息。	语言能力（听）	A
2. 能用大数字谈论人口现状。	语言能力（说）	A
3. 能够阅读图表，提取和理解相关细节信息，把握文章主旨。	语言能力（读）	A
4. 能搜集人口相关信息，绘制图表，描述数据信息。	语言能力（写） 学习能力	B
5. 陈述人口现状，分析人口问题，并给出适当的解决方案。	思维品质	C
6. 通过自主探究，了解世界、国家及地区的人口问题，增强社会责任感。	学习能力 文化意识	C
注：达成难度，A 最低，B 次之，C 最高。		

本单元聚焦社会热点问题，具有现实性、实践性和延展性。由上表可知，本单元教学目标覆盖英语课标中的四个核心素养：语言能力、学习能力、思维品质和文化意识。目标达成难度梯度分两大部分：

基础级：以语言能力和学习能力为导向的目标1—4。

拔高级：以学习能力、思维品质和文化意识为导向的目标5—6。

而落实到输出型任务为主的作业设计和作业目标层面，可归纳为：

基础级：能够阅读并搜集人口相关信息，绘制图表，客观描述数据信息。

拔高级：在基础级目标之上，加以陈述人口现状，分析人口问题，并给出适当的解决方案，并通过自主探究增强社会责任感。

2. 分层作业设计第二阶段：制定评价量规

在确定单元核心任务的分层目标之后，下一步就是制订恰当的方案，用以评估目标实现程度。在作业设计层面，评价作业目标最常用的工具就是作业量规，而设计分层作业量规，关键在于不同层次量规的科学性和适切性。

本单元核心任务目标根据任务流程可分为以下维度：调查（信息收集与数据呈现），提案（问题分析与建议提出），汇报（成果展示与探究意识）。量规如下：

维度	调查	提案	汇报
	Proposal Report		
要求	• 前期经过资源检索，能体现出准确而丰富的信息； • 有图表辅助工具，能够直观展示该地区的人口数据（总人口、增量、增速等）； • 能准确描述图表数据信息。	• 根据人口现状，分析当前该地区的人口问题（至少2条）； • 能够针对所发现的问题，提出2~3条解决方法； • 文字表述拼写正确，时态运用正确，行文流畅，有恰当连接。	• 图文并茂，有辅助多媒体展示工具； • 发音准确，表达流畅； • 仪态大方，注意汇报的礼节。
Score			

3. 分层作业设计第三阶段：细化任务工具

基于目标和量规，此次核心任务的设计拟加入情境式作业背景，以学校模联组织的"世界人口日"模拟峰会为情境，以不同角色设定作为分层的载体，增强作业任务的体验感和趣味性。同时与合作式学习相融合，减少"分层"标签化的割裂感，减少学生心理落差，形成"生生合作"的集体生态，让自主探究过程本身也成为作业目标落地的场域。具体任务设计如下：

> 7月11日为世界人口日。请你的小组（3人）作为代表团参加会议，分享提案，为人口的发展提供经验与智慧。参会流程如下：
>
> （1）前期调研：调查某一国家/城市/乡镇近30年的人口现状，绘制图表，并描述人口现状（总量变化、增长率、流动情况等）；
>
> （2）文字报告：根据人口现状，分析人口问题，并提出有针对性的解决措施，形成文字报告；
>
> （3）现场汇报：审查完善前期成果，制作PPT，汇报研究成果，分享提案。

该单元核心任务以文字提案及口头汇报作为展现形式，并采用合作式学习，成员职责明确（分工见下表），任务难度和目标适切；同时，成员在过程中通力合作，形成互评和自我完善的机制，在落实"强基"和"拔高"两方面的"语言能力"和"学习能力"核心素养之外，也让更高层次的"思维品质"和"文化意识"在合作式学习中辐射到较低层次的学生。

角 色	分工及职责	难 度
调研员（Researcher）	前期调研	★
分析师（Analyst）	文字报告	★★
汇报人（Reporter）	现场汇报	★★

三、教学反思

本次分层设计效果理想：其一，目标先行，为分类标准提供指导，并为评价提供支撑；其二，以情境式角色分类取代"标签化"分级，让"分类"更有趣味和温度，同时结合学生差异和个性，推动其能力"增值"和"升级"；其三，合作式学习合并重复工作，代之以挑战性的任务，符合"双减"减负增质的理念。

但分层的标准如何兼顾任务难度和学生兴趣？分层任务如何平衡高层学生的基础落实和能力提升？这两个难点的解决还有待进一步实践探究。

分层设计"看见"学生
——《鸟类的生殖和发育》分层作业设计

北京市燕山向阳中学　付静

一、作业设计缘起

"双减"意见指出：教师要提高作业设计质量，有效减轻学生过重作业负担。作业是初中生进行生物学科学习的基本活动形式之一，不论是生物学基本概念的形成、学习方法与技能的训练，还是对学生个性的表现、创新意识的培养，都离不开作业这一基本环节。（张秀辉，《"构建生物概念图"——创新性作业在生物教学中的尝试》）不同学生接受新知识的能力不同，教师要正确接受学生间的差异性，根据不同层次学生的能力水平和学习特点，展开不同形式的作业设计。作业设计不仅要充分发挥其巩固性，还要体现其发展性的功能。

八年级学生对于生物学习已经有一定的经验，但是由于学生发展的个体差异，学生在认知水平上出现了发展不平衡的现象，因此优化分层作业设计更加符合八年级学生的发展水平，可以促进初中生物教学的有效开展。

二、设计与实施过程

维果茨基认为：教学应着眼于学生的最近发展区，调动学生的积极性，发挥其潜能，超越其最近发展区而达到下一发展阶段的水平，然后在此基础上进行下一个发展区的发展。"双减"背景下，教师更要在分层作业设计中结合此理论，保证作业内容在能够检查学生所学知识的前提下，发挥作业的发展性，促使学生对未知的探索，发展学生的生物学核心素养。

1. 拆解作业目标，分层制定作业任务

生物学分层作业主要分为基础练习、能力提升和实践作业三个模块。在《鸟类的生殖和发育》课时中，主要作业目标是在基础练习中帮助学生强化鸟类生殖和发育的相关概念，巩固课上所学；能力提升模块通过PPT汇报说明鸟类是真正的陆生动物，提高学生合作意识和解决问题的能力；实践探究作业为模型制作，帮助学生进一步明确鸟卵的结构及其功能，形成生物体结构与功能相适应的生物学观念。

2. 激发学生潜能，有效开展分层作业

为了加强教学的针对性，教师在布置分层作业时根据学生的实际学习能力进行分层。A层学生有较强的学习能力；C层学生学习能力较弱，可能对完成作业有一定的抵触心理；B层学生对于学习自信不足，具有一定的学习潜力。基于以上情况，教师在作业设计时要更侧重于激发学生参与作业的主动性，在分层作业的基础上制定必做和选做作业。

在本节课的作业设计中，基础练习更关注学生对于本节课中基础概念的掌握情况，能力提升作业则更偏向于A层学生，小组作业能够让A层学生有效地带动全体学生深入学习。实践探究作业以模型制作的方式展开，依照学生完成作业的意愿完成，充分发挥分层作业的多样性、自主性和实践性。

模块	形式	层级
基础练习	书面练习	A、B、C
能力提升	小组汇报	每组1名A、2名B、1名C
实践探究	制作模型	选做

具体设计如下：

【基础练习】

1. 下列行为中不属于鸟类繁殖行为的是（　　）
   A. 交配　　　　　B. 育巢　　　　　C. 结茧　　　　　D. 跳舞

2. "每年四月，都能看到几对凤头䴙䴘（pì tī）在颐和园的水面上筑巢，今年它们又来了。"以下推测不合理的是（　　）

　　A. 这期间会有雌雄凤头䴙䴘交配现象　　B. 筑巢是一种繁殖行为

　　C. 筑巢行为是一种先天性行为　　　　　D. 繁殖季节在冬季

3. "劝君莫打三春鸟，子在巢中望母归"，揭示了鸟类繁殖行为的什么阶段？（　　）

　　A. 求偶　　　　B. 交配　　　　C. 孵卵　　　　D. 育雏

4. 我们吃的鸡蛋不能孵化出小鸡，下列解释成立的是（　　）

　　A. 温度太低　　　　　　　　B. 没有胚盘这一结构

　　C. 氧气浓度过低　　　　　　D. 鸡卵没有受精

5. 家鸽是善于飞行的鸟类。幼鸽由鸽卵的_____发育而成，发育过程中所需的营养由卵白和_____提供；_____有储存气体的作用；鸽卵的_____和卵壳膜具有保护作用，能减少水分的丢失，这些特点都有利于鸽子在_____环境繁殖后代。

【能力提升】

　　结合所学，对比两栖动物的生殖和发育过程，说一说为什么鸟类是真正的陆生动物？通过PPT等形式进行简要介绍。

【模型制作】（选做）

　　选用生活中常见的材料用具（如黏土、吸管、包装袋等），观察并制作鸟卵的结构模型，标注其各部分结构及名称。

3. 发挥学生主体作用，实现作业评价长效功能

　　分层作业的评价形式要充分激发学生的主体地位，教师应当意识到不同层次学生的心理特征是存在差异的，即高层次学生心理上充满自信，但有可能会变得狂妄自大；中层次学生学习态度端正、自信不足，但是容易转变为消极心理；低层次学生则可能比较自卑，容易出现放纵自我的状态。（周云，《初中生物分层合作教学模式的构建探析》）

　　在本课时的作业评价中，教师创造性地设计学生互评环节（互评表如下所示），组织学生展示作业成果，真正做到以学生为中心开展教学。同时，引导其他学生按照评分标准进行等级评价（优秀、良好、合格），这种评价方式给

学生提供交流展示的平台，有效提高学生的表达交流能力，激发学生的学习兴趣。其他学生在倾听过程中可以及时查漏补缺，找到正确的学习方法，有效提高全体学生的生物学学习能力。

层　次	评价标准	评　级
C	作业认真、较为完整，能主动思考、做题有痕迹、有思考。	
	积极参与小组汇报的准备过程，主动查阅资料、分析问题，作业体现所掌握的重要概念，有据可依。	
	主动完成选做模块，体现观察结果，模型美观、结构较为完整、有功能标注。	
B	作业认真完整，准确率较高，主动完成选做模块。	
	主动参与汇报作业，积极查阅资料，有条理地分析，汇报逻辑清晰，有据可依。	
	主动完成选做模块，体现观察结果，模型美观、结构完整、功能标注较为准确。	
A	作业完成完整认真、准确率高。	
	积极带动本组成员思考讨论，结合所学内容和检索资料举例说明，论述过程条理清晰、图文并茂。	
	主动完成选做模块，结构完整，结构功能标注准确。	

三、教学反思

本课时分层作业设计形式多样，充分尊重学生的个体差异。作业量适中，基础练习模块中大部分学生能够获得良好及以上等级。能力提升作业的实施和评价环节，充分发挥了学生的主体作用，做到了教、学、评的一致性，优秀的作业成果极大激发了学生的学习兴趣。总之，本课时的分层作业设计有效发挥了作业的巩固性和发展性。

在"双减"政策背景下，教师展开分层作业设计时更应注重作业设计的多种形式，引导学生主动参与作业，有效发挥作业的功效。今后的分层作业中，教师可以设计多种形式的实践探究作业，将生物学概念融入到生活中，培养学生解决问题的关键能力，发展学生的科学探究能力和生物学核心素养。

给 BMI 指数"开处方"

北京市育英学校　吴与伦

一、作业设计缘起

《北京市义务教育体育与健康考核评价方案》的发布，让越来越多的小学生的家长开始关注学生体质健康考核内容。在"双减"政策的背景下，根据新中考体育改革方案，在每年面向全体学生开展国家体质健康测试的基础上，将四、六、八年级测试结果计入中考。新中考体育加入了许多项目，但男子1000 米、女子 800 米依旧是必测项目，小学 5—6 年级也会有 50×8（米）的耐力测试，大多数学生对这类耐力项目有抵触情绪，在耐力练习时能量消耗巨大，到达一定程度时出现呼吸急促、胸闷难忍的状况。体能是一切运动项目技战术的基础与保障，提高耐力素质仅在学校练习是不够的，但学生回家之后缺少正确的练习指导，运动"处方作业"应运而生，针对 BMI 指数不同的同学设计练习动作。在组数、练习频率、间歇时间有具体标准，改变枯燥的耐力训练，让学生从被动接受转为主动积极练习，提升耐力与心肺功能的同时爱上体育运动，磨炼自己不怕苦不怕难的意志品质。

二、设计与实施过程

1. 调查 5—6 年级学生对耐久运动的看法

编写运动"处方"前，我在 5—6 年级各随机发放了 100 张调查问卷，希望通过本次问卷调查，了解小学高年级学段学生对耐力训练的感兴趣程度、兴趣点和结合方式，找到提升耐力训练兴趣的方法，问卷如下：

年级：A. 五年级　B. 六年级
性别：A. 男　B. 女
BMI 等级：A. 正常　B. 偏瘦　C. 超重　D. 肥胖
对耐力练习的印象：A. 辛苦、劳累　B. 快乐、有趣　C. 其他
对耐力练习的态度：A. 非常喜欢　B. 喜欢　C. 不太喜欢　D. 不喜欢
耐力训练后的心情：A. 放松、愉悦　B. 疲惫、沮丧 　　　　　　　　　C. 没什么影响　D. 期待下次练习
课余生活如何练习耐久跑（多选）：A. 和朋友结伴练习　B. 独自练习 　　　　　　　　　　　　　　　C. 听音乐练习　　　D. 制定任务或路线
耐力训练结合力量性项目一起练习：A. 喜欢　B. 不喜欢
耐力训练结合协调性项目一起练习：A. 喜欢　B. 不喜欢

通过回收的 200 份问卷，我们总结出：相比于单一的耐力练习方法，学生更喜欢结合性练习项目，以及多人一起的耐力练习项目。我与我的师父王作舟老师初步制定了针对不同运动成绩、BMI 为正常的学生的耐力练习项目作业，共 13 项。

2. 制定 BMI 指数为正常的耐力练习项目

（1）小推车爬是一项双人配合的趣味练习，两个标志物相距 9 米，一次往返为一组，间歇 90～120 秒再进行第二组。练习者力竭前与保护者及时沟通，从脚部先放于地面，练习时左右手交替向前爬行，不要左右摇摆，核心收紧不要塌腰，抬头看向前方。转弯时等完全转正身体后再前进，每次练习两组，每周练习 2～3 次。

（2）跳绳是很好的耐力练习项目，可以选择不同的跳绳动作来提高趣味性，速度适中，动作轻盈有节奏，可以跟随自己喜欢的音乐节奏练习，3 分钟为一组，每次完成 3～4 组，组间休息 1 分半到 2 分钟。

（3）蹲起正确的姿势与合适的练习数量最为重要，双脚平行或略向外打开，身体下蹲至大腿平行地面，膝盖与脚尖方向一致，不要内扣或外展，双脚始终紧贴地面，20 次 / 组，完成 3～4 组，每组间歇 1 分钟。

（4）台阶练习动作重在节奏，自然摆臂，全脚掌踩实台阶，前脚踩稳台阶再发力站起，下台阶时注意缓冲，练习 3 分钟为一组，每周练习 3～4 次，每组间歇 90 秒。

（5）平板支撑练习时保持匀速呼吸，不要憋气，不能塌腰耸肩，也不能过度抬头，动作质量要比数量重要，腹肌与臀部保持收缩，若动作变形要立即停止练习，避免受伤，1 分 30 秒 / 组，每天完成 4 组，每组之间休息不超过 40 秒。

（6）仰卧蹬车练习时肩部、腰部贴紧垫子，感受腹部肌肉的收缩，向上蹬时要勾脚伸膝，速度平稳，感受腹部收紧，左右腿各蹬伸一次为一个动作，30 次为一组，完成 4 组，每组之间休息 60 秒。

（7）有氧健身操可以选择广播操《七彩阳光》《希望风帆》，也可以选择自己喜欢的搏击操、健身操、韵律操等，练习时循序渐进，让身体有适应的过程。练习后充分拉伸放松。每次练习不少于 30 分钟，每周 3～4 次，心率控制在 130～166 次 / 分钟。

（8）游泳泳姿以蛙泳为主，动作频率不要过快，每次动作要做完整，折返时不要停顿休息，在 5 分 30 秒内持续完成 200 米，每次练习 3 组，每组之间休息不超过 2 分钟，每周练习 1～2 次。

（9）耐久跑类的项目是必不可少的，环境优美的公园、开阔的田径场都是不错的练习场地选择。听听音乐，和小伙伴们、家长一起练习，可以消除枯燥感。每次慢跑 1.5～2 公里，每周练习 3～4 次，身体适应后可逐渐增加距离，练习时心率保持在 110～120 次 / 分。

（10）快步走练习时速度要"慢—快—慢"逐渐加速，保持快走一段距离后再逐渐减速，每次走 2 公里，每周 3～4 次，感到呼吸加速，身体发热出汗为宜。

（11）走跑交替可先跑 100 米，再走 50 米，身体适应后逐渐增加跑动距离，缩短快走距离，跑动时心率控制在 120～130 次 / 分，走动时若心率保持 100 次 / 分以下时，可再次跑动。

（12）变速跑快跑时积极蹬摆加快步频，慢跑时调整呼吸自然放松，快速跑动心率控制在130～166次/分，慢速跑动心率控制在115～120次/分，总距离控制在2～2.5公里，每周2～3次。

（13）间歇跑练习前1～2小时要适当补充能量，充分热身，练习后充分放松拉伸，间歇时可以慢跑也可以慢走，但不要站立不动，更不能坐在地上。每周练习2～3次，总距离控制在2～2.5公里。

3. BMI指数为正常的作业实施效果抽测

选择BMI指数为正常，成绩为优秀、良好、及格、不及格成绩的同学各15名。优秀档的同学以力量耐力练习为主，推荐小推车爬、跳绳、变速跑；良好档的同学以下肢耐力练习为主，推荐台阶练习、间歇跑；及格与不及格档的同学以中低强度耐力练习为主，推荐蛙泳200米、走跑交替。我常常会在操场上、球场上看到他们追逐比赛的身影。他们从最开始对耐力训练抵触、不想练习，到现在主动练习，在练习中获得快乐，更加积极乐观，喜欢奔跑。一个月后，他们在400米耐久跑测试中，平均有了6～8秒的提高，肺活量也有明显提升。

三、教学反思

带领学生不断练习，尝试，总结，最后为正常体态的学生开出了运动"处方作业"并录制视频，能让学生在家跟着练习，达到体育课上的锻炼效果。将视频发给五、六年级学生后获得好评，提高了耐力训练的趣味性。有的班级根据不同的项目成立了练习小组，小伙伴之间更亲密了。下一步的工作是根据不同BMI指数的学生制定不同的耐力"处方作业"和不同素质的作业，例如力量"处方"、速度"处方"、柔韧"处方"。"处方"录制当中我也有许多感悟，不论什么体育运动，不仅仅是老师带他们做什么内容，还要学生自己想做什么内容才行，学生是主体，他们发自内心地想要去练、去提高才是关键。

PART 2

第二章

探究式作业设计

在《为思维而教》这本书中，郅庭瑾教授提出，知识的多少不能成为衡量思维能力强弱的标准，更重要的是对知识的理解、运用和转化的能力。探究式学习是非常好的思维锻炼形式，它指的是在教师指导下，在具有一定探究性问题的引领下，学生基于自身经验和思维方式开展探索，探究式作业则是实现这种探索的有效途径。

本章收集了12篇一线教师的探究式作业设计，您将看到让学生基于对圆的认识去探究椭圆特点的数学作业；根据《背影》的文本和背景去探究作者心理变化图和人物形象图，为学生架设支架的语文作业；为小学生设计的"欢乐泡泡跑"的数学统计作业；为正方体展开图精准设计的数学作业；渗透"类比"思想的数学探究作业；"探中学，学中探"的英语作业；以素养为导向的化学、政治、地理作业；激发学生兴趣的生物作业……有趣又烧脑的作业不仅培养了学生的创新精神、自主学习和科学探究能力，更充分挖掘了学生的个性与潜能，提升了学生的高阶思维，在作业中实现了思维的跃升。

以单元视角优化语文作业设计,培养学生探究能力

北京市密云区教师研修学院　石文君

一、作业设计缘起

"双减"政策落地后,立足学生核心素养,体现素质教育导向的优化作业设计研究在不断推进,教师要根据学生的年龄特点和学习规律,精心设计与学生起点相适应,体现乐学、参与、实践、探究等多维度的作业。新的课程标准中强调要培养学生的探究能力,而培养学生的探究能力是一个循序渐进的过程。在一线教学中,教师往往认为一年级小学生年龄尚小,在"给、喂、投"式的教学中使孩子们慢慢失去了探究的乐趣与动力。基于学生在一年级上学期形成的识字和阅读能力,立足单元视角,统整学习内容,以备学、助学、展学为主线,将作业转变为学生自主探究的活动,在挑战合作中学习,在探究交流中提升,寓教于乐,发展学生的综合素养。

二、设计与实施过程

部编版教材一年级下册第三单元由三篇课文——《小公鸡和小鸭子》《树和喜鹊》《怎么都快乐》以及口语交际"请你帮个忙"、语文园地组成。围绕单元主题巧设学习情境,设计"交流生活中的伙伴,寻找字里行间的伙伴,绘制我与伙伴的故事"三个学习主线索,将识字、学词、学文与语文实践活动紧紧围绕"找伙伴"的情境主题进行。转变学习和作业方式,将作业转变为课内的学习任务,在挑战任务的过程中落实本单元的语文要素,培养学生自主探究、

合作互助的学习能力。同时，让学生产生对真挚友情的向往，感悟伙伴对自己成长的重要意义。

1. 前置准备性作业发布与实施

（1）寻找生活中的小伙伴：请同学们将你心中最要好的小伙伴的名字写在爱心卡上。（下发爱心卡）

设计说明：围绕本单元的人文主题"伙伴"，设计前置准备性作业，将现实生活与学习内容进行自然联结，以寻找生活中的小伙伴任务唤起学生对伙伴的初步理解和认知。

（2）交流生活中的小伙伴：将学生的爱心卡贴在"寻找小伙伴"展示板中，用一句话说说我的小伙伴是谁。

（　　）是我的好伙伴。

我和（　　）是好伙伴。

（　　）和（　　）是我的好伙伴。

设计说明：学习任务的及时反馈是对学生的鼓励，搭建表达的句式展示交流，了解学生完成情况的同时，又在交流中促进彼此的了解。

2. 探究性过程作业发布与实施

（1）字里行间寻找好伙伴。

同学们在生活中寻找到了自己的小伙伴，在本单元的学习内容中也藏着许多小伙伴呢，让我们踏上探索伙伴的秘密小船到字里行间寻找小伙伴们吧。

字里行间寻找好伙伴	
故事中的好伙伴	
生字中的好伙伴	
我发现的好伙伴	

设计说明：围绕"伙伴"主题设计了三个维度的探究内容，阅读材料中的人物关系，"故事中的好伙伴"是对寻找简单信息能力的巩固训练；"生字中的好伙伴"，培养学生从字形、字义、字音等多个角度进行归类识字、比较识

字的自主识字能力;"我发现的好伙伴"是对学生思维比较有挑战的发现之旅,学生根据对伙伴的理解,多维度寻找好伙伴,进一步发展了学生的思维能力和想象力。

(2)展评探究成果。

①故事中的好伙伴。

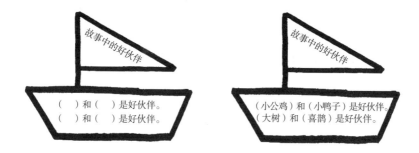

请展示你找到的好伙伴,说说他们为什么是好伙伴,或发生在他们之间的故事。

设计说明:在探究和交流的过程中,学生自然借助课文内容深入理解了伙伴的关系和情感,同时深入感悟伙伴间要互相帮助、友好相处。

②生字中的好伙伴。

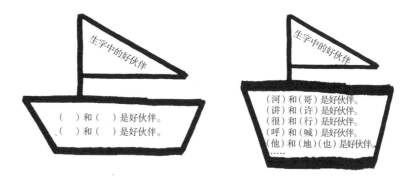

设计说明:学生自然唤起已有的学习经验,从多角度进行归类识字、自主识字,培养识字能力。

③我发现的好伙伴。

发现一：跳绳和踢足球是好伙伴。（用脚）

讲故事和唱歌是好伙伴。（用嘴）

打排球和打篮球是好伙伴。（用手）

发现二：结构相同——叽叽喳喳、安安静静……

发现三：动宾结构词语——跳绳、踢足球……

发现四：表示心情——孤单、快乐……

发现五：玩不同的游戏可以有不同的好伙伴。

设计说明：发散性的问题会带来不一样的结果和惊喜。在这个环节中，落实了本单元学习的语文要素"词语积累和运用"，并通过各具特色的发现，提升了思维品质。

3. 拓展实践性作业发布与实施

（1）阅读图画书《暴风雨来了》，探索故事中的伙伴之情。

①利用"和大人一起读"时间阅读《暴风雨来了》绘本故事。

②交流分享故事内容。

③以贴图方式请出故事中的小小主人公——茉莉、小松鼠、巢鼠、小兔子，并结合插图说说故事情节。

④角色扮演，选择一幅图讲故事。

⑤四人一小组练习串联讲故事。

⑥配天气变化的音乐和视频展示讲故事。

设计说明:《暴风雨来了》这个绘本故事讲了小老鼠茉莉和家人被困在暴风雨中,茉莉冒着暴风雨寻找朋友们,并把他们带到了温暖、舒适、宽敞的树洞一起躲避暴风雨的故事,展现了伙伴间的友谊。结合单元主题进行推进阅读,设计三个层次的练习讲故事。第一层次,以依托人物主线培养学生在阅读的过程中把握大意,提取明显信息,将故事讲清楚;第二层次,引导寻找人物的对话情节,以角色扮演、自然卷入理解性地讲故事;第三层次,加入推动故事情节的天气变化,在情境中创造性地讲故事。

(2)创作"我俩的故事",在交流与合作中表达伙伴之情。

①选择自己喜欢的方式创作我与好伙伴间的故事,也可以和好伙伴共同完成一个作品。

②班级展示交流"我俩的故事"。

分组交流,投票推荐出班级交流的人选,并共同制定倾听评价标准。

评价内容	一　星	二　星	三　星
创作形式			
故事内容			
生动表达			

③班级展示"我俩的故事",全班评选。

④评选最佳创作形式奖、最佳故事内容奖、最佳生动表达奖。

设计说明:"我俩的故事"重在培养学生多方面的表达能力,以创作连环画、画友情卡、创作小诗、写小文章等多种形式再现朋友间的真挚情感。同时,此创作可以独立创作,也可以与朋友共同完成,在合作完成与交流分享的过程中再次感悟伙伴之情,感受合作互助的学习之乐。

三、教学反思

本次单元视角的作业设计重整了单元学习内容,化"零"为"整",体现了整合思维、整体推进的特点。"前置准备作业"小而精，调动了学生的学习兴趣，并与生活自然联结；"探究性过程作业"在教师的引导下自主探究、合作互助，以交流展示促能力提升；"拓展实践性作业"是学习的拓展和延伸，调动各方面能力的深度参与，达到了深化主题、提升情感、锻炼综合素养的效果。整个作业设计充分尊重学生的年龄特点和认知规律，发挥了作业的功能，是对"双减"文件中对一年级作业布置要求的有力探索。反思整个设计与实施过程，在巩固双基方面的设计还有很大的提升空间，也将是下一步不断优化作业设计需要突破的重点与难点。

触动爱的玄机
——《背影》探究式预习作业设计
北京市密云区第三中学　韩文皓

一、作业设计缘起

伴随着"双减"政策的出台，多样新颖的作业既提高了学生的学习兴趣，又能够对学习成果进行良好的巩固和提升，寓教于乐，寓学于趣。如果语文作业形式单一，只限于抄抄写写，趣味性不强，吸引力不大，那么面对作业，学生就会处于被动状态，长此以往，学生的语文核心素养也将难以提升。因此，我在本学期进行了探究式作业设计的尝试，并在其中看到了班级学生不同于以往的激情和活力，也正是因为这些变化，才让我有勇气把它们记录下来。

理想中的语文探究式作业，学生应以积极的心态主动探索，在丰富的语言实践中积累，在真实的交际情境中建构，从而在审美熏陶和文化理解中焕发真正的活力。

二、设计与实施过程

1. 实施准备

由于认知水平、思维能力和学习习惯的不同，学生所表现出的学习能力的差异是必然的。因此，千篇一律的作业会使一部分学生失去完成作业的兴趣和信心，泯灭学生的个性，极大降低作业在语文教学中的效用。探究式作业，使每名学生都能找到切入点和支架，从中体验到学习的乐趣和成功的喜悦。

学生时代，在朱自清的《背影》中，我体会最深的就是那深沉而伟大的父爱，常为此潸然落泪。走上教师岗位，当我的身份有了转换、心智更加成熟的时候，才发现《背影》的动人之处不仅仅在于父爱，还有一些值得学生去学习的地方，而这些需要一种新的形式带领我们走进去。"缀文者情动而辞发，观文者披文以入情。"散文最有魅力的地方就是找到文中那个"我"，去体会作者个性化的情思，而我们在教学中常常会忽略这方面。因此，我想改变以往的预习作业方式和作业呈现形式，让学生的作业成为贯穿语文课堂的珍珠手链，真正以学生为主体。

在布置这项作业前，我了解到有的学生从小擅长绘画，因此对这些孩子进行过暗示性鼓励，希望他们能够发挥所长。基于此，我设计了两项可供选择的周末作业：

（1）绘画《背影》中父亲买橘子的场景。

（2）制作《背影》中作者情感变化的曲／折线图，探究作为儿子的朱自清对父爱是怎样的感受。（要求：在曲／折线图中有两个轴，横轴表示的是事情发生的时间点，纵轴表示作者情感的发展变化。相应位置可添加原句或事件。）

2. 实施过程与效果

（1）披文入情，大显身手。

有选择性的作业，遵循了因材施教的教学理念，目的是希望学生能够根据自己的知识能力水平去探究。作业布置给孩子们后，他们迫不及待地讨论起来，有的讨论作业的选择，有的讨论作业的形式，还有的讨论作业的实施方法。看着学生那股子热情劲儿，我就知道这项探究式作业激发了他们的兴趣，已经成功了第一步。

自主、合作、探究的学习方式要尽可能地为学生提供语文实践的机会，以培养学生的语文实践能力。这项作业的实施过程中，当有那么多的孩子跟我分享他们的疑问和感受时，我就知道他们在充分地阅读、尽情地享受、自由地发挥。

对于学生的作业，首先，我会尽可能发现他们的闪光处进行表扬，让他们对自己的成果产生心理认同感。其次，我会针对不同学生的可改进之处提出建议。比如在第一项作业画图时，有个女孩子的动手能力很强，想象力也很丰富，把文章中出现的与买橘子相关的画面都进行了生动的描绘，可是在表现人物表情时出现了问题，所有人物几乎都是喜上眉梢。我就引导她自己去发现："你所画的人物表情，是不是和文章所透露出来的氛围和情感不那么相符呢？""你可以回想一下，自己在读完整篇文章时，你的表情是怎样的？"经过我们的交流，这位同学也发现了不妥之处，并进行了修改。还有一位同学，他是一个思维十分敏捷的男孩，绘制作者情感变化的曲/折线图时，能够在文中准确地找到关键性的事件和表达情感的词句，但是在概括作者情感时却犯了难，我就引导他回归文本，关注文中事件发生的时间和文章写作时间的不同，并查阅了相关的背景资料，理解父子之间关系的变化后，作者情感的变化也就呼之欲出了。

作业的设计前提，离不开文本，细读文本是语文学习的生命源，一切教学活动都要为此服务。这两项作业，看似简单，但要做好并不容易，必须对文章进行细致的阅读，在文中找到的任何"蛛丝马迹"，都会成为作业的灵感和素材。

（2）图文意林，挑战自我。

预习作业的成果展示就在课堂上，这堂课的教学目标十分明确，就是两点：

①通过品味语言，分析朴实无华的语言文字中所蕴含的父爱。

②梳理文中"我"情感态度的变化，深入理解父子之情。

教学目标1由预习作业1的作业创作者来探究：绘画这幅图时，你抓住了文中的哪个词或者哪句话？刻画了一个怎样的背影？我把孩子们交上来的作业进行了分类。

第一类同学关注到"他用两手攀着上面,两脚再向上缩;他肥胖的身子向左微倾,显出努力的样子"这句话中的一些动词,刻画了一个步履艰难的背影。

第二类同学关注到文中"父亲是一个胖子,走过去自然要费事些……我看见他戴着黑布小帽,穿着黑布大马褂,深青布棉袍,蹒跚地走到铁道边,慢慢探身下去"这句话中的词语颜色和外貌细节,刻画了一个努力的背影。

第三类同学关注到文中的"我":"等他的背影……我便进来坐下,我的眼泪又来了。""我读到此处,在晶莹的泪光中,又看见……的背影。"就这样,自然过渡到教学目标2,这项作业由学生展示完成,教师在旁边适时引导和总结。

在几经修改的图中,我们看到了孩子们头脑风暴、思维自由驰骋的过程,通过自主发现去探索学习知识的最佳途径,才能使孩子们的理解更加深刻。

三、教学反思

《背影》真正动人的地方不仅在于歌颂父爱的深沉和伟大,更在于看到父亲努力爬上月台的背影那一瞬间,作为儿子的"我"突然感受到并接纳了父亲的爱,之前亲子关系的隔阂就在那一刹那突然消失了,这是很动人的。学生正处于青春期,以自我为中心,这样的作业有助于学生站在子女的角度去理解、体谅父母,感悟亲情。

在"双减"背景下,思考和行动是学习最佳的捷径,探究式作业的价值就在于此,让学生在自主探究中,享受语文学习带给他们的快乐,感受到个性化思维被尊重的愉悦,丢掉以前那种为完成任务而不得不完成的苦涩,这样,语文核心素养会慢慢在自由的土壤中生根发芽。

架设支架，让作业不难且有趣

山东省利津县盐窝镇虎滩中学　李志叶

一、作业设计缘起

初中语文作业设计是一个历久弥新的话题，在新课改和核心素养语境下需要我们重新认识和理解语文作业的独特价值。"双减"背景下的语文作业设计需要从原来的"增量思维"走向"增值思维""增效思维"，努力实现并拓展作业的发展功能。针对目前初中语文作业普遍存在的重视重复练习、忽视评价标准、简单提出要求、缺少学习支架等具体问题，我们需要明确实践探索的基本导向，把握作业设计的基本原则，重新认识作业设计的关键要素，以实现语文教师作业设计观念的本质性转变，从而引导学生掌握语文学习的基本思想方法，让学生能够有效积累语言运用的经验，不断将吸纳的新方法与原有经验进行整合，逐步建构、形成稳固的知识框架或体系，自觉调用原有知识、学习新知识以探索解决新情境中的复杂问题。

二、设计与实施过程

作业设计是基于学生基础知识与基本技能掌握与形成的需求，作业完成的过程能够促进学生的多元智能发展。本着培养学生核心素养、发展学生多元智能的需求，我们就设计具有实践性、探究式课时作业和主题作业做了大量的探索与实践。

1. 课时探究性作业设计

课时作业有利于教师观察学生的行为表现与阶段性学习成果，从中收集数据，为学生提供具体的指导。在作业设计时，我们清晰明确地呈现完成任务的关键环节，这样设计便于教师开展课堂观察。

部编版六年级上册第八单元的三篇课文《好的故事》《我的伯父鲁迅先生》《有的人——纪念鲁迅有感》，我们设计的学习主题——揣摩精彩语句的表达效果、体会寻常词句的深刻内涵，感受鲁迅的形象气质，理解其精神境界。单元作业目标：（1）通读三篇课文，用思维导图分别呈现课文的结构；（2）任选课文中一个典型段落或诗句，借助朗读体会其语言的表达效果。

为了契合并达成教学目标，我们设计了"我是小小设计师——给课文编写名片"的课堂作业。作业提示：可以用自主完成的课文结构框架图（思维导图）和概括的课文主旨做名片封面；可以从其中一篇课文中选择一个简短而精彩的段落或诗句分析其表达效果做名片背面。鼓励有创造性的创意。此作业意在增强学生对文本进行整体感知的驱动力，激发学生体悟语言感染力的兴趣。这一作业的完成，生活常识层面需要了解名片的功能；知识储备层面需要理清作者的行文思路；能力培养层面需要在梳理行文思路的过程中准确把握主题、感受语言特点，领悟人物品质。将这一课堂作业拆分成完成课文结构框架图、概括课文主旨、赏析课文中精彩段落或诗句的表达效果三个环节，也正是我们预设的不同的观察点。

（1）初读课文的过程中是否能够圈画出标识课文结构的语句；

（2）梳理课文结构使用的图示是否与课文结构特点一致；

（3）课文结构图中的文字是否能准确概括课文主要内容；

（4）对课文主旨的理解是否准确，是否能用恰当的语言表达自己的理解；

（5）选择的语段或诗句是否能够突出体现课文的语言特点，是否关注到了词句对人物品质的表现。

作业创设贴近现实生活的情境，当学生乍一看作业，困惑如何编写名片时，教师引导学生熟悉我们预设的三个关键环节。拾级而上，每一步的进展都能够准确反映学生的思考进程与关键行为表现，同时也是我们教师了解学生学习情况的课堂观察点。目的明确、角度准确的课堂观察，有利于教师发现学生思维方式、能力结构、知识储备等方面存在的问题，提供及时、具体、针对性强的指导。

2. 主题阅读探究性作业设计

阅读教学一直占据语文教学的半壁江山。指向整本书阅读的作业设计，教师需要关注作业与作业之间的水平层级，帮助学生在持续一段时间的阅读过程中实现学业进阶。（孙颖，《中小学管理》）如部编版六年级下册"名著导读"《鲁滨逊漂流记》，我们的作业设计是——"我为鲁滨逊代言"。

作业提示：

（1）画一张鲁滨逊漂流的线路图（或航海图），注明时间、地点、出航的原因；

（2）给鲁滨逊生活了27年的荒岛起四个名字，并阐释理由；

（3）给荒岛的四个名字排序，阐释鲁滨逊的命运轨迹及心路历程；

（4）梳理鲁滨逊在荒岛生活时面对的困难及解决方式，指出鲁滨逊解决方式与野人解决方式的差异；

（5）摘录作者笛福的生平经历及所处的时代背景，说明鲁滨逊所代表社会阶层的特点；

（6）撰写一篇《鲁滨逊小传》。

作业评价：每个环节都是"三星"评价标准——能准确表述自己的理解、见解，得一星；图文并茂，表达精当，得二星；作业表现形式新颖，感悟有个性，表达有创意，得三星。作业环节的设计，以小说主人公为探究根基呈现梯级式发展，契合了"人物形象分析"的学习"层级式进阶"水平标准，有助于学生认识的深入，认知和理解能力的提升。

从学生学习群组的讨论可以看出，起始年级的学生非常喜欢具有多种选择性的"板块式""层级式"的作业设计。前三个作业环节，学生自主完成，普遍都能得二星以上；后三个环节，随着难度的升级，挑战性加强，有组长带头在组内共享各自查阅的资料，团队合作的结果是，这几个组有多人作业得18星，且看其中一位同学的《鲁滨逊小传》——

鲁滨逊心中有个航海梦！爸妈的反对、大海的无情、海盗的俘虏都浇不灭。

肆虐的大风暴把他孤零零一个人留在了只有生存挑战的荒岛之上。

他在岛上没有朋友，没有食物，没有工具，没有衣服……怎么办？

凭借辛勤的双手、智慧的头脑和乐观的心态，他不仅活下来了，还开创出一个个奇迹，令荒岛渐渐充满了生机。他终成王者，荣归故里！

从土著人的手里救出了一个被他们俘虏的黑人，朋友也有了。他们竟然在荒岛上过上了让无数人羡慕的无忧无虑的生活。

鲁滨逊用坚毅竖起一座丰碑——

只要心中有坚定的信念，你我皆可成王者。

三、教学反思

语文作业设计不仅要关注作业本身的"量、质、形"，更要关注学生"想不想做""能不能做""能不能做好"的问题。实操过程中，教师依据学生实际情况，预判学生完成作业的实际能力，充分考虑学生的兴趣偏好和优势特长，将复杂的生活情境进行二次创设，并能够及时转换角色，站在学生的立场亲自上阵进行演练，提前修复任务设计中的各种问题，指导学生选择与其能力水平相当、兴趣爱好匹配的作业。最后，要确定学生学习任务评价维度，对学生的任务评价进行指导，为学生提供个性化发展平台，鼓励学生独立或合作完成探究性作业。

统计视角下的"欢乐泡泡跑"

北京市育英学校　王晓庆

一、作业设计缘起

目前大多数中小学生普遍认为数学作业枯燥、乏味，好像只是一种重复性的练习。很多同学很难将课堂上学过的知识应用到现实生活中，不懂得如何与他人合作，共同进步。这不禁让我思考：完成作业的目的到底是什么？什么样的作业才是真正有价值的作业？

众所周知，关注核心素养的形成，关注数学思维的发展，已经成为当前数学教育的共识。作业是学校教育教学管理工作的重要环节，是课堂教学活动的必要补充。科学合理地实施数学探究性作业，不仅能让学生更加准确有效地掌握数学知识和技能，还能让学生在整个探索作业的过程中逐步学会自主学习和合作学习，培养学生的创新与实践能力，提高数学素养，促进学生数学思维的发展，为学生的可持续性学习奠定基础。

二、设计与实施过程

如何设计有效的探究性作业，如何对作业进行优化，无疑成了我们最关注的问题。我们以北师大版四年级下册《单式条形统计图》一课作业为例进行了探索。

1. 确定设计意图，设计探究性作业

设置探究性作业首先要考虑通过作业希望学生理解、巩固的核心内容到底是什么，需要提升学生哪些方面的能力。

本节课是统计与概率的内容。统计与概率在数学学习中占有重要的地位。单式条形统计图不仅在日常生活中有广泛的应用，也是学生进一步学习复式条形统计图、折线统计图、扇形统计图等知识的基础。本节课的核心在于培养学生初步的数据分析观念，渗透统计的思想方法。数据分析是为问题解决服务的，只有以真实的问题情境为依托，才能更好地帮助学生理解统计的意义和价值，提高学生的应用意识。因此，本次作业为学生设计了尽量真实的情境，让学生在问题解决过程中合作探究。本次作业设计的宗旨是考查学生在实际问题情境中是否会用数据说话，其中包括是否会用合适的方法对数据进行描述，是否能根据统计图进行简要分析，是否能根据分析进行决策。基于此，我们进行了如下设计：

同学，你好！昨天"欢乐泡泡跑"活动你一定玩得很开心吧？因为里边有很多有意思的项目。如果让你参与明年的活动策划，选出一个最受大家喜欢的项目作为保留项目，你有什么好办法？请你设计一页PPT展示你选择这个项目的原因。

作业以小组为单位提交，给学生充足的时间，经历整个问题解决的过程，经历整个用数据分析的全过程。

2. 作业的实施

（1）全员参与，经历统计全过程。

随着大数据时代的来临，我们越来越需要借助数据进行分析并做出决策。为了让学生体会统计在现实生活中的需要，本次探究性作业，我们以学生们喜欢的"欢乐泡泡跑"活动作为引入，聚焦统计问题"哪个项目最受大家喜欢"。此研究贴近学生生活，极大激发了学生的学习兴趣。学生以小组为单位，根据问题提出调查方案与数据需求，在合作研究中不断优化描述数据的方法，最后通过合理分析，解决了调查的问题。在整个问题解决过程中，同学们都想到了用数据说话，但关于如何选取样本，小组间的想法却各有不同。有的小组想到的是询问所有同学，毕竟所有同学都问了，最接近真实情况，但是全年级人数太多了，不易操作。有的小组认为可以询问一个班的同学，也有一定的代表性。还有的同学说在调查过程中要找相同数量的男生和女生调查，因为男生、女生喜欢的项目可能不一样，这样可能更有代表性。讨论的结果没有标准答案，只要是有充分理由并能获得组内同学的认可就好。遇到不同想法的同学，暂时说服不了对方也不可怕，同学们会记录下来求同存异，继续后面的研究。就是通过这样的方式，同学们在一次次合作交流、探索思考中不断优化方案，经历了统计的全过程。

（2）深入思考，用数据解决问题。

本次作业，学生可能会有不同的收集数据的方法，也可能会用不同的方式进行数据描述（文字表示、统计表、象形统计图、条形统计图），教师需要在此基础上启发学生深入探究哪种呈现方式更明确、直观。在对比中，学生不难发现：条形统计图与统计表相比能更直观地看清楚数量的大小；条形统计图和象形统计图相比能更清楚地看出数量的多少。条形统计图是数与形的结合，能更清楚、直观地体现数据。在此基础上，同学们还发现不同的统计图都有自己独特的应用价值，遇到不同的问题可以有不同的选择。通过一系列直观对比、交流等活动，学生在探究中逐步体会到不同描述方法的价值，以及合理选择描述方法的好处，在生生互动中优化了学生的原有认知，最终体会到在生活中要根据不同的统计问题和数据需求，选择合理的数据描述方法，实现了思维的提升。

此外，学生们在探索过程中还能体会出：数据分析是在数据描述的基础上，通过分析获取数据中蕴含的有价值的信息，为后续决策服务。如本次探究性作业中，同学们能从条形统计图中一眼看出"趾压板"是最受学生喜爱的，因此会选择"趾压板"作为下次活动的保留项目。探究性作业给了学生更多自主探索的空间，让学生在自主创造中实现数学能力的提升。探究性作业是一个学习的载体，以后生活中再遇到类似的问题都可以通过这样的方法尝试探索。

（3）及时反馈，不断优化作业。

作业完成过程中，教师阶段性的评价和总结也非常重要，在探究性问题进行中，教师不断和学生一起评价交流，学生在交流互动中不仅能继续优化自己的作品，还能学会用欣赏的眼光看别人。及时反馈不仅可以帮助教师更深入地了解每位同学在小组学习中的状态，还可以帮助教师进一步优化作业设计，让探究性作业更科学更合理。比如，通过学生的完成情况，可以对比较困难的作业任务进行分层，或者有针对性地适时调整课堂中的教学设计。

三、教学反思

任何教育，只有通过学生自身的选择和建构才能真正形成学生的发展。作业是知识内化的重要环节，对于四年级的学生来说，刚开始接触探究性作业可能会觉得比较难，一旦学生通过交流探索解决了这类问题，就会越来越喜欢这种作业呈现形式。探索的过程亦是一种再学习，不仅能提高学生的问题解决能力，还能极大提升学生直面问题、克服困难的勇气和信心。

此外，探究性作业的情境最好是贴近学生的"真实问题"，让学生真正感受到数学源于生活，提高学生的应用意识。在探究性作业完成后要不断引导学生进行反思，及时完善学习策略。尤其是对探究过程的反思不仅有助于学生养成良好的思维习惯和批判性思维，还能让学生学会在内省中丰富自己的智慧，提升数学学科素养，为未来的数学学习奠基。

关于"正方体展开图"精准有效作业的设计与实施

北京市密云区第三中学　王英华

一、作业设计缘起

《论语》有言:"君子务本,本立而道生。"随着"双减"政策的出台,既能使课堂所学知识起到巩固和延展作用,又能发挥学生创造力和实践探究能力的作业让人耳目一新。"双减"让我们对作业的有效性、多样性以及提高学生参与度等方面都有了更多的探究。

数学作业是数学教学活动的重要环节之一。建构主义认为:"知识不是通过教师传授得到,而是学习者在一定的情境利用必要的学习资料,通过有意义建构的方式而获得的。"通过自己的探究与实践构建自身知识体系,符合学生的认知发展规律。在这个过程中,探究性作业能使学生掌握科学的方法和技能,锻炼科学的思维方式,形成科学的观点和科学精神。

二、设计与实施过程

关于北京版七年级上册第三章中"正方体展开图"这节课的作业设计,之前布置的作业总是限于让学生去判断、选择正确的展开图,基本上属于强化训练类的作业。而现在尝试设计个性化探索实践作业,需要突破自己原有的思维定式,尝试多向思维的变换来思考作业的设计。

基于以上的思考和认识,我设计了关于"正方体展开图"的三项探究式家庭作业(要求学生至少选择完成一项,提交作业后再由小组汇总,与同学们分享交流)。

1. 探究作业一

将 11 张正方体展开轮廓图的对面涂上相同的颜色,再将展开图剪下,还原正方体,看一看你找的正方形对面是否正确。如果正确,写出你确定对面的方法;如果不正确,则修改,重新涂色,并分析错误的原因。

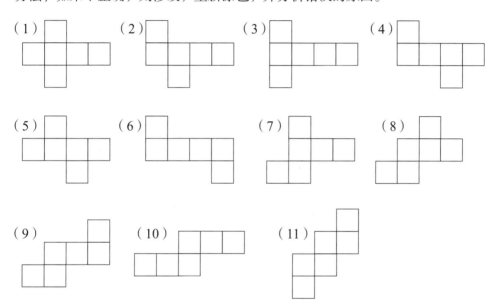

设计意图:让学生充分动手操作和体验正方形展开图中各面之间的位置关系。学生在回忆 11 种展开形式的同时,思考对面的特征,培养空间想象力。将展开图剪下,还原正方体,看一看找到的对面是否正确,这个环节的设计在于让学生反复折叠、展开、还原操作,直观地显示转化过程,将抽象问题具体化,对空间想象力不好的学生是非常有帮助的。我在后续与学生交谈中得知,学生在反复操作中,越到后面头脑越清晰,很多学生不借助图片就能准确找到对面。如果不正确,则修改不正确的涂法,分析错误的原因。

及时改错、及时反思、改正错误这一环节,为的是培养学生良好的学习习惯。学生在后期上交作业和展示、分享中体会到学习成果的喜悦与自豪感,对激发学习动力很有帮助。学生总结的口诀和顺口溜,都有独特命名,如,"同学制胜法宝""隔海相望""Z 型""相对两面不相连,左右隔一列"等。同伴的赞许和认可，对展示分享的学生起到很大的激励作用。

作业反馈：经统计，44名学生全部完成此项作业，正确率如下。

编　号	1	2	3	4	5	6	7	8	9	10	11
正确率	93.2%	91%	97.7%	100%	100%	100%	79.5%	72.7%	77.3%	56.8%	63.6%

通过数据反映说明：学生对1—4—1的形式掌握得很好，对3—3和2—2—2掌握得不好。所以在今后的教学中，我就会对这两类情况多加关注，多让学生操作，加深印象，加强理解。众所周知，"双减"作业减的是重复的、机械性的作业，但这里的"重复、反复折叠"是很有必要的，学生喜欢在"做中学"，反复叠加思考，一点儿都不觉得枯燥无味。还有部分学生高兴地和我说："老师，时间过得真快，在操作中我学会了。"听了学生的反馈，我更坚信：设计被学生喜欢的作业，是我们追求的目标。

2. 探究作业二

请同学们用彩笔在表格第一列中描出需要剪开的棱，沿棱剪开后，在表格第二列相应位置画出剪开后的平面图形，结合标记的棱，想象展开后的平面图形，并画在表格相应的位置上；最后将事先做好的纸质正方体沿第一列描出的棱剪开，进行验证、对比、还原，展开验证是否一致。（此项作业备用图共12个，学生自主完成几个都可以）

设计意图：在设计的过程中，让学生先在正方体上试着画出要剪的棱，结合标记的棱，想象展开后的平面图形，在这个过程中，学生会反复尝试，画的时候就会思考、想象和判断。这个过程能锻炼学生的空间想象意识及动手操作能力。沿棱剪开，在表格相应位置画出剪开后的平面图形。动手操作包括画出剪开图，进一步落实学生对正方体展开图的空间想象，观察实际展开图和想象的展开图是否一致，纠正头脑中的错误印象。在探究的过程中，感悟一个面的四条棱哪些棱可以剪，哪些棱不能剪，哪些棱不剪就展不开。以往的作业，学生可能就重在探讨结果的应用，但在这个过程中，学生会有大量的思考和判断，教师通过设计抓住学生思考的痕迹，为学生空间观念的培养提供契机。

3. 探究作业三

动手操作实践作业应用。如左图正方体,"五角星"图案在正前方,请用笔描出沿哪条棱剪开就能得到右图的展开图,且它们的对面数值相等,并请你求出"五角星"表示的值为多少。

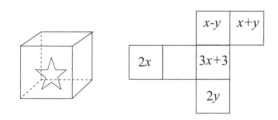

设计意图:此题综合性较强,由立体到平面,学生可以通过实际剪裁正方体操作,直观呈现对面,从而解决问题。借助几何直观可以把复杂的数学问题变得简明、形象,有助于探索解决问题的思路,预测结果,注重培养学生画图、识图、标图、用图的良好学习习惯。

学生在完成作业时,有部分学生采取的是先找不剪的棱,从而再确定被剪的棱。学生的方法很多,在分享时互相学习借鉴,作业的反馈效果非常好。

三、教学反思

探究式正方体展开图的作业设计,是通过让学生剪一剪、折一折的活动,实现几何体与展开图之间的相互转换,既可以加深学生对正方体特征的认识,又有利于锻炼学生的空间想象能力,提升学生的数学思维水平。

通过设计探究式作业,我体会到无论是在学生完成作业的过程中,还是交作业后的展示与分享,都大大提高了学生真正参与作业学习的积极性,激发了学生的内驱力,对学生学习具有积极影响。

总之,精准设计有效作业是教学活动中的重要环节之一,是课堂教学的一种延续和补充。在"双减"背景下,探究式精准有效作业的设计与实施,使学生乐做善思,促进学生综合能力的提高,让学生通过作业享受到数学学习的乐趣。

在探究中渗透数学"类比"思想

北京市育英学校　乔韵璇

一、作业设计缘起

类比思想在中学数学中非常重要，比如研究一元二次方程要类比一元一次方程，研究分式要类比分数等。类比思想可以激发学生的探究热情，同时也是构建新旧知识间的有效桥梁，使之成为一个完整的体系。类比思想不仅需要在课堂教学中渗透，还需要在作业中有意识地进行培养。如果说课堂是教师现场组织学生开展集体学习活动，那么作业就是在隐身状态下引导学生自主学习的活动，是承载学习内容、体现学习方式、培养学科思维的载体。（刘善娜，《教育视界》）在"双减"背景下，如何设计作业能够最大程度地实现教学效果，同时不增加学生负担显得尤为重要。探究式作业可以让学生自主思考并完成，提升思维品质，同时改变学生"只练不思"的学习定式。

二、设计与实施过程

本文主要以"圆"和"函数"两个主题为载体设计探究式作业，渗透类比的数学思想，培养学生知识迁移的能力，能够依靠已有知识解决类似问题，从而达到真正消化吸收知识的目的。

1. 基于"圆"的探究式作业设计

圆是学生接触的第一种曲线图形，在学习人教版教材中《圆》的时候，学生已经学习了圆的定义、相关性质、位置关系，在此基础上，在坐标系中拓展了圆的方程。而进入高中，学生还会学习椭圆、双曲线等曲线图形，这些都是类比圆的探究过程进行的，所以我设计了如下探究作业。

（1）类比圆的学习自主探究并梳理椭圆的相关知识。

设计想法：圆是同一平面内，到定点距离等于定长的点的集合。这里的定点只有一个，学生根据已有的经验就会想研究如果定点变成两个，距离和或者差是定值，会是什么图形？其实距离和如果是定值，就是椭圆；差是定值，就是双曲线。

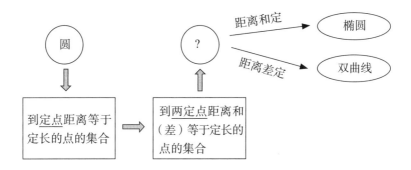

学生反馈：通过自主探究和相关资料的查阅，能够类比圆的学习过程和方法，也从定义、方程、性质（对称性、面积等）、直线与椭圆位置关系入手进行研究；能够根据定义准确推导出椭圆的方程，同时能够猜想椭圆的有关性质，将其进行整理。学生思路如下：

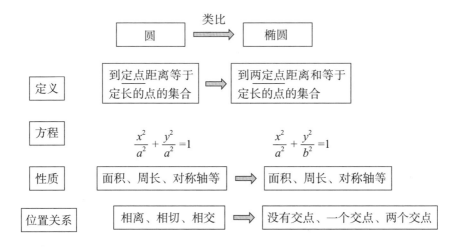

（2）探究椭圆的面积公式。

设计想法：在学生完成作业一时类比圆的面积猜想椭圆面积为：$S=\pi ab$，那么能否验证呢？

学生反馈：借助椭圆与圆的关系，思路如下：如图可得 $S_{DCOG}:S_{CEOF}=a:b$，如果用平行于 y 轴的直线把其分割成尽可能小的矩形，那么不难得出：$S_{圆}:S_{椭}=a:b$，即 $S_{椭}=\pi ab$。

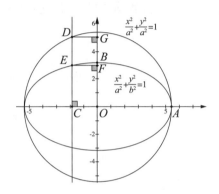

除此之外，有同学通过查阅资料学习了"微元法"和"积分"方法，同样得到解决。其实"微元法"的思想在小学学习"圆面积"以及初中"锐角三角函数"后的"阅读与思考"中都有谈到。所以重视教材的阅读和思考很重要。

实施效果：通过探究，首先，学生对椭圆不仅停留在图形的认识层面，更是从多角度、深层次进行理解的。其次，学生从圆类比到椭圆，建立新知识和已有知识的联系；更重要的是在运用类比思想解决问题的过程中激发了学生的自主探究热情，他们能够主动查阅资料解决问题，对学生思维能力、学习能力、创造能力的培养大有裨益，也是在提高学生的终身学习能力。

2. 基于"函数"的探究式作业设计

函数是中学阶段最重要的知识点之一，不同函数类型的研究方法和思路都是类似的，所以通过探究的方式可以让学生将已学的方法进行迁移，进而解决更多的问题。

（1）如果你是教材编写者，请仿照教材《一次函数与方程、不等式》的结构，完成《一次函数与不等式组》的教材编写。

设计想法：《一次函数与方程、不等式》是人教版八年级下内容，是教学中的重点，也是难点，教材中已经设计了函数与方程、方程组、不等式的内容，学生很容易类比猜想函数与不等式组是否也有关系，并在这个想法的基础上进行探究。

学生反馈：学生能够按照课本的编写体例，从实际问题出发抽象出数学问题、引发思考，再进行分析，进而总结归纳方法。

实施效果：在学生编写的过程中不仅培养了逻辑思维，也强化了对知识的理解和应用，同时也提高了语言表达和书写能力，多学科融合，全面发展。在探究过程中还有同学提到函数和二元一次不等式是否有关系，其实这和高中的线性规划知识是相关联的。这说明这样的探究性作业能够激发学生不断创造和研究的意识，是学生从"学会"到"会学"的转变。

（2）根据已有的函数学习经验，探究锐角三角函数（$\sin x, \cos x, \tan x$）的性质。

设计想法：在初中阶段锐角三角函数仅停留在借助边角关系解直角三角形，缺乏从函数的角度研究性质，因为其图像横纵坐标的单位不同，而进入高中后学习了弧度制和角度制转化后，任意角的三角函数的性质又至关重要，所以学生在初中阶段进行初探，这样更能凸显知识的生成过程，况且学生已经有一次、二次函数学习的经验，在这里可以类比探究。

学生反馈：以 $\sin x$ 为例，学生的探究思路如下：

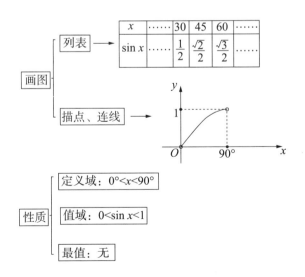

实施效果：学生类比迁移，通过画图的方式探究性质，而在画图的过程中能够运用传统的作图方法："列表、描点、连线"，在研究函数性质时可以从定义域、值域、最值等方面进行分析。这不仅是对函数研究通法的巩固和学以致用，体现类比思想研究问题的重要性，也为高中学习任意角三角函数做铺垫，更是让函数研究成体系化，让知识建立内在联系。

三、教学反思

《聪明教学 7 原理》中指出，学生学习知识经常是"点状"的，是相对孤立的，当遇到新问题时，会从无数零散的知识中去提取，速度慢，难度大，所以指导学生建立一个联系紧密的知识网络格外重要，类比的数学思想正是帮助学生将零散的数学知识系统化，再迁移到新知识的学习，而"探究"的方式让学生对知识不断巩固的同时培养了创新、探究和独立学习能力。当然，在类比思想的渗透过程中也要求教师在教学中不能只满足向学生讲授书本知识和解决书本问题，还应该提前充分阅读教材、研究教材，丰富自身的知识体系，站在一定高度把握知识结构，参透知识表象背后的思想方法，才可以在教学和作业中创设恰当的情境，丰富学生的思维模式，以达到更好的教学效果。

"探中学，学中探"
——"我最喜爱的动物"探究式作业设计
北京市育英学校　庄美娟　杨宏丽

一、作业设计缘起

《义务教育英语课程标准（2022年版）》提出要重视对学生思维能力和自主学习能力的培养，但现行小学英语教材中教学活动的设计普遍着眼于语言能力的提升，而对学生思维能力的发展关注不够。因此，在日常教学中，我常常基于对教材的分析，有意识地布置一些既能促进学生英语语言能力提升，又能促进学生思维发展的作业，探究式作业就是其中的一种有效、有趣的形式。它可以激励学生在查阅不同的资料时进行比较、归纳和辩证思考，同时让学生发散思维，激发探究意识、提升探究能力，弥补教材活动设置在思维培养方面的不足。学生用英语作为探究的工具，在探究的同时提升英语水平，在探中学，在学中探。

二、设计与实施过程

1. 作业设计及准备工作

人教版六年级英语上册 Unit 3 Animal World 第三课介绍了"大象"这种常见的动物。通过深度分析教材，我发现本课教材着眼点主要是语言能力的提升，而缺乏对学生思维能力的培养。基于此分析，我将本课的作业设置为：请你选择一种自己感兴趣的动物，并和其他同学结成研究兴趣小组进行探究性学习。

具体要求：(1) 查阅你们所选择动物的相关资料，并撰写一篇研究报告；(2) 以你们所写的研究报告为语篇，给其他组的同学设置一些阅读理解问题；(3) 提出关于该动物你们想继续探究的问题。

在向学生说明作业要求后，我给予学生如下指导：

首先，在学生"结队"方面，既给予他们自主权，又给予必要的协调和帮助，确保每一个同学都基于自己想要探究的动物，和其他同学结成探究性学习兴趣小组。

其次，带领学生认真学习、理解此项作业的目标、内容、要求和具体步骤，确保学生知道该以怎样的方式去完成这项作业，达到什么样的效果。

最后，给予学生与此项作业相关的学法指导。六年级学生由于年龄限制，在什么是探究性学习、如何进行探究性学习、如何查阅资料、如何撰写研究报告等方面缺乏经验、存在困难，需要老师的指导和帮助。因此，我给予学生相关指导，教会学生如何查阅英文资料，包括可以用哪些搜索引擎查找英语资料，在搜索时如何确定英文关键词，如何快速筛选自己所需要的关键信息，如何在图书馆中查阅英文资料，如何撰写英语研究报告，等等。

2. 作业的实施

在进行以上准备工作之后，学生开始以兴趣小组为单位，进行合作探究，具体步骤如下：

第一步：上网查找关于本组选定的动物的资料（建议用该动物的英文名称进行搜索），获取有用的信息，形成一篇研究报告（至少应包含 category, appearance, food, living place 和 activities 等信息，要抓住该动物的典型特点）。

注：研究报告可由每个成员写出一篇；可以是每个成员负责其中的一部分，然后组成一篇；也可以是由其中某个或某几个成员完成一篇，然后全组共享。具体采用哪种合作方式由本组成员协商决定。

第二步：本组所有成员共同研读本组的研究报告，每个人用英语命制 5 个阅读理解题（命题考查点可包括：阅读直接获取细节信息，阅读理解细节信息，阅读理解、概括信息，阅读推断简单信息，猜测词义），并提出接下来想要研究的关于该动物的 1～2 个问题。每个成员把自己命制的 5 个阅读理解题和接下来想要研究的 1～2 个问题以 word 文档的形式发给组长。组长选择决定最终的 5 个阅读理解题，并汇总小组成员想要继续探究的问题。

第三步：组长把英文研究报告、5 个阅读理解题和小组想要继续探究的问题放在一个文档里，交给老师批阅。老师收到学生的作品后，要对其内容的准确性、规范性和难易度进行把关，提出修改建议，然后综合研究报告的内容和难易度、其后的阅读理解题命题情况以及小组想要继续探究的问题的深度，选出适合给全班同学印发学习的三份优秀作业，并印发给全班同学。

3. 作业的反馈

学生以兴趣小组为单位撰写的研究报告，是学生集体智慧的结晶，也是学生非常引以为傲的学习成果，他们希望自己的作业能得到认可和欣赏。同时，这些研究报告都聚焦于"动物"这一话题，可作为该话题的延伸阅读材料。因此，我一改"作业由老师批改、定级"的传统方式，专门拿出一节课的时间，用于该项作业的反馈和交流。主要采取合作学习的方式，具体如下：

假设全班共分成了 A、B、C、D、E、F、G、H 这 8 个兴趣小组，下面将以 A 组和 B 组为例阐释小组之间如何进行合作学习。

第一步：A 组和 B 组互相交换研究报告，进行阅读理解，回答研究报告后面的 5 个阅读理解题。完成后，A 组以专家的身份，检验 B 组对 A 组研究报告的理解是否准确。B 组以同样的方式给予 A 组阅读理解上的反馈。

第二步：互相向对方小组提问。即 A 组在读完 B 组的研究报告之后，可以提出自己对 B 组研究内容的疑问。然后 B 组对 A 组提出疑问。这些疑问可能会为彼此下一步的研究提供启发。

第三步：教师将提前选出并印好的三份优秀作业发给全班同学。学生从中选择自己喜欢的两篇进行延伸阅读。

4. 作业效果

学生普遍表示非常喜欢探究式作业及这种合作学习的反馈方式，原因是作业这样布置和反馈给予了学生更多的学习自主权和学习空间，能够激发其学习兴趣，并且合作学习的方式增加了学习的乐趣。

实践证明，探究的过程，既能达到巩固课内所学的目的，又能拓展延伸、给学生开放的学习空间，避免了抄写、默写、背诵等机械的学习方式，有利于学生自主学习能力和思维能力的提升。对于英语学科来说，在探究式作业中，学生用英语去做事情，在这个过程中，英语既是目的，也是工具。学生既用英语这一语言工具去做探究，又在探究中学习了英语。学生非常喜欢这种形式，因而能够积极地、高质量地完成这项作业。

三、教学反思

在日常教学中，我们应在深研教材的基础上结合具体学情布置作业。当教材中的教学活动对培养思维能力的关注不足时，我们可以以探究式作业的形式加以弥补。学生以英语为工具进行探究，可以促进语言能力、思维能力和自主学习能力的同步提升。

学生对探究式作业总体来说是比较感兴趣的，但是也应注意探究式作业的布置、完成和反馈方式，以保护好学生的兴趣。具体来说，在布置探究式作业时要注意把握好难度，并注意将教学内容与学生的兴趣和已有生活经验相结合；在学生完成作业的过程中，要适时地给予学生提供必要的学法指导和具体帮助；对于作业的反馈，不能敷衍了事，要让学生感受到老师对其探究成果的尊重和肯定，让学生从探究中获得成就感，并最终实现探究能力的提升。

以素养为导向的化学探究式作业创新研究

北京市育英学校　张艳君

一、作业设计缘起

以前我们对作业的认识，往往只停留在它是巩固课堂知识、反馈教学效果的一种方式。如今，在"双减"政策的引领下，对于作业的内容、形式和效果，我们就需要深入思考：如何真正缓解学生的作业焦虑，减轻学生的作业负担呢？

我在认真学习后，依据化学学科素养理念，基于核心素养的"3×3学科能力指标"，开展了以素养为导向的探究式作业创新设计研究。我尝试从人教版化学九年级第七单元《燃料及其利用》入手，作业设计在内容上不再是死记硬背，而是在陌生情境中，解决实际问题。在形式上，不只是单一的书写，可以是视频录制、绘制小报等多种方法。在效果上，不仅是通过巩固知识达成学习的初级目标，而且是在探究过程中提升解决问题的能力，实现培养学生创新能力的高阶思维目标。

二、设计与实施过程

1. 精准设计，定位素养目标

过去学生在"题海"中一直"游"不到岸上，很大一部分原因是教师对于作业没有进行精选。之所以不敢删除大量无效作业，是因为教师对于课程标准和考试要求不明确，心里没底。有鉴于此，我改变了以往凭借经验和感觉随意布置作业的方式，在设计作业之前，明确了目标，进行了精准定位。

（1）以终为始，研制作业目标。

首先通过研读课程标准和学业标准，摘选出大约6条目标。

接下来再依据考查要求和教学实际，聚焦遴选出探究式作业的精准目标。

（2）以标促评，完善素养目标。

作业内容目标只是作业设计的较低要求，我还结合"3×3学科能力指标"和"五个能力水平"的学业水平标准，形成学科素养目标。

2. 创新评价，细化素养标准

说到作业评价，我们会想到传统的红笔批阅。而对于以素养为导向的探究式作业评价，不再只用对不对来评判，更关注学生个体的理解能力与学习能力，让学生自由学习。作业评价就是学习的过程，更是思维发展形成的过程。

（1）能力素养评价表，通过"能力编码"来评价，比较科学，更关注素养能力的考查。

作业评价目标		
能力编码	能力水平（5级）	能力表现（9种）
分　值		
参考答案		
评分标准（分级分类）		

（2）多种维度评价表，注重不同维度的评价，比较客观，更关注不同评价者的意见。

作业评价维度	卓越	优秀	良好	达标
内容要求				
自主评价级别				
小组互评级别				
老师评价级别				

3. 实验探究，落实素养方案

探究式作业的目的在于培养学生的创新精神、自主学习和科学探究能力。通过下面的作业实施过程，一起感受探究式作业的意义。

（1）明确探究思想。

有了核心素养能力目标作指导，探究式作业不再像以前那样抽象，可以运用化学学科特点，进行动手实验。但是探究中一定要摒弃两个极端，既不要题目宽泛，过于开放，让学生探究无从入手，也不要限制过多，禁锢学生的思想。

（2）体验探究过程。

①联系生活实际，设计探究内容。

我结合生活中的真问题，以家用燃气灶为素材，通过动手实践，在探究过程中提升应用实践、迁移创新等学科素养能力。

探究式作业要求具体见下表：

探究式作业	作业内容与要求	素养能力要求
必做（探究）	观察家用燃气灶的结构，设计实验，探究燃烧条件和灭火的原理。（可以录制视频、制作课件、绘制小报等）	通过探究家用燃气灶燃烧条件，理解燃烧和灭火的原理，提升实验探究能力。
选做（创新）	依据家中燃气灶的结构，查阅资料，绘制一款创新型家用燃气灶。（图上注明创新点的意义和价值）	通过设计未来的新型燃气灶，培养创新意识和探究能力。

②依据流程要求，实现探究任务。

我依据探究学习的流程，设计探究任务单，通过提出问题、猜想假设、查阅资料等环节，防止学生探究目的跑偏。同时，在设计实验、交流评价环节中，给学生自主发挥的空间，让学生不拘泥于一种实验方案，可以大胆实践，体验探究的乐趣，感受探究的价值。

探究式作业内容具体见下表：

> 【探究题目】以家用燃气灶为例，探究燃烧的条件
> 【提出问题】可燃物燃烧的条件有哪些？
> 【猜想假设】
> A. 可燃物与氧气接触；
> B. 温度达到可燃物着火点；
> C. 可燃物、与氧气接触、温度达到可燃物着火点，三个条件同时具备。
> 【查阅资料】根据需要自行查阅。
> 【设计实验】独立或小组合作完成实验报告。
>
> | 实验目的 | 实验操作 | 实验现象 | 实验结论 |
> | --- | --- | --- | --- |
> | 验证猜想 A | | | |
> | 验证猜想 B | | | |
> | 验证猜想 C | | | |
>
> 【交流评价】针对探究实验过程，进行反思评价。

（3）分享探究成果。

以往的作业学生只是上交实验报告，成果反馈仅限于师生之间单一交流。现在，我运用评价量表，师生共同选出优秀作品。

探究式作业评价，具体见下表：

评价内容		王牌团队	精品团队	萌新团队
实验报告	科学性	实验操作、现象、结论内容科学准确，设计美观，书写工整。	实验操作、现象、结论内容科学准确，设计较好，书写较工整。	实验操作、现象、结论内容科学准确，设计一般，书写不太工整。
	创新性	实验设计创新突出。	实验设计有一定创新。	实验设计没有创新。
	借鉴性	实验反思评价深刻，对大家借鉴性很高。	有实验反思评价，对大家有一定的借鉴性。	有实验反思评价，对大家没有借鉴性。
实验讲解		讲解准确，逻辑清晰，幽默风趣，有感染力。	讲解准确，逻辑较清晰，有一定感染力。	讲解比较准确，逻辑一般，比较平淡。
分工合作		分工明确、合作意识很强、作业效果很好。	分工较明确、合作意识较强、作业效果较好。	分工较明确、合作意识一般、作业效果一般。

我还尝试将不同的探究成果采用多种方式分享。比如绘制的小报张贴在班级学习角；录制的视频分享到班级微信群；制作的课件在课上讲解分享等。在展示过程中，创作者既锻炼了交流表达能力，也增强了自信心。同时在生生互动中，其他同学也借助不同平台，学到了更多感兴趣的内容。

三、教学反思

在"双减"政策的倡导下，我在探究式作业创新研究中，不仅让作业成为课堂教学的延续，更重要的是帮助学生将知识内化，不断提升学科能力素养。比如，在探究式作业实施过程中，我结合化学学科特点，以实验为依托，引导学生在真实情境中发现问题。学生通过完成挑战性学习任务，提升实践创新能力，培养高阶思维，促进化学学科素养的全面发展。

当然，实施过程中还有一些地方需要完善。比如，反思探究式作业目标创新设计的两个环节，由于对能力指标不够熟悉，我在整合过程中尝试了多次，耗时比较长。为了更好地发挥这一创新研究的作用，该研究对教师提出了更高的要求，教师要不断学习，深刻理解课标要求和作业评价标准，更好地与学科素养融合。

小豆子发芽啦

大连经济技术开发区第六中学　孙维敏　张磊　王鑫　范秀敏　李晓惠
大连经济技术开发区第三中学　段宁宁
金普新区教育科学研究院　臧丹

一、作业设计缘起

作业是学校教育教学管理工作的重要环节，是课堂教学活动的必要补充。为了促进学生的全面发展，着力提高学生的生物学科核心素养，根据课程标准的要求，在课堂教学提质增效基础上，切实发挥好作业育人功能，我所在学校的全体生物学教师坚持作业统筹，布置了科学、合理、有效的作业。

目前我们所在城市的疫情偶尔反复，学生需要居家上网课，为丰富学生的居家生活，着眼学生的身心健康，结合生物学科的实践特点，生物组全体教师充分利用教育资源，组织开展了一系列生物学科探究实践活动，如观察种子的结构、发豆芽、观察花的结构等，适时开展生命教育和生活教育。接下来，我将以发豆芽的作业为例，具体阐述探究式作业的设计过程、实施过程与效果等。

二、设计与实施过程

1. 设计过程

我们年级的所有生物学教师参与教研会议，就七年级上册《种子的萌发》这节课的前置作业设计展开讨论。大家起初打算让学生完成教材中的探究实验"种子萌发的环境条件"，该实验是一个科学严谨的实验，需要学生设置对照组和实验组。但考虑到实验操作比较繁琐、难度比较大，为了提高学生的学习热情，减轻学生的作业负担，大家决定把该探究实验设置为选做作业，留给学有余力的学生，重点作业转为教材中的课外实践活动——发豆芽。该活动十分贴近生活，在开展活动的过程中，学生们也可以分析出种子萌发需要的环境条件，学生的理性思维和创新能力也会得到提升。这样的作业何乐而不为呢？经过研究，全组成员确定作业布置如下。

（1）作业目标。

通过探究如何发豆芽并亲手把豆芽变成一道菜的过程，让学生初步了解种子萌发所需的环境条件，提高动手能力，提升理性思维，形成生物学来源于生活并服务于生活的意识。

（2）作业内容。

活动主题：观察记录发豆芽的过程并亲手把豆芽变成一道菜。

活动建议：你想品尝自己亲手发的豆芽吗？自己发的豆芽，吃起来味道一定会很不一样吧，快动手试一试吧！动手之前，先要想一想行动方案。用什么样的材料，用什么器具，需要给豆子提供什么样的环境条件，等等。或独立进行，或组成小组，或与家人同学习，共实践。请认真记录发豆芽的过程，待你的豆芽长成时，将它变成一道菜，与家人分享。

作品呈现及具体要求：请将全部精彩过程记录下来。作品以"豆芽成长记"为题，形式不限，可为科学日记，可为实验报告，可为小视频，可为照片集，建议写出自己的收获、体验和反思等心路历程。附记录表如下，供参考。

豆芽成长记			
选择的种子			
室内温度			
	变化	照片	心得体会
第一天			
第二天			
第三天			

续表

第四天			
……			
餐桌留念			
成功的关键			
失败的经验			

2. 实施过程与效果

确定好作业设计之后，七年级组全体生物学教师，利用钉钉软件的作业发布功能，将作业发送给学生，并通过该软件接收学生的作业成果。教师对学生交上来的作品一一给予点评，给出等级，将优秀作业分享给班级其他同学，并进一步鼓励未上交作业的学生参与实践活动，引导学生对完成作业过程中出现的问题进行合作交流与探究。最后与学校有关负责人沟通交流，将优秀作业发布在学校公众号上，进一步提升学生的成就感。

本次作业学生的参与度极高，许多学困生也纷纷拿出自己的作品。有的以照片集的形式展示，有的以表格形式展示，有的以科学日记的形式展示，有的以小视频的形式展示，成果颇丰。有的同学体会到发豆芽不能把豆子浸在水中，只要一点儿水就够了，这为学习种子的萌发需要充足的空气打下基础。有的同学观察到豆芽萌发是胚根先突破种皮，这样学生就自然地了解到种子萌发的过程。有的同学在胚根突破种皮的瞬间，感受到生命的强大！有的同学观察到发的豆芽后期变红了，她很好奇这种现象是怎么形成的，变红的豆芽还能吃吗，于是便上网查找资料，了解到豆芽变红可能是温度过低、接触阳光或空气过多导致色素发生变化引起的，所以是可以吃的，这真的是实践出真知！这个内容连老师都不知道，学生在完成作业的过程中，不仅提高了求知欲，更提高了分析问题、解决问题的能力，而这些能力在未来的竞争中是如此重要，是传统的纸笔作业无法给予学生的。

发豆芽前置作业的完成，使学生在学习《种子的萌发》这节课时，学习热情空前高涨。课上教师邀请学生代表展示自己的作业，优秀的作业大家一起欣赏；失败的例子，学生和其他同学、教师一起分析原因。在分析的过程中，学生们积极动脑思考，各抒己见，有的结合已有知识，有的结合生活经验，课堂互动非常好。在思维火花的碰撞中，学生们慢慢地将知识内化，能力的提升也水到渠成。

本活动也得到了家长的支持与肯定，很多家长不约而同地表示，本学科可以多开展此类探究式作业。有的家长说，孩子在家从来不参与家务劳动，这次亲自发豆芽并在家长指导下为家人做了一份豆芽菜的过程，既让孩子有成就感，也让孩子体会到一粥一饭来之不易，实属难得。

三、教学反思

学生们在完成探究实践作业的过程中，不仅收获了知识，提高了动手能力，培养了创新精神，更重要的是体会到了成功的喜悦，提升了分析问题和解决问题的能力。成功固然让人神往，但学生在失败的体验中，也体会到了实验探究不是一蹴而就的，想做研究必须有百折不挠的精神……

作业不一定是枯燥无趣的，它可以生动有趣，可以贴近生活。因此，教师应该发挥集体智慧，群策群力，创设情境，创造条件，多开展此类探究实践性作业，从而引导学生走出书本、走出课堂、走向社会、走向生活、走向未来，在真实而丰富的体验中快乐成长、幸福生活。教师的评语应多多鼓励学生，强化作业批改与反馈的育人功能。在此新思维的指引下，有效作业一定能发挥育人实效！

基于核心素养培养的初中历史探究性作业设计

北京市十一学校　王烨　刘和妍　魏小林

一、作业设计缘起

历史学科核心素养是公民基本素养的重要组成部分，是学生历史知识、能力、方法以及情感价值观的有机构成与综合反应。历史学科不但要求学生掌握理论知识，还要求学生具备一定的综合实践能力，探究不同历史现象之间的联系，解释历史现象和过程背后的深层动力。

传统的历史作业尚难满足以上要求。内容上，传统作业聚焦知识点，主要调动学生识记能力来完成；形式上，缺少新意，主要由练习题构成，学生易失去兴趣；目的上，作业常被视为应试手段，多重复，少探究。教育部办公厅《关于加强义务教育学校作业管理的通知》提出：作业是学校教育教学管理工作的重要环节，是课堂教学活动的必要补充。各地各校要布置科学合理有效的作业，帮助学生巩固知识、形成能力、培养习惯。

因此，历史学科作业的设计不仅要巩固知识，更应立足于形成能力，涵养历史学科核心素养。老师应围绕这一目标改变内容和形式，设计探究性作业。

二、设计与实施过程

1. 明确设计依据

探究性作业的设计要与课程标准的要求和学生现有知识水平、理解水平、经验水平相适应。史料实证是历史学科五大核心素养之一，设计作业的时候要让学生搜集资料、掌握证据、独立思考，并对历史事件进行分析和评价，构建历史解释。另一核心素养——家国情怀，即学习和探究历史应有的价值取向和人文追求。学生通过完成作业，产生对国家的高度认同感、归属感、责任感和使命感。

2. 编制作业内容

初二年级学生刚结束新民主主义革命的学习，为让学生感受到幸福生活来之不易，要珍惜今天的幸福生活，认同走中国特色社会主义道路是历史的必然，也为了庆祝中国共产党建党 100 周年，教师设计了探究性作业"理想的征程，时间的答卷"，让学生走进博物馆、书籍和影视作品，切身感受中国人民为救亡图存和实现中华民族伟大复兴进行的努力。

本次作业的学习目标如下：

通过梳理新民主主义革命的史实，了解中国近代重要的历史人物、历史事件和历史现象，了解中国近代历史发展的基本线索。通过阅读书籍、观看视频、收集材料，知道救亡图存和实现现代化是中国人民奋斗的基本目标，知道没有共产党就没有新中国的道理，从而坚定为中华民族伟大复兴而奋斗的信念。

根据学习目标设置了如下作业内容：

（1）观展览，有所获。

《复兴之路》是中国国家博物馆的常设展。深邃宏大的主题和波澜壮阔的历史被浓缩在近 6000 平方米的展厅内，全面展示了 1840 年至今中国人民在屈辱困难中奋起抗争，为实现民族复兴进行的种种探索。

过程要求：请前往中国国家博物馆，参观《复兴之路》展览，根据学习成果为同学们设计一份导览工具。导览工具的呈现方式自选，可以是手册、海报、PPT 或视频等。这份导览工具的内容应包括：

①推荐语：简明扼要地说明该展的重要性和个人收获。

②陈列线索结构图：根据参观时的记录，再现展览内容结构，方便参观者快速找到自己感兴趣的内容。

③展品（组合）推荐：按照个人喜好，推荐一定要看的展品（组合），并给出理由。

④观展贴士：教师以个人观展经验，为同学们提供贴心提示。

（2）读往昔，看今朝。

历史不是现成结论的堆砌，在教科书有限的篇幅外，还有很多经典作品可以帮助我们更全面、透彻地理解历史事件、品评历史人物，甚至改变大家对历史学科的看法。请在以下著作中挑选一本，开始你的穿"阅"时空之旅。

金一南：《苦难辉煌》。

张海鹏、翟金懿：《简明中国近代史读本》。

过程要求：为选读的书籍策划一场好书发布会并设计张贴海报和新款腰封，将它推荐给更多的同学。

（3）追好剧，学历史。

制作精良的影视作品可以引领我们回到历史现场，"认识"更多有血有肉的历史人物，真切感受教材上寥寥几行文字意味着什么。向同学们推荐革命历史题材电视剧《觉醒年代》，请同学们根据兴趣择集观看，分享体会和收获。

①一个人：在剧集中挑一位历史人物，结合剧情向同学们介绍他的生平并进行评价。

②一件事：挑出剧集中一段历史事件，查阅资料，为同学们更详细地介绍该事件的来龙去脉。

③少年说：看完了革命先驱们的"热血青春"，想必会有颇多感慨，将你的心绪、感悟变成一首原创诗、一幅画、一段朗诵音频或一段视频。

3. 作业效果

学生通过设计导引图，回顾了中国近现代历史发展的基本线索，梳理了不同历史事件的联系，认识到民族民主革命的艰巨性，培养了时空观念的核心素养。

在完成海报、腰封的过程中，学生搜集、辨析了材料，客观地理解了历史史实，培养了史料实证的核心素养。

影视语言以其特有的感染力帮助学生深刻认识到救亡图存和实现现代化是近代中国人民奋斗的基本目标，没有共产党就没有新中国，让家国情怀扎根于心灵之中。学生写道：《觉醒年代》重现的是历史，觉醒的是灵魂，革命先辈虽已逝去，但身影与精神犹在。我们生长在国旗下，生长在春风里，目光所至皆为华夏，五星闪耀皆为信仰。吾辈青年应向上走，干实事，有一份光，发一份热，为国家富强做出自己的努力。

三、教学反思

1. 合理设计作业，切实减轻学生负担

作业设计须注意整体性原则，可以单元框架为基础，不局限于"一课一练"，这样既减轻学生的作业负担，也达到检测学习效果之目的。同时，作业设计要有主题性，内容基于课程标准和学科素养，不能天马行空，为了设计而设计。

2. 注重过程性体验，涵养核心素养

学生完成作业的过程也是亲身经历、体验和实践的过程，可以激发其历史学习兴趣，拓展学习资源，多维地呈现知识，从而培养能力、涵养素养。

3. 以作业为起点，助力学生独立学习

探究作业相比传统作业更具开放性，学生有更多机会与可能感兴趣的问题"相遇"。有同学被辜鸿铭鲜明的形象感染，搜集资料，尝试去还原当时思想界的"古今之辩"。有同学为了更好地理解胡适的人生选择，还去了解其师杜威先生的思想。由此，学生完成作业的过程便升级为独立学习的过程。

跟着贝尔看世界

北京市十一学校　翟媛媛

一、作业设计缘起

一提到放假,学生感觉很美好,但一想到作业,却很难快乐起来。如何把学生从"作业困局"中解放出来?如何通过一份好的作业去激发和支撑学生的自主学习、自我探索?如何通过作业撬动更有意思、更有价值的学习呢?

作业,不仅仅是教师用来帮助学生落实与巩固知识、检测学生学习情况的一种手段,更应该是吸引学生进行深度学习,促成学生用所学知识解决实际问题,激发学生学习兴趣,获得学科成长的重要载体。美国著名课程与教学专家格兰特·威金斯(Grant Wiggins)和杰伊·麦克泰格(Jay McTighe)的《追求理解的教学设计》的核心是"以终为始",这让我们在设计作业时会不断思考:为什么要让学生做这份作业?预期结果是什么?什么样的证据可以证明学生已经学会了?学生会获得哪些方面的收获?我们基于此对假期作业进行了探索和设计。

二、设计与实施过程

1. 作业设计思路

首先,明确学习目标。学习目标要基于课程标准。其次,设置表现性任务和量规。表现性任务是为实现学习目标而设置的,量规可以指导学生的学习过程,让学生更加明确学习任务的具体要求。最后,对学习成果进行展示与评价，评价的维度力求多元。

在作业内容选择上，共设计了丛林穿越、荒漠求生、极地探险三个探索性主题。这三个不同热量带的特殊区域，难以经历且非常冒险刺激，学生充满了好奇心。学生通过这份作业会逐步建构起地理学科思维，掌握地理实践能力，解决实际问题，具备一定的地理核心素养。

2. 作业的设计与实施

以下是"跟着贝尔看世界"的假期作业设计。

（1）学习目标。

①能描述热带雨林、温带沙漠、极地地区在世界地图中的分布特点。

②能说出三个区域气候、植被、河流等自然环境特征，理解某一区域自然环境中各地理要素之间的相互关系。

③能学会在地图上或在野外判别方向等地理技能。

（2）核心任务与要求。

请同学们在以上三个主题中选择一个自己感兴趣的主题探究，完成子任务，并创作一篇800字左右的微型小说，题目为"我在××的一周"。××代表你所探究的主题区域，小说中要有该区域地理位置和自然地理环境的描述，要有故事情节，还要体现一些地理方面的技能。开学后，学习成果会在地理学科教室进行展示。最终，评选出最佳作品，授予作者"金牌小说家"称号。

（3）"我在××的一周"微型小说创作量规。

评价维度	金牌小说家 （15—20分）	银牌小说家 （10—15分）	铜牌小说家 （5—10分）
地理位置 （20分）	有该区域地理位置清晰、准确的描述，且描述语言具备学科特色。	有该区域地理位置清晰、准确的描述。	该区域地理位置的描述基本准确。
自然地理环境特点的描述 （20分）	有自然地理环境中气候、植被、河流等多个自然地理要素的描述，多处体现了各地理要素之间的关系。	有自然地理环境中气候、植被、河流等1至2个地理要素的描述，个别地方体现了各地理要素之间的关系。	只有自然地理环境中某一个自然地理要素的描述，未体现各地理要素之间的关系。

续 表

评价维度	金牌小说家 （15—20分）	银牌小说家 （10—15分）	铜牌小说家 （5—10分）
故事情节 （20分）	故事情节比较完整，且跌宕起伏、引人入胜。	故事情节比较完整。	故事情节欠缺完整性。
地理技能 （20分）	小说中体现了多个地理小技能。	小说中体现了两个地理小技能。	小说中只体现了一个地理小技能。
自评级别		小组互评级别		老师评价级别	

（4）学习主题与子任务。

贝尔·格里尔斯，野外生存第一人，一直在探索和挑战着人类生存的原始本能，他的《荒野求生》惊险、刺激，不仅可以让我们看到很多新奇的东西，还会使我们对大自然充满探索、发现的欲望。这个假期，就让我们一起追随贝尔的脚步，在丛林、在沙漠、在冰原，感受他一次次挑战人类极限的生存能力，享受他带给我们的奇妙世界吧！

主题一：丛林穿越。

这里是一片远离人类文明的原始森林，林木茂密，荒蛮不驯、危机四伏……山林间有千姿百态的热带雨林植物，有不计其数的昆虫鸟类，还有各种毒蟒蛇蝎，但这片雨林的美丽也是无处不在。

子任务：世界上热带雨林的分布有何共同特点？贝尔在丛林中行走，抬头见不到蓝天，低头满眼苔藓，密不透风的树林中潮湿闷热，脚下处处湿滑。这里的植被有何特点？"地球之肺""生命之源"正遭受破坏，会给环境带来哪些问题？

主题二：荒漠求生。

这里是一片滚烫的沙漠，茫茫沙海、人迹罕至……这里没有食物，没有水，没有救援，面临重重危机，贝尔该如何依靠自己的双手和智慧顽强求生呢？

子任务：贝尔是如何寻找水资源并进行水源的安全评估和野外净化的？贝尔在沙漠中迷失方向，是如何通过太阳或手表判别方向的？他准备去挑战的塔克拉玛干沙漠在哪儿？气候干旱的原因是什么？

主题三：极地探险。

这里是一片冰雪世界，巍峨的雪山、壮观的冰川……徒步穿越冰雪皑皑的极地，一定很令人期待吧。请欣赏《荒野求生之贝尔在极地》，相信一定会带给你极地探险的全新体验。

子任务：极地地区在哪儿？中国在极地建立的科学考察站有哪些？科学家进行着哪些方面的研究？若你即将奔赴极地，需要准备哪些物品？

三、教学反思

1. 探索性和趣味性强，利于激发学生内在动力和潜能

"跟着贝尔看世界"这份假期作业，是为初一学生设计的，他们思维活跃，有强烈的探索心和求知欲望。学生在进行小说创作时既需要应用到课上所学过的区域地理的知识，还需要将地理学习的思维和方法融会到小说创作中，对学生而言，既充满了好奇，又充满了挑战。开学第一天，我们把优秀作品贴在学科教室进行展示，同学们点赞评价，评选出最优作品，整理成作品集，变成学习产品，在学校"红窗汇"上进行售卖，学生体会到成功与喜悦。

2. 量规贯穿整个学习过程，帮助学生达成学习目标

量规，既可以作为教师评价学生作业质量的评价指导，也可以作为学生对作业进行自我评价、自我升级的学习标准。核心任务量规中，含有三个要素：一是评价指标，是基于课程标准对学习目标的细化；二是评价等级，对学生通过努力可能达到的表现程度进行设定；三是每一个标准等级的行为特征。量规承载学习目标，紧贴学习任务，贯穿学习过程，指引学习方向。学生在完成作业之前就可以找到自己的定位和可能发展的空间。学生们在完成作业后利用量规进行自评和互评时，还可以主动发现自身存在的问题或不足，获得自我完善和提升。

以"崇尚英雄，捍卫历史"为主题的思想政治学科探究作业设计

北京中学　张凤莲

一、作业设计缘起

2021年7月，中共中央办公厅、国务院办公厅印发了《关于进一步减轻义务教育阶段学生作业负担和校外培训负担的意见》。意见要求全面压减作业总量和时长，减轻学生过重的作业负担，坚持从严治理，全面规范校外培训行为。这既是从教育是国之大计、党之大计的高度作出的重大决策部署，也是落实立德树人根本任务，促进学生全面发展、健康成长的大事。

目前，我国中小学最突出的问题之一是学生作业负担太重，这严重影响了学生的身心健康。思想政治课作为落实立德树人的关键课程，作业设计要围绕"双减"这一任务，也要体现学科育人的本质，让作业设计指向"立德树人"的初心。通过作业探究，培养学生成为关心国家大事，具有良好的社会责任感的时代新人。

二、设计过程与实施过程

1. 作业设计目标

（1）作业探究采取小组合作的方式，围绕"崇尚英雄，捍卫历史"这一主题，小组分角度展开探究。探究中充分发挥学生搜集整理加工信息的能力，综

合学科知识分析、解决问题的能力，引导学生在探究过程中合作、对话，不断丰富活动形式，深化对活动主题的认识。

（2）利用特殊时间节点，以真实、权威、客观的视角，再现英雄。通过作业探究，引导学生牢记历史，以史为鉴，放眼未来，捍卫历史，增强社会对英雄的价值认同，实现作业探究的育人价值。

2. 作业设计的原则

（1）要符合课程标准和教学重难点要求。
（2）要符合本班学生的身心发展特点。
（3）坚持开放性与探究性原则。

3. 作业探究设计

今天安静的书桌、幸福的生活值得我们居安思危。正是一代代英雄用奋斗、用热血甚至用生命报效祖国、造福人民，才有了今天的繁华盛世。历史就是历史，英雄就是英雄。忘却了历史，就是忘却根脉，与行尸走肉无异；忘记了英雄，就是失去了信仰，让你我迷失方向。在 12 月 13 日国家公祭日来临之际，班级布置了一份特别的作业，主题为围绕"崇尚英雄，捍卫历史"开展小组合作探究。下面是小组作业探究的部分内容。

探究一：根据你的了解，列举一名你心目中的英雄人物，并简要介绍该人物的事迹。

探究二：何为英雄？何为历史？结合你对英雄人物的认识，谈一谈你认为英雄人物应具有什么样的气质、品格特征，并简要说明历史与英雄之间的关系。

探究三：捍卫英雄，法律有底线。结合我国保护英雄烈士的相关法律，对侵害英雄烈士的相关案例进行评析。

探究四：你认为在当下，我们普通的小人物和大英雄是什么关系？

4. 作业设计探究点及思维价值

整个作业围绕"崇尚英雄，捍卫历史"这一主题开展探究，采用系列化探究结构层层深入。

首先，从英雄人物入手，引导同学从感性形象的角度为英雄画像，然后上升到理性认识的角度，谈何为英雄，何为历史，英雄和历史是怎样的关系，通过探究进一步阐明了英雄的本质特征和英雄人物在历史发展中的贡献；其次，从现实和法律的层面谈如何捍卫英雄，守卫正义；最后，探讨小人物和大英雄之间的关系。引导学生辩证看待个人与社会、个人与集体的关系，把问题的探究最终引向自己，这是作业设计的升华，指向了作业育人的效果。

在这一作业的整体探究中，第一个探究目的在于唤起同学们对作业的兴趣。第二个探究点在于让我们明确什么是英雄，什么是历史，给英雄和历史人物画像，此探究的隐含意义在于引导我们分辨是非，尤其是结合娱乐圈中的艺人们的种种人设表现，判断这些人算不算英雄。利用英雄人物和影视艺人对比的方法，区别、辨明、澄清社会上人们的种种认识。该探究采取小组合作的形式，同学们争论非常激烈，可以看出该问题的探究性非常强。在争辩中有一位同学指出，汉代文学家刘劭曾这样说："聪明秀出，谓之英；胆力过人，谓之雄。英雄者，有凌云之壮志，气吞山河之势，腹纳九州之量，包藏四海之胸襟；英雄者，拥有藐视一切之能力，傲视群雄之气势，世人对其无不敬畏；英雄者，深明大义，救黎民于水火，解百姓于倒悬。"这一观点引发同学们更多的关注和支持。

第三个探究在于这一作业的思维价值。通过案例分析培养同学们的法治意识和法治素养。作业设计的目的，不是简单地背诵、记忆，而是要学生能根据所学的知识去分析解决问题。同学们在完成作业过程中搜集到关于《网店售卖调侃辱英烈漫画 销毁库存并道歉》《"辣笔小球"侮辱、诽谤英雄烈士》等案例，尝试运用民法典规定的人身权利、荣誉权、名誉权等内容去解读、分析、判断，这一过程，很好地实现了在解答作业问题的同时和做人、做事的有机结合，在案例解读及分析中，学生的法治素养、法治意识在潜移默化中受到了影响。

第四个探究点在于这一作业的育人价值。有同学认为我们都是普通人，和英雄之间的距离太远了，此探究话题没有什么意义；但有的同学观点就完全相反，认为"社会历史是由人民群众创造的。每一个平凡的人也许就是英雄。我们每个人终究会成为创造历史的那部分人,我们现在所做的每一分努力都是在塑造英雄,而这个英雄就是我们自己"。结合同学的作业反馈看,同学们的观点碰撞比较明显,我们要积极引导学生正确看待自己,找准自己的人生目标,端正思想,在学生的心灵种下真善美的种子尤为必要。

三、教学反思

本次作业探究是在特定时间节点进行的一次特殊教育的作业设计,很好地彰显了作业育人的价值,培养学生树立正确的历史观、英雄观,反对民族虚无主义、历史虚无主义,增强学生的文化自信和民族自豪感。

同时,本作业探究实现了学科内哲学、文化、法律等相关内容知识的整合,同时也涉及学科历史、语文等跨学科内容整合,很好地培养了学生学科融合学习的能力,贯穿了学科融合思想,对培养学生在复杂情境下解决问题、分析问题的能力,提升学生综合素养起到了很好的促进作用。

PART 3

第三章

项目式作业设计

《关于深化教育教学改革全面提高义务教育质量的意见》指出,"重视情境教学；探索基于学科的课程综合化教学,开展研究型、项目化、合作式学习"。项目式作业以任务为驱动,立足于真实情境,将学科知识在情境中再建构,将学生的学科素养转化为持续的学习实践能力,将理性化、学科专业化的知识传授转化为学生自主探究式的学习,激发学生的学习兴趣,整合学生的学科知识、思维能力、做事态度等,推动学生成为学习活动中的真正主人,提高学生的综合素质。

　　本章所收录的作业设计均来自一线教师的探索实践。阅读本章,您将看到不同学段的语文教师别出心裁,根据学生特点层层推进,设计出撰写中队日志、介绍校园事物、翻拍经典文学作品、做独立思考者的项目式作业；数学教师开启了学生的导航之路,并与科学教师分别从不同的学科角度出发将"时间管理"融入学生日常,在提升学科素养的同时培养学生珍惜时间的良好品质；英语教师在大概念、主题情景、真实情境引领下设计语言项目主题,拓宽学生视野；历史、地理教师结合学科特点,回望过去,立足当下,为学生搭建项目式合作学习的平台。相信每一个鲜活的作业案例都将为您讲述一个温情的、融入了爱与思考的故事……

我的中队日志我记录

北京市育英学校　赵艳

一、作业设计缘起

作业是教学中的一个重要环节，是学生学习的重要组成部分。习作作为语文作业中综合性强、难度较高的一项作业，是我们关注和研究的重点。针对以往作业中重复训练偏多、实践性不足等问题，明确作业的目标，增强作业的针对性、时效性和趣味性，实现减负增效，势在必行。

本次作业设计基于三年级上册语文习作单元《留心观察》，从学生日常生活入手，引导学生留心观察，积累生活素材，通过习作表现周围五彩缤纷的世界。

在低年级的语文学习中，很多学生对写话感兴趣，留心周围事物，在写话中乐于运用阅读和生活中学到的词句。也有些学生在完成习作时，有畏难情绪，不愿写，不敢写，写不好。

基于以上原因，我设计了项目式作业：我的中队日志我记录。

二、设计与实施过程

1. 提出主题，明确目标

爱因斯坦说，兴趣是最好的老师。兴趣对于中低年级学生的学习起到了很大作用，学生对学习内容、学习任务感兴趣，更乐于参与其中，会更加积极主动地完成各项任务，效果往往也会事半功倍。

为了引导学生留心观察生活，激发学生习作的兴趣，我在班级中开展了"我的中队日志我记录"的活动，学生可以小组的形式进行观察，也可以个人为单位进行观察。鼓励学生在观察记录的过程中，运用课堂上学到的观察方法和表达方法，通过自己的努力，让静桃10班的中队日志更加精彩。

通过本次项目式作业，希望可以达成以下目标：激发学生观察和习作的兴趣；尝试调动多种感官，从不同时间、不同方面进行观察，发现校园生活和班级生活中的点滴细节与美好，积累生活素材；习作中清楚表达自己的意思，在与他人交流的过程中完善习作，感受习作的快乐。

2. 布置任务，激发兴趣

环节一：分享一、二年级班级中队日志的内容。回忆班级生活中的点点滴滴，品味静桃10班的幸福生活。

环节二：请承担过撰写中队日志的同学说一说当时自己写了什么，为什么要写这些内容。

环节三：想一想，如果我来承担中队日志，我可以写什么。

环节四：发布作业要求。

作业主题：我的中队日志我记录。

完成方法：留心观察校园生活和班级生活中的一种事物、一处场景或一次活动，把观察所得记录在班级的中队日志上。

作业要求：本学期独立或以团队合作的形式，至少完成1次中队日志。

3. 交流分享，取长补短

一、二年级的中队日志，是学生了解中队日志内容，向有经验的同学学习的重要渠道。我们把以往的两本中队日志作为"宝贝"在班级中传阅。学生课间时经常三五成群地聚在一起阅读、讨论。

在广泛阅读的基础上，每个小组选取1～2篇中队日志作为本小组推荐篇目。上课时，分享推荐的篇目，说明推荐理由。

学生从多个角度介绍自己小组优选的文章，书写、配图、排版，或是选材、语言、结构……有的小组还说到了如果修改应该怎样完成，怎样写会更恰当。学生在评价他人作品的同时,也在提醒自己完成中队日志时的注意事项。这一过程中,没有在习作前过度束缚学生的思维,而是从习作成品中由学生发现问题,讨论问题,在与同伴、与老师交流的过程中进行思考,通过同学们阅读后的反馈,了解如何把自己想写的内容写得更清楚。在此基础上,我们确定了评价标准。

4. 笔下生花,感受快乐

减轻学生负担,根本之策是提高课堂教学质量。课前布置观察记录单,从学生的真实问题出发,边学习边思考,每节课学完观察和习作的方法后,引导学生从不同的角度对自己的观察记录单不断修改完善,如补充连续动作、从多个时间进行观察、关注不同方面……课后引导学生再次进行观察,深入思考后完善补充观察记录单。课内学习和作业紧密结合,学以致用,使学生的能力在原有水平上得到不同程度的提升。

观察记录单	
观察对象	
观察时间	
观察地点	
我的发现	

学生中午"快乐午间"时,经常三个一群、两个一伙聚在一起,观察校园中的动物、植物,观察身边的老师、同学……全班学生积极参与其中。不少学生为了能够在班级的中队日志上留下自己的名字,提前做了很多准备。一位家长说,孩子最希望由他来完成中队日志,这样就能把所有同学写的文章再读一遍,还可以把自己最感兴趣的班级生活小事记录在中队日志中,和同学们进行分享与交流。

在作业完成的过程中,学生提出建议:有些同学是第一次完成,希望得到更加专业的指导。于是,班级成立了"中队日志服务团队"。这个服务岗由经验比较丰富的同学组成,版面设计、内容选择、收发日志……哪方面遇到问题，都可以向同学进行咨询或寻求帮助。学有所长的学生，在帮助他人的过程中感受到快乐，提高了能力。

5. 习作分享，收获成长

完成习作后，学生最喜欢做的事情就是和同学们进行分享。把自己写的中队日志读给好友听，分享给同学，得到推荐后就可以把自己的习作在全班进行朗读。感受到同学的成长和进步，或是听到优秀的习作，大家就会给予热烈的掌声和真诚的鼓励。有不少学生分享后表示还能改得更好，并及时对自己的习作进行修改。小组之间、同学之间在交流的过程中提高习作能力，感受习作的乐趣，体验书面交流的成就感。

中队日志评价标准见下表：

评价内容	评价等级
1. 按时完成中队日志，表述清楚，格式正确，书写认真。	★
1. 按时完成中队日志，表述清楚，格式正确，书写认真。 2. 能对事物进行细致观察，语言生动。	★★
1. 按时完成中队日志，表述清楚，格式正确，书写认真。 2. 能对事物进行细致观察，语言生动。 3. 图文并茂，排版合理。	★★★

一个学期结束了，大家不仅多次传阅了班级的中队日志，而且全班学生都完成了一次以上中队日志的撰写任务，习作水平得到很大提高，更重要的是激发了学生观察和习作的热情。

三、教学反思

1. 怎么"减"

"双减"不是简单地"做减法"，而应引导学生主动提高、主动发展，并乐在其中。准备过程中，充分调动学生参与的积极性和主动性；分享交流时，学生学习选材，学习表达，学习修改，品读并完成优秀习作。

2. 雪中送炭

学生习作的热情是三年级必须关注的重点。学生刚开始整篇文章的写作，表述不够清楚、准确时，老师和同学要成为热情的读者，重点针对内容、结构或语言等及时提出修改建议。

3. 潜移默化

每个学生都希望得到肯定与鼓励，我们给学生搭设了习作的舞台，更是一个练兵场。学生提升的不仅是语文的学科能力，还提升了综合素养。

子曰："知之者不如好之者，好之者不如乐之者。"学生在项目式作业中获得快乐与成长！

"最美校园，最美遇见"
——小学五年级语文项目式作业探究

北京市育英学校　常崑

一、作业设计缘起

小学阶段，很多语文老师通常会布置一些背诵、抄写类的作业，或是写作类的书面作业，甚至直接布置练习册中的内容。背诵、抄写类的作业难度过低，机械重复，容易使学生产生枯燥乏味感；单纯的写作类作业对大多数学生来说完成起来比较困难，容易降低学生对作业的兴趣与热情；而直接以练习册作为家庭作业，虽然加强了对学科知识技能的巩固与拓展，但窄化了作业的功能。很多老师重视作业的批改却忽视作业的设计。因此，我们要重新认识作业、构建作业。

本文以部编版小学语文五年级上册第五单元"学写说明性文章"为例，进行了项目式单元作业设计的实践研究，力求在帮助学生巩固课堂所学的知识与技能的同时，激发学生的学习兴趣，培养解决问题和创新实践能力，培养学生的责任心和毅力，发展学生思维，有效促进学生语文素养的全面提升，真正做到减量提质。

二、设计与实施过程

1. 在项目化学习的视野下确定单元作业目标

在教学五年级上册第五单元"学写说明性文章"时，设计了项目化学习：

在两周内，对于"如何向低年级和幼儿园的小朋友清楚地介绍校园中的事物"为驱动性问题进行深入持续地探索，调动所有知识、能力、品质等创造性地解决新问题，最后形成个人成果和团队成果。基于项目化学习以成果为目标，以及语文课程标准、教材分析、学生的实际情况、单元教学目标，整体设计单元作业目标，这样，教师在诊断学生学习情况、改进教学方面就有了依据和方向，同时也帮助学生明确了作业的目标和要求。单元作业目标与教学目标相互促进和补充，从而实现通过作业与教学共同达成课程目标的目的。

2. 基于项目成果和单元作业目标的达成，综合考虑作业类型、难度匹配、预估时长等方面设计项目式作业内容

项目式作业内容主要从入项活动、活动过程中知识与能力的构建、探索与形成成果、评论与修订、公开成果等几个方面进行设计。下面就主要项目式作业内容进行阐述。

入项活动：单元起始课，整体感知单元内容，解读项目活动"最美校园，最美遇见"：每年开学季，学校幼儿园的小朋友以及紫金长安校区低年级的学弟学妹就会到万寿路校区游学。作为五年级的学长，对校园中的很多事物都比较了解，如果把自己的介绍用文字记录下来，既可以作为小讲解员的讲稿，也可以编撰在一起，形成一本《校园百科全书》。

当清楚地了解了整个项目活动后，学生对单元的所有作业也就有了整体的感知，在此基础上也明确了入项活动的作业：游走校园，初步确定要介绍的事物。喜欢同一类事物的同学可以自由结成小组，然后进行持续观察，填写观察记录表；也可以通过调查、访谈等途径了解要介绍的事物，同时思考"怎么把这种事物介绍清楚"。

小组合作访查记录单		
要介绍的事物名称	样子（外形）	其他观察发现
上网查阅	内容概述：	
书籍查阅	内容概述：	

访查	访查对象：
	访查内容：
其他	

这样的项目式作业力求引导学生从兴趣、生活等方面入手，在单元起始课就为学生打开思路，确定习作对象，提前积累习作素材。

项目活动过程中，教师要帮助学生不断进行知识与能力的构建。比如，在老师的指导下，学习五单元精读课文《太阳》和《松鼠》，在阅读中学习怎么把事物介绍清楚的方法，推动对驱动性问题的持续探索。

预习阶段	1. 自主学习生字词，准确认读，记住生字字形，为体会课文表达扫清障碍。
	2. 默读课文：思考课文是从哪几个方面介绍事物的，呈现形式不限。
学文阶段	3. 运用课堂所学方法，完成课堂上的习作片段——用说明性文字介绍某一事物的某一方面特点，并与伙伴交流，互相评改。
	4. 两篇课文学完后，借助表格对比两篇文章的不同。再次体会说明文不同的语言风格以及怎么把事物介绍清楚的。
	5. 阅读《鲸》《风向袋的制作》和其他说明性文章，感受说明文不同的类型，深入体会作者把事物介绍清楚的方法。
	6. 持续观察记录所要介绍的事物，规划好自己的文章从哪几个方面介绍，继续搜集、整理相关资料。

对比《太阳》和《松鼠》两篇课文的不同：

课文	说明文类型	介绍了哪几方面	语言风格		说明方法
			相同点	不同点	
《太阳》					
《松鼠》					

这些项目式作业具体可以分解到 2～3 课时完成，根据学生的学习和掌握情况，第 4 项、第 5 项的部分内容可以作为选做作业。这些不同类型的作业为

项目的推进及最后形成项目的成果打下了坚实的基础。

在项目活动探索与形成成果、评论与修订阶段，项目式作业主要是形成个人成果和团队成果，为出项活动做准备。必做的是每人完成一篇介绍一种事物的说明文，感兴趣的同学还可将自己的文字稿录成小视频，或者介绍给家人，让他们听一听是否介绍清楚了。个人或者小组完成制作表现类成果作业，做植物卡、动物卡、某种东西的制作流程卡等，根据观察和研究选择一项完成，并进行精美的设计。这些作业在出项活动前完成即可，完成的时长因人而异。

公开成果阶段：组织学生在班里进行口头汇报或视频播放，大家互相评议。然后征集并评选出《校园百科全书》的封面、封底，大家分工合作，编辑文章、绘制插画，形成《校园百科全书》。上交的卡片图文并茂、内容翔实，既有查找的相关资料，也有自己的观察。

三、教学反思

项目化学习视野下的项目式作业为学生创设了真实的情境，引导学生在活动中学习，将知识性和情趣性融为一体，激发了学生学习写说明性文章的兴趣，调动了学生学习的自主性，降低了说明文习作的难度，让学生喜欢学，愿意写，切实感受到习作与生活的紧密联系。

项目式作业综合性强，以项目结果为目标设计的作业类型丰富，有持续观察的实践类作业、制作卡片的动手操作类作业、书面表达类作业等。对于学生来说，作业选择的空间很大，作业完成的时长有一定的自由度，而且有助于发展学生的综合能力。其中实践类作业培养了学生的观察能力、搜集筛选资料的能力及与他人交流的能力，同时解决了学生在说明文习作中没有自己的观察思考、一味大段抄袭资料的问题。

但是语文学科不是每个单元都适合开展项目化学习，布置相应的项目式作业。建议每个学期在教研组集体备课时，选择其中1～2个单元进行细致地项目化学习设计，全年级的学生一起行动起来，形成良好的氛围，推动全年级的学生共同发展。

如何设计有趣、有用、有意义的整本书阅读作业

北京市十一学校　韩静

一、作业设计缘起

对于13—14岁的初中生而言,"整本书阅读"是一个十分庞大的命题,如何激趣并落实是学情的痛点;对于一线教师而言,如何拆解、凝练整本书以达到带领学生精读的目的,也是必须面对的挑战性命题。在我看来,要解开整本书阅读的复杂谜团,首先需要站在"读"而非"教"的角度,去设计激发学生内驱力的学习方案,积累共性方法,建立读书习惯。这一思路恰好与"项目式学习"的概念不谋而合,即强调以学生为中心,教师提供关键素材构建真实情境,学生通过团队合作,解决此情境下的开放式问题,从而实现学习目标。《红星照耀中国》的整本书阅读设计正是遵循这一思路。

二、设计与实施过程

1. 创设情境,发布项目核心任务

《红星照耀中国》是纪实文学的经典之作,以此为基础创作出的影视作品也不胜枚举。2021年冬季,BNDS(北京市十一学校)频道准备启动翻拍计划。如果你是翻拍导演组的成员之一,你将如何呈现这部作品?你会选择哪些典型事件形成故事线?你希望在电影中突出哪些主题?你会选择哪些人物成为你的电影主角、配角?你会选择谁的视角来讲述这个故事?四个子任务将为你开启

导演修炼之旅!

以上核心作业的设计,既通过"变式阅读"(用拍电影的视角看名著)激发了学生兴趣,又能很好地将阅读整本书的目标(分析人物形象、汲取红色精神)融会贯通。"导演助理组"和"新锐导演组"的设计,其实是提供给学生充分的自主选择权,以减轻学习负担。

为了更好地完成这一核心任务,让学生更清晰地把握学习成果的展示方式和评价方式,我们制作了切合情境的量表如下:

BNDS 影视传媒公司投资意向表					
投资人代表:					
评分项(1—3—5 分)	方案一	方案二	方案三	方案四	……
故事线索清晰,详略得当。					
主题明确,尊重原文,体现出导演对文本与历史的独到理解。					
对主配角的选择有清晰的阐释。					
条理清晰、自信大方地介绍方案。					
加分项:PPT 制作精良、时间控制得当、内容设计有创意。					
总分					
我选择投资公司 (请说明这个公司的改编方案最打动你的地方是什么,还有你想要对他们提出的建议和意见。)					

2. 提供适切的、有层级的子任务

在以上核心任务的指引下,学生需要逐步完成以下各项子任务,以达到有目标地阅读整本书的效果。

子任务一：作为导演，你需要梳理书中的素材，形成基本的故事线。通过前期阅读，你对本书已经有了大致的了解，请用思维导图的形式画出斯诺的西行路线图吧！（包含时间、地点、主要事件概括）

子任务二：好的电影不是素材的简单堆积，而是围绕一个明确的主题对素材进行二次处理，所以选择主题至关重要！请为你的电影选择1～2个主题关键词，并结合相关情节、人物对关键词进行解读。

子任务三：一部精彩的电影，一定有出彩的角色。《红星照耀中国》是一部群像戏，毛泽东、周恩来、朱德等重要领袖都在斯诺的笔下成了有血有肉的个体。作为导演，你需要结合你所确定的主题，选择最有代表性的主角人物。一部好的电影作品，不仅要有吸引观众的主角，还需要适合的配角们。结合你所确定的主题在书中选择至少2个配角。

子任务四：电影中有一个概念叫叙述者，是指在影片中直接以语言为观众提供讯息或发表评论的人，这个人不一定会出现在画面上，也可仅以声音的形式出镜。在你的电影策划中，你是否打算保留斯诺作为叙述者？

3. 打造完整的阅读场域

以上任务在真实的学习过程中，放在一个学习时间单位的第二周较为合适，第一周需要给学生整体阅读、体悟、整理的时间和空间，打造完整的阅读场域。为此，提供给学生为期一周的阅读记录卡。

时　间	阅读内容	阅读任务
第1天	阅读卡1： 序言	《红星照耀中国》的作者是谁？是在怎样的背景下完成的？
第2天	阅读卡2： 第一篇：探寻红色中国	1. 作者带着哪些问题出发的？请分点列出。 2. 用线形图标注一路遇到的人和事，了解作者进入红区的方式和路线。
第2天	阅读卡3： 第二篇：去红都的道路	1. 画出周恩来的成长轨迹图。 2. 分点概括贺龙的相关事件和人物性格。

续 表

时 间	阅读内容	阅读任务
第3天	阅读卡4：第三篇：在保安	1. 用"毛泽东，一个……的人"作为基本句式，用一组排比句概括毛泽东的特点，每个特点后概括文本依据。 2. 简要整理作者和毛泽东的问答，了解毛泽东关于抗日战争的基本观点。
	阅读卡5：第四篇：一个共产党员的由来	1. 选择毛泽东成长过程中具有重要意义的事件，绘制其成长轨迹图。 2. 从红军的成长史、红军的组成、红军的纪律、红军的战术几个角度中任选一个角度，结合文本进行分析，建议用文字或图表呈现。
第4天	阅读卡6：第五篇：长征	1. 红军遇到了哪些困难，是如何应对的，列表呈现。 2. 根据长征的具体数据，绘制一张数据图简要谈谈感受。
	阅读卡7：第六篇：红星在西北	结合原著内容，谈谈你对"朱门酒肉臭，路有冻死骨"的理解。
第5天	阅读卡8：第七篇：去前线的路上	完成表格，对比吴起镇的工人和上海工人的生活状况，写出结论。 | 对比项 | 吴起镇 | 上　海 | |---|---|---| | 工资 | | | | 工作时间 | | | | 住宿和伙食 | | | | 医疗 | | | | 假期 | | | | 孩子的照顾 | | | | 文化生活 | | |
	阅读卡9：第八篇：同红军在一起	1. 红军到底是一支怎样的军队？请用100字简要概括说明。 2. 绘制彭德怀的成长路线图。

续 表

时间	阅读内容	阅读任务
第 6 天	阅读卡 10：第九篇：同红军在一起（续）	作者评价"徐海东是共产党领袖中阶级意识最强的一个人"，请根据原著谈谈这么说的依据。
	阅读卡 11：第十篇：战争与和平	1. 根据原著内容，归纳"红小鬼"们的共同点。 2. 以朱德的行踪为线索，梳理朱德的生平。
第 7 天	阅读卡 12：第十一篇：回到保安	1. 从两位红军战士的语言入手，分析红军在他们心目中的地位。 2. 在作者笔下，保安的生活是一种怎样的生活？请用两三个词语概括。
	阅读卡 13：第十二篇：又是白色世界	用思维导图呈现"西安事变"的前奏、经过和结果。

三、教学反思

本次项目式作业的有趣体现在：学生被"电影翻拍"的核心任务驱动着，产生了阅读动力，在最终的翻拍策划课堂展示中，不同的孩子都收获了不同的价值实现——或是讲述自己的翻拍策划，或是为他人的翻拍策划"投资"；有用体现在：通过制作个人阅读记录卡，学生实现了回忆与再现、技能与概念（韦伯，知识深度模型）层级的学习目标。最后，通过一次持续性的项目式学习，学生对于《红星照耀中国》背后的红色精神有了深刻的体悟，对于梳理情节、分析人物、归纳主题的阅读逻辑也有了更真实的体验。我想，这对于学生来说可谓有意义了。

做一个独立思考的人

深中南山创新学校　商利民

一、作业设计缘起

"双减"背景下，教师围绕教学核心问题设计精巧简约式作业，引导学生深度学习，学生就会有学习兴趣，就可能减负增效。基于同一主题——"思考"，基于1（1篇核心课文）+N（4篇已学课文）的方式，我开发了项目式学习作业单，设计并实践了"做一个独立思考的人"项目式学习活动。

以《河中石兽》为例设计的"做一个独立思考的人"项目式学习，采取"1+N"模式，所选文章均来自部编版中小学课本，均为文言文。改变传统文言文教学中重"言"轻"文"的状况，以探究式的主问题引导学生从"被学"到"要学"，让阅读为思考服务。在学习过程中，学生从文言文故事内容出发，进行独立思考，培养思维，实现真阅读。

二、设计与实施过程

1. 项目准备

（1）向学生陈述本项目计划及目标内容。

学习内容"1+N"模式："1"——七年级下册《河中石兽》；"N"——四年级上册《王戎不取道旁李》、六年级上册《书戴嵩画牛》、六年级下册《两小儿辩日》、七年级上册《穿井得一人》。

（2）建立学生小组，形成公约。

以项目为导向，建立小组为单位的学习主体，引导学生进行分工，有发言者、记录者、有遵守规则监督员，包括发言顺序、记录、奖惩等。

（3）完成学习单1，请小组共同合作完成。

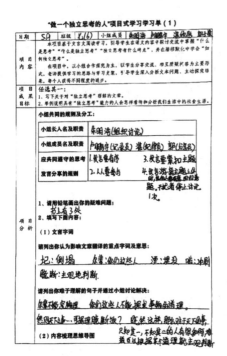
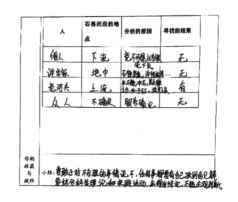

2. 项目任务一

任务目标：独立思考的思维可视化过程——寻找依据，形成观点。

具体过程：

（1）小组合作，解决内容难点。

结合学习单1，记录小组提出需解决的难点：重要字词，难以理解的句子。学生采用组内互相交流、查阅《古代汉语词典》等方式解决疑难。

（2）完成学习单2，让独立思考可视化。

问题：如果你也寻找"河中石兽"的位置，在僧人、讲学家、老河兵三人中你支持谁的观点？（追问："他们"怎样进行"思考"？为什么只有老河兵的观点正确？）引导学生寻找依据、形成观点。

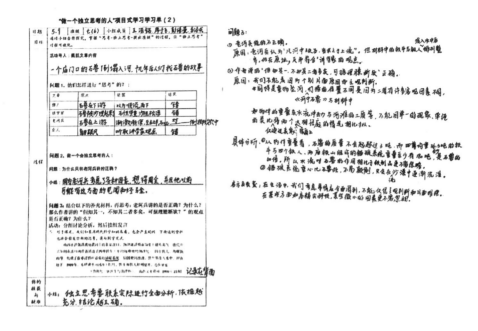

（3）独立思考，提出质疑。

问题：阅读下列材料，思考铁人、铁牛落水后位置为何在原地？

附材料：

山西永济蒲津渡是黄河上的重要渡口，蒲津渡浮桥在历史上很有名气。唐代开元年间在渡口两岸各铸造了四尊铁牛（平均每尊重约36.5吨）、四个铁人、两座铁山等，组成了拴系浮桥所必需的锚碇系统。后因黄河改道，铁牛等没入水中，埋在地下。1989年，东岸铁牛由河滩下挖出，铁牛和铁人排列整齐，还在原址。

（资料见《唐铁牛与蒲津渡》，《山西文史资料》，1999年Z1期）

各组学生的思考：

①观点一致：铁人、铁牛落水在原地被挖掘出来与讲学家的结论一致。

②提出不同的依据：物体的质量、水流流速、物体所受的泥沙阻力等不同因素会影响铁人、铁牛沉没的位置。

这样的详细分析，充分证明学生在独立思考。

3. 项目任务二

任务目标：探究独立思考的表现与特点。

具体过程：

（1）学以致用，梳理独立思考的可视化过程：观点和依据。

阅读《王戎不取道旁李》《书戴嵩画牛》《两小儿辩日》《穿井得一人》，积累文言词汇，了解故事情节，把握作者的观点。说说文中哪些人在"独立思考"中有哪些观点和依据。

（2）完成学习单3，文中人物独立思考的表现与特点是什么？

《王戎不取道旁李》："竞走""唯"的对比、"必"突出王戎不人云亦云，坚定自信。

《书戴嵩画牛》：牧童"拊掌大笑""谬矣"的神态与语言分析，突出他不畏权威。

《穿井得一人》："宋君令人问之于丁氏"中的宋君，因为他不人云亦云，懂得调查真相。

（3）独立思考，提出质疑。

问题:《两小儿辩日》中谁的观点正确?《书戴嵩画牛》的画真的错了吗?

学生的思考：

《两小儿辩日》是讲述两个小孩争辩太阳离自己远近的问题，他们两个人的观点都有错；学生结合地球与太阳的关系的地理天文知识，再考虑夏至与冬至的不同时间等因素来分析，比两小儿观点更合理，依据更准确，由此表现得比两小儿更有"独立思考精神"。

如《书戴嵩画牛》中，学生列举了画家李可染的《斗牛图》，发现图中斗牛是扬尾巴的，在讨论过程中，他们根据查找的资料发现有些牛的确是掉尾，但也有牛是扬尾巴、夹尾巴，牧童判断错误，是与他的认知水平与见识宽窄有关。

由探究可知：依据越科学，结论更正确。只有谦虚好学，不断钻研，才会接近真理。

4. 项目任务三

任务目标：学以致用，在实际生活中独立思考。

具体过程：

（1）完成学习单4，出示"城市涂鸦"现象的讨论话题。

讨论话题："城市涂鸦"是不是艺术？你是否同意以下两种观点？为什么？你有什么观点？

观点1："城市涂鸦"是城市"牛皮癣"。

观点2："城市涂鸦"是艺术的一种表现形式，我们能学以致用，开阔思维。

学生思考：①"牛皮癣"是指在街头公共领域内乱涂乱画的现象，比如在公共围墙上胡乱涂鸦，这是不允许的。这样的涂鸦，是对艺术的亵渎，将构成公众精神污染。②街头涂鸦能反映市民所希望表达的文化感受，能够体现一个地方的文化特色、文化个性符号。这样的行为应当在相关职能管理部门的规划下，划定区域之后给予保护。因此要全面综合、理性分析问题才能真正解决

"街头艺术"问题,即兼顾城市容貌与艺术审美。

(2)学习自主查找新闻,讨论分析。

学生列举流量新闻引发各式讨论,让大家思维更清晰:遇事不人云亦云,要大胆质疑,积极调查求证,全面综合看问题,才会更准确。

学生的思考:在现实生活中,我们经常会看到人云亦云的例子。例如某个人做错事被放到了微博上,评论区下全是恶毒的谩骂、谴责、恶语相向,他们可能根本不了解事件真相,但动辄人肉搜索、主观侮辱。在围观热点新闻时,很多人以偏概全、人云亦云,试问这些人有什么理由"云评判"他人?如果我们学会独立思考、主动寻找事件真相,就是对他人的最大善意!

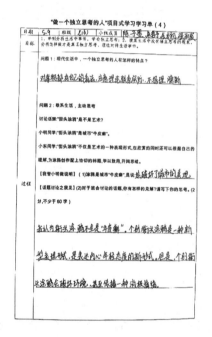
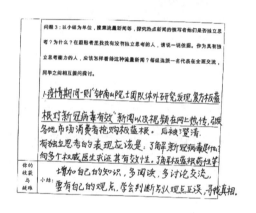

三、教学反思

第一,项目式学习方式,实现"文"与"言"的统一。本项目以学习文言字词句为起点,以"河中石兽在哪里"为切入点,引导学生主动探究,让他们自觉成为"独立思考的人",领会古人"文以载道"的风格。

第二，以 1+N 的模式，让知识与思维螺旋式上升。本项目一篇带多篇，引导学生揭秘"思考—独立思考—学会独立思考"的思维可视化过程，学会严谨思考，懂得质疑，培养思维，形成能力。

第三，以学习单的形式，让思维训练真正有成效。本项目原创设计四份作业单，作为学习支架引导学生有层次地探究性学习。从掌握文言文字词，到探究故事背后的主旨，达到"培养从实际出发的独立思考能力"的学习目标，领会"寓理于事，立意高远"的魅力。

我当小小导航员

北京市育英学校　杨宁宁

一、作业设计缘起

认识"前后""上下""左右"的位置是小学数学"图形与位置"的启蒙知识。通过观察学生的表现和分析学生的练习发现，学生大多能较好地认识"前后""上下"。而"左右"对于对称的人体来说，没有内在的机制让人感觉到区别，简单地伸出"左手""右手"，大部分学生都没问题，但是离开具体的"左右手"，灵活运用存在困难，表现在不分自己的"左右"、判断他人或物体的"左右"位置时弄颠倒。

夏雪梅博士在《项目化学习设计》一书中指出：项目式学习能调动儿童全脑的参与，激活多种联系；会让学生对关键概念的理解更为透彻、持久，更容易在新情境中进行迁移。基于以上分析，"双减"之下，要落实"减负提质"，最高效的方法就是让学生全脑参与，做中学。因此，我设计了项目式作业：我当小小导航员，制作一段校园路线的配音导航，并与同学、老师分享。

二、设计与实施过程

1. 抛出问题，明晰任务

数学源于生活，根植于生活，服务于生活。也就是说，学习数学的目的并不只是掌握某个数学知识，更重要的是会用数学眼光观察生活，运用这些数学知识去解决生活中的实际问题。

首先抛出问题：生活中哪儿能用到前后、上下、左右的位置？学生依据生活经验畅所欲言：比赛、排队会用到前后，在家里整理物品的时候会用到上下、左右，走楼梯（扶梯）、骑车、开车等靠右行、开车出去玩时车上的导航需要用到……然后明晰驱动性任务：生活中我们经常需要走出家门，去超市采买生活用品、去上班上学、去商场购物、去参观展览、去景点观赏游玩等。当我们要去一个不熟悉的地方时，导航就派上了大用场，我们只需要根据导航的语音提示选择路径，就能轻松到达目的地。我们学校经常有客人来参观交流，初次来的客人不知道往哪儿走，纸质的指引牌比较生硬，需要你来当小小导航员，制作一段校园路线的配音导航，与同学、老师分享。

2. 小组合作，活动准备

《义务教育数学课程标准（2022年版）》强调学生个体的发展和合作精神的培养，倡导自主探索、合作交流的学习方式。小组合作学习可以让学生通过讨论、互相激活思维，从而使学生个体的理解更加丰富和全面，进而促进学生综合素质的提高。本次项目式作业以小组合作的形式进行，考虑到自由组队对于一年级学生来说可能更多考虑个人的喜好而忽略了学习能力的差异，所以此次分组以班级日常分好的4—5人学习小组为单位。

教师引导学生讨论：要想完成任务，我们需要做哪些活动准备？学生独立思考后积极发言，共同聚焦以下几项准备：确定几个重要的校园地点，确定路线，要有前面负责导航的，要有负责记录整理的，还要有负责检查导航路线位置正误的……然后组长组织讨论本组的路线及人员分工。

3. 激发热情，亲身实践

"纸上得来终觉浅，绝知此事要躬行"，有了前期充分的活动准备，学生跃跃欲试。

在路线的选择上学生各有考量，有的小组考虑到二层阶梯教室可能是参观交流的重要地点，所以分别选择制作校门口、室外操场、室内风雨操场、南小院等地点到二层阶梯教室的配音导航；有的小组考虑到后续的整体参观，分别选择制作二层阶梯教室到阅乐廊、美术、科学、音乐专业教室等地点的配音导航。

在制作上，有的小组是按照分工，一次制作完成；有的小组是初次制作后，反复回看检查，再尝试其他路线进行比较。

4. 展示评价，完善改进

《义务教育数学课程标准（2022年版）》指出：评价不仅要关注学生数学学习结果，还要关注学生数学学习过程，激励学生学习，改进教师教学。正如美国著名教育评价学专家斯塔弗宾所言："评价的目的不在证明，而在改进。"小组展示的过程，也是学生互相学习的过程。因此，有效的作业展示评价很有必要。

各小组制作完成后，教师组织学生围绕以下几点进行班级展示评价。

（1）各小组展示制作的配音导航。

虽然是一年级的小学生，但呈现的作品却让大家惊叹不已。在形式上，有的小组是图片与语音的结合，有的小组是视频解说的形式，还有的小组是视频+字幕的完美结合，各有特色。

（2）学生运用所学的前后、上下、左右的位置相关知识检查各配音有无科学性错误。

（3）从各小组的配音导航中，你能获得哪些知识？

（4）你最欣赏哪个小组的配音导航？为什么？

经学生自主讨论，制定了配音导航的评价标准，大家根据评价标准，先自评，后互评，选出最喜欢的作品。

5. 深研位置，引新思考

项目式作业没有到此为止，而是以此为契机，继续留给学生钻研位置的空间，供学有余力的同学深入探究：有关位置，除了前后、上下、左右，还有很多的奥秘，你可以尝试继续探究。

有的学生挑战难度更大的配音导航。有的学生发现在导航时，除了指引位置方向外，加上距离更全面。有的同学发现同一地点，如果导航人面朝的方向变了，之前的导航就不准确了，用前后、上下、左右来指引方向不保险，用东南西北指引方向更保险……

三、教学反思

"双减"背景下，小学数学作业的内容与形式也势必需要不断创新。本次根据学习内容和一年级学生的年龄特点，将对位置的灵活运用设计成项目式作业是一次比较成功的尝试。

在这个过程中，呈现了学生生动、个性化的学习状态。学生不单单能复习所学知识，深化理解，完成任务的积极主动性更是大增，由原来的"要我做"变为"我要做"。有趣的活动设计让亲子互动更加融洽，作品呈现更加精彩，完成作业变为一次富有乐趣的学习经历。

在这个过程中，我也常常感叹后生可畏。不论是各有特色的作品呈现，还是后续的深入探究，都让我感受到学生身上无限的创造力和探究能力。阿基米德曾说："给我一个支点，我就能撬起地球。"在提倡"减负提质"的"双减"背景下，给学生规划一份项目式作业，提供一个实践探究的机会，相信学生和教师收获的将远远大于我们所能想象的。

制作2022年个性化年历

北京市育英学校　高士文

一、作业设计缘起

1. 立足真问题，做中辨，突破认知难点

本次项目作业内容基于北师大版数学三年级上册第七单元《年、月、日》以及"数学好玩"中《时间与数学》进行设计。年、月、日的知识具有常识性，在生活中经常用到，其中蕴含着丰富的数学信息，包含着许多规律。

教学时，从学生关于年、月、日的已有经验出发，并通过观察数学书附页中的年历和月历，学习了关于平年、闰年、大月、小月等的内容，但是部分学生在练习中遇到如猜生日、第二个小月是几月等问题时，存在困难。

教师希望从日历的项目研究中，巩固日历所学内容，进一步提高学生动手实践、综合运用和创新能力，在动手操作、与同伴的交流合作中解决问题，突破学习难点。

2. "双减"背景下，做中学，做好时间规划

伴随着中小学"双减"政策落地，教育者希望作业设计在减轻学生过重的作业负担的同时，引导学生做好时间规划，帮助学生学会自主规划、主动学习。基于我校三年级的年级特色时间课程，学生已具备制定午间规划的基础，希望融合本次作业，引导学生尝试制订周计划、月计划、假期计划等，帮助学生做好时间的小主人。

3. 多学科融合，做中悟，丰富知识建构

本次作业中，鼓励学生融入各学科所学，促进学生多元发展，让学生的知识建构更加丰富和立体，并展现个性。

二、设计与实施过程

1. 确定主题，明确目标

心理学家皮亚杰认为："活动是学生学习的根本途径，是联系主客体的桥梁，是认知发展的直接源泉。"

在学完有关"时间"内容后，我公布了项目内容："2022年就要到了，请设计、制作你的2022年个性化年历，然后观察、探索年历中的学问，并和大家分享。"完成的方式，可以与小伙伴共同完成，也可以独立制作。鼓励学生在制作的过程中，发挥想象力，制作出有创意、有个性的年历。

通过本次项目式作业，希望达成以下活动目标：

（1）在实践活动中，让学生加深对年、月、日等内容的理解，探索其中蕴含的规律。

（2）在制作个性化年历的过程中，通过搜集资料、融入多学科内容，进行个性化设计与表达，培养学生的动手能力和创新能力。

（3）感受生活中处处有数学，学会规划时间，学会用数学的眼光观察世界，用数学的语言表达世界。

2. 搜集资料，活动准备

活动伊始，引导学生先收集、整理所需资料，进行整体构思并思考：在年历中，除了我们观察到的日期、星期外，还可以融入哪些内容？在形式上可以怎样设计？需要什么材料？并做好相关准备。

3. 设计方案，动手体验

设计之初，我给学生展示了一些独特的年历设计，激发了学生的设计激

情,同学们跃跃欲试,开始行动起来!

有的学生利用日历的周期性,设计了圆盘式的年历;有的学生则联想到了灯笼,在灯笼的四面画出了年历内容;还有的学生废物利用,在物品包装盒上进行创意设计……

在内容方面,有的学生心怀感恩,收集家人的生日,融入到自己的作品中;有的学生对语文古诗有着浓厚的兴趣,为每个月的月历都配上了应景的古诗;有的学生则是将二十四节气标注在了日历上;有的学生则融入了学校的元素,日历背景都以学校标志建筑物为框架,制作了具有育英学校特色的年历;还有的学生关心社稷,了解到2022年举办冬奥会,在设计2、3月的月历中加入了奥运会的元素……

4. 交流评价,改进展示

制作完成自己的个性化年历后,组织学生进行小组内交流:

(1)运用年、月、日和日历中的规律等知识检查小组成员的年历有无科学性错误。

(2)从他的年历中,你能获得哪些有趣的信息?

(3)谁的年历设计最值得你学习?你选择的理由是什么?

在和同学们商讨后,制定了年历的评价标准(见下表),同学们根据评价标准,先自评,后互评,选出心中最喜欢的年历。

评价内容	等 级
1. 按时完成年历,内容正确。	★★★
1. 按时完成年历,内容正确。 2. 设计布局合理,内容丰富。	★★★★
1. 按时完成年历,内容正确。 2. 设计布局合理,内容丰富。 3. 及时完善改进,独特新颖。	★★★★★

同学们将自己的作品完善改进后,在学校教学楼圆厅处布置场地,进行年历展示,增强了同学们的自豪感和成就感!

展示后同学们可以自己保存年历,结合学校寒假作业建议,做好时间规划；也可以将年历送给好朋友，提醒他一寸光阴一寸金，珍惜时间；还可以为年历配上一段祝福的话，赠送给喜欢的老师或者家人，表示对他们的感谢和新年祝福！

5. 深研年历，合作探究

作品分享完成后，鼓励学生继续探究：年历中一定还有更多更有趣的奥秘等着你去探索，和你的好朋友一起继续研究吧！

有的同学发现了日历中的和差问题；有的同学发现横着相邻、竖着相邻的三个数在一起，他们之间的差是相同的，这三个数构成了等差数列；还有的同学想研究圈出来 4×4 日历中有哪些规律，如何表达……

后续的探究为学有余力的同学提供了发展空间，让志趣相投的学生们相聚在一起，将学习从课内延伸到课外，从被动学习到主动探索。

三、教学反思

按照教育学的理论，人的发展过程中有四个动力要素，分别是目标、体验、榜样、习惯。立足学生实际存在的问题，将"制作2022年个性化年历"设置成项目式作业，也是围绕着四个动力要素设计、实施、展开的。

在这个过程中，学生有着浓厚的学习兴趣，调动所有知识、能力、品质创造性地解决问题，经历了完整的制订计划、具体实施、评价改进的过程。同时，培养了学生的动手能力、创造能力和创新能力，激发了学生的想象力。对于作品的评价，还应建立更加多元的评价体系和方法，要全方位考虑学生在这个过程中表现出来的情感、态度、体验和学习结果。

通过这次活动，我深深感受到学生身上蕴含着的无限创造力。尤其是学生小组的后续探究，让我看到了学生较强的自主学习探究能力，更让我感受到一份受学生喜欢的作业能激发学生主动学习的内驱力，促进学生走向深度学习，实现学生核心素养的发展与提升。

在"双减"背景下，我更要积极创设让学生进行综合性活动的机会，使学生在活动中，运用所学知识、积累活动经验、发展核心素养，落实提质增效！

大概念视角下的项目式作业设计

北京市育英学校　王丁丁

一、作业设计缘起

在"双减"背景下，我积极转变教学理念，改进教学方式，同时注重以作业研究和设计为突破口，以发展学生的语言能力、思维品质、文化意识和学习能力——核心素养为目标，创新作业形式，深化作业的育人功能。我旨在通过项目式研究的作业形式，改变目前基础教育阶段外语作业内容机械重复、作业形式单一、过于偏重语言知识而忽视思维培养的严峻现状。以项目式研究的方式设计外语学科作业，培养学生在真实情境中学习理解、合作探究、实践应用、迁移创新的能力，在全面提升学生语言综合能力的同时，培养学生形成支撑终身发展、适应时代要求的关键能力。

二、设计与实施过程

项目式研究作业是一种围绕学科核心素养展开的、基于现实生活情境中真实问题设计而成的、可以解决客观存在问题的作业设计形式。项目式研究作业大多需要小组合作完成，学生完成作业的过程就是研究的过程。项目式研究作业以"大概念视角下的单元教学"为依托，统摄整合单元教学内容，从单元主题意义与整体内容的角度进行作业设计。英语项目式作业设计要求重视以大概念为核心，以主题为引领，使课程内容结构化、情境化，促进学科核心素养的落实。大概念的提出，要求单元教学重点要由关注学生对知识点的掌握转向对知识的理解，由碎片化的知识状态转向清晰的学科大概念的形成。

项目式作业就是基于这种大概念架构设计而成的作业形式。在作业中融入对主题意义的探究和理解，全面又渐进地考虑到学生从识记到理解、到应用、到分析、到评价，最终到创新的多个层级，最终自然而然地形成一份项目式研究成果或作品。

我以部编版九年级（全一册）英语教材 Unit 10 You are supposed to shake hands 为例，结合教学实践活动，通过项目作业设计、作业实施过程、作业评价三个方面，详细阐述项目式研究作业的设计与实施过程。

1. 项目作业设计

项目式研究应以"大概念视角下的单元教学"为依托，从单元主题意义与整体内容的角度进行作业设计。本单元的教学内容是 Unit 10 You are supposed to shake hands。该单元的主题是"礼仪与习俗"（customs），属于人与社会主题语境中的第八个具体语境：不同民族文化习俗与传统节日。单元大概念则是"礼仪与习俗"这一具体主题，描述不同国家、不同民族的常规礼仪、文化习俗、饮食习惯等，旨在让学生了解不同国家的礼仪习俗，理解中西方文化差异，坚定文化自信，培养学生的跨文化意识。

基于对单元内容的精准分析，我设计了项目核心任务（作业）以及课时子任务（作业）。项目式研究作业包含一系列任务，需要一个时间段完成，具有产品导向（product-oriented）的特点。每一课时，学生都会学习到不同国家、不同方面的礼仪习俗，这些内容有重合也有差异，但无论是哪种习俗，都是这个国家文化的象征。因此，我将项目式作业设计为：制作国际风情礼仪宣传册（International customs brochure），向冬奥会运动员进行不同国家的礼仪宣传，同时传播中国文化。

2. 作业实施过程

我所设计的项目研究学案（见下表）主要包括以下内容：项目主题、国家名称、不同的礼仪或习俗、本次研究得出的结论、作品的草图或照片。学生根据研究主题的确定，通过自主探究、小组合作、搜集资料等方式，完成项目学案并分阶段进行汇报，最终形成项目成果。教师根据学生完成学案的情况以及汇报情况，对学生的学习过程做出评价，同时学生自主填写项目式学习评价单，通过自评＋师评结合的方式对作业进行有效评价。

项目研究学案					
项目主题					
国家＼习俗					
结论					

实施过程中，要遵守三个基本原则：立足真实情境，面向全体学生，指向关键思维。教师将作业以项目式学习的方式呈现，引导学生形成项目式的学习策略。教师按行政管理体系（组长、组员等角色分工）和学术指导体系（学科长、学习成员等角色分工）建构双元管理体系小组，通过项目小组的建立，引导学生在分工中有合作，在合作中有分层，培养学生的团队合作意识。同时，向冬奥会运动员进行不同国家的礼仪宣传，更是将知识"镶嵌"于真实情境中，让学生在真实情境中应用知识，在情境中做事，实现能力发展。

3. 作业评价

项目式作业不同于传统作业形式，评价方式不再是"教师批改—学生改错—教师再批改"的闭环形式，而是以项目为依托，综合连续性评价和多样性评价的复合评价方式。连续性评价是指全过程能够实时对每一位同学进行评估，多样性评价包括诊断性评价、形成性评价和总结性评价。项目式作业设计充分以学生为主体，教师在整个项目开展的具体过程中起到指导者、帮助者和评价者的作用。教师在项目作业开始之初就提出明确的要求，并随时关注学生的理解程度和作业完成进度。此外，学生的自我反思也是项目式作业的评价形式之一。例如，我在本次项目式作业中就设计了评价量表（见下表）。

Items	Self-reflection standard	Score (4/3/2/1/0)
Project Plan	Have comprehensive thinking and thoughts on the entire project-based assignment	
Group Work	Actively participate in group activities	
Information Collection and analysis	Collect rich data and conduct data analysis through different channels, such as surfing the Internet, looking up information, asking others, etc.	
Final product	Create their own project product	
My strength and weakness	In this project, my strengths and weakness to be improved	

项目作业完成后，一些学生在学习日志中写道："我觉得设计制作国际风情礼仪宣传册很有趣，我们组5名同学分工明确，彼此关照，相互温暖。在一次次分享讨论中，我们夯实语言、锻炼思维、融合不同学科的知识内容，最终收获了成果。希望我们的礼仪宣传真的可以帮助来北京参加冬奥会的运动员们。"这样的作业评价方式，将会引领学生形成热爱学习、主动学习、探究学习的习惯，不仅能够达成作业"提质增效"的要求，更能够为培养学生终身发展、适应时代要求的关键能力助力。

三、教学反思

作业是教与学的交汇点，是连接"教"与"做"的桥梁，呈现了"教、学、做合一"的境界。作业设计与学生的学习效果息息相关。高质量、高思维的作业设计不仅能激发学生学习的积极性和主动性，更是一种课堂延伸的形式。项目式作业设计依托真实情境，充分发挥教师的指导作用，实现教—学—评一体化，全面有效地落实了"双减"中提出的"系统设计符合年龄特点和学习规律、体现素质教育导向"的目标，将学生的课内学习进行充分延伸，最大限度地发挥了作业的育人价值，进而全面提升学生的核心素养。

基于教材主题情境的初中英语项目式作业设计

北京市育英学校　刘晶

一、作业设计缘起

作业是有效连接教与学、家与校的重要环节，是教师用来强化课堂学习成效的重要工具，也是提高学生综合能力、培育学生素养的重要载体。目前英语作业布置中依然存在机械性、重复性作业，作业布置缺乏系统设计。因此，在作业设计上进行有益的尝试与探索，是落实"双减"政策、提质增效的重要途径。

语言项目式学习是一种基于主题内容，以学生为中心，体验式的教学方法，这种方法为语言学习和语言应用建立一种直接联系，能够促进可理解性输入与输出。以项目为中心组织学习活动的教学模式，也是促进学习者综合实践能力和综合语言运用能力发展的有效学习方式。（徐永军、罗晓杰，《初中英语综合实践课背景下的语言项目学习》）教师可借鉴项目化学习理念，尝试设计项目式作业，激活学生学习兴趣，引导学生合作、探究，培育学科核心素养。

二、设计与实施过程

基于日常教学，设计项目式作业，引领学生在真实任务驱动下，在学习资源支持下经历项目的提出、规划、成果展示等完整持续的学习过程，从而实现语言能力、文化意识、思维品质和学习能力的融合发展。下面我将结合具体案例，从"确定项目主题、设定作业目标、创设项目情境、设计进阶任务、提供辅助资源、研制评价量表"等方面阐述初中英语项目式作业设计与实施。

1. 基于教材，确定项目主题

设计项目式作业，首先要确立项目主题。项目主题应该与英语教材的单元话题相关联，帮助学生巩固、拓展课堂所学语言、话题知识，通过项目式作业将教材中的情境转化为学生熟悉的语境，将教材中的知识转化为语境中的任务，将任务的完成转化为项目成果的展现。

教材话题	项目作业主题
Unit 1 Joining a club	制作育英社团英文指南手册
Unit 2 Daily routines	制作英文纪录片：《育英人的一天》
Unit 3 Rules　Unit 8 The neighborhood	制作育英校园游览英文指南
Unit 3 Rules　Unit 5 Animals in a zoo	制作北京动物园游览英文指南
Unit 10 Food	制作餐厅英文介绍手册
Unit 11 School trips	制作班级出行英文纪念视频 My ...trips

2. 基于标准，设定适切的作业目标

项目式作业的目标既涵盖语言知识学习理解目标，又指向实践应用、迁移创新层次的目标。教师应基于课程标准、教材以及项目内容与要求，设定适切的作业目标。

项目式作业"育英人的一天"基于七年级下册第二单元话题"日常作息"谈论个人日常作息习惯。根据课程标准相关描述，即"围绕相关主题，用简单的表达方式进行口头交流，完成交际任务""能用简单书面语篇介绍个人情况"，结合单元教学目标，设定项目式作业目标：描述个人作息时间并简单评论，询问作息时间，并给予得体的反馈或合理的建议，意识到合理安排作息时间的重要性。这些具体、可测的目标既体现课程标准要求，又凸显单元教学目标，不仅关注学生语言能力发展，而且阐述了学生在完成作业过程中应发展的学习能力、思维品质和文化意识等素养目标，彰显了项目式作业对学生核心素养融合发展的促进作用。

3. 联系生活，创设真实情境

真实情境有助于学生理解项目、理解语言，打通知识与生活的壁垒，感知语言在真实生活中的运用，提高对情境的学习力和应变力，发展核心素养。素养在情境中形成、抽象、迁移、转化（夏雪梅，《项目化学习设计：学习素养视角下的国际与本土实践》）。项目式作业连接学生生活，强调创设真实情境，注重真实问题与挑战性任务的驱动，指向问题解决过程。

此外，还以项目式作业"育英人的一天"为例，结合教材话题与校园生活，创设情境"育英电台采访并向外国交换生 Jim 介绍育英人的一天"，该情境激发了学生的好奇心和兴趣，引发学生思考：校园师生员工作息时间是怎样的？采访问题如何准备？通过这样的活动，锻炼了学生的交际能力，增进了师生情感。

4. 单元统整，设计进阶性任务

一个项目的完成需要经历一个过程，项目式作业通过设计进阶性子任务，将作业目标、作业内容转化为具体的、连续的学习活动，引导学生在递进式学习中逐步完成项目，达成目标。教师设计任务时应根据项目特点、作业目标与内容等，选择适合的作业类型和形式，将听、说、读、写、看等技能的培养有机融入具体活动中，提升学生的语言能力。

以"育英校园游览指南"作业为例，教师根据单元教学安排设计进阶式任务如下：（1）选择育英学校一处景点，描述它的位置，可通过手绘地图、手工制作、实地视频等形式呈现。（2）选择拍照、视频、海报等方式，图文并茂地描述师生活动。（3）为该景点制作英语规则标语。（4）小组展示。教师将介绍校园地点的项目式作业与课堂教学融合，学生完成每一个任务所用目标语言非常明确，体现语言从输入到输出的学习过程。

5. 融通资源，搭建项目脚手架

教师提供完成项目所需的"脚手架"，帮助学生完成项目所需的语言、知识和方法建构，确保学生运用所学语言完成项目式作业，推动学生开展深度学习。

以"制作餐厅英文介绍"作业为例，学生在教师的引导下，以单元课程内容为载体进行学习。在 Section A 部分，学生掌握点餐用语和表达，复习七年级所学食物词汇，完成餐馆英文菜单和餐馆点餐用语制作。在 Section B 部分，学生学习写餐厅英文广告。教师鼓励学生自主搜索资料，也提供中餐八大菜系菜品英文介绍、餐厅英文菜单等多模态学习资源，为学生整体完成项目进行合理规划，搭建语言、知识、结构等项目"脚手架"。

6. 评价引领，研制评价量表

表现性评价是指对学生完成复杂的真实性任务的表现做出的评价，符合项目式学习的需要。教师应聚焦作业内容与目标，运用表现性评价理论，研制评价量表，学生学习使用评价量表，了解评价的标准和学习进程，发现和分析学习中的具体问题，反思和调控学习策略，评价标准成为学生完成项目作业的保障。

以项目式作业"我的旅行纪念册"为例，教师研制项目式作业评价量表，指导学生记录出行经历，不断改进写作。

	A trip to remember 写作评价	
Content 内容	√ 描述 trip 的要素（when, where, how... what）要点齐全； √ 写出与主题相关的 2～3 个关键活动，每个活动有简单细节或感受。	+2 分 +3 分
Structure 结构	√ 开头有 trip 整体评价的主题句； √ 结构完整，分段清晰； √ 正文围绕描述 trip 的要素（when, where, how...what）展开； √ 段落开头有中心句。	+0.5 分 +0.5 分 +0.5 分 +0.5 分
Language 按规定语言	√ 主题用环境描写来反映心情； √ 活动和活动之间衔接自然； √ 正确使用过去式； √ 语法正确，标点正确，拼写正确，注意大小写。	+0.5 分 +0.5 分 +0.5 分 +0.5 分
Handwriting 书写	认真、美观，修改处斜线划掉，重写，无涂黑。	+1/0.5 分

A trip to remember 写作评价
自评得分： 同伴评价： 修改建议：

三、教学反思

作业是英语课程的重要部分，有效的作业设计是提升教学质量的保证。项目式作业基于日常教学，以学生为中心，关联生活，创设真实情境，学生在完成项目的过程中，语言能力、问题解决能力、学习能力融合提升。同时，在设计实施项目式作业实践中，团队教师在确定项目主题、设定作业目标、设计进阶性任务、研发教学资源、研制评价标准等方面积极实践，切实提升了作业布置的水平。

项目式初中英语寒假作业设计探索

重庆市璧山中学校　穆增宇　郑敏　陈燕　徐娅玲　杨洪　牟孟诗　伍徐婷

一、作业设计缘起

2021年，教育部出台了"双减"政策，对学生作业提出新要求。作业设计需减量增质，鼓励设计让学生动手参与、锻炼学习能力和思维品质的作业。为响应新政策的号召，优化英语作业设计，让学生在完成作业的过程中体验"做中学"，项目式作业成为英语作业设计的一个可选途径。

项目式学习是指学生在一段时间内，通过研究并应对一个真实的、有吸引力的复杂问题或课题，掌握重点知识和技能。关注学生的素养目标，在学习过程中，教师和学生全程评价其目标达成情况。由此可见，项目式学习设计很好地体现了学科素养与课堂教学及课后作业的融合，也符合新政策下减负提质的要求。

二、设计与实施过程

1. 作业内容

本次项目式寒假作业由八年级学生完成、主题为美丽城市（Beautiful City）的英文网站投稿，细分为美食和美景两个子主题，学生可以根据自己的兴趣爱好选取制作宣传海报或宣传视频，完成一个任务即可。海报可以手工或电脑绘制，视频可以实景拍摄或动画制作，方便具有不同特长和技能的学生选取。本次寒假作业，为学生提供了项目实施手册。手册内容包括主题选定、完成方式选择、项目计划表、项目实施记录、自我评价表以及两个资源附录。项目实施时间为 15 天，完成后上交实物作品和项目实施手册。

2. 实施过程

本次项目式作业分为五个阶段完成：第一阶段为主题和完成形式选定。学生根据自己的特长和实际选择美食或美景为主题，制作海报或宣传视频，合作形式多样。第二阶段为制订项目计划。学生制作详细的完成计划，涉及所需材料的搜集和整理，文稿的撰写，视频和图片的拍摄，以及成果的制作和修改。教师鼓励学生将工作量合理地分配到规定的 15 天里。第三阶段为项目材料的收集和整理阶段。学生根据项目计划，逐步开展材料收集和整理，撰写文稿。执行计划的同时在项目手册中填写日记。第四阶段为项目成果的制作和呈现。学生运用收集的资料制作海报或者视频，制作过程中可以利用教师提供的学习资源提升制作海报和视频的能力。第五阶段为项目的评估阶段，分为学生的自我评估和教师及他人评估。学生评估包括自身能力提升、项目执行以及成果展示等层面。教师及他人评估除了关注学生作品的质量外，还关注学生完成项目的过程中，是否有合理的规划，并按照规划去执行，以及学习能力、解决问题的能力、执行力、思维品质是否有明显的提高。

3. 设计理念

（1）基于英语学科核心素养的考量。

英语学科核心素养包含四个方面：语言能力、思维品质、文化意识和学习能力。在完成本次项目式作业的过程中，学生首先要充分利用目前已学习的语言知识去做事情——介绍我区的美食和美景，在比较真实的场景里使用所学语言。制作海报和小视频的过程离不开思维品质的参与，学生不仅需要思考如何解决实际问题，还得用辩证思维分析判断观众的看法，从而使自己的作品更具吸引力。此外，用英语介绍我区的美食和美景需要学生关注文化的内涵，思考怎样将这些优秀的文化传达给他人，这是对学生人文素养的培养。在学习能力方面，项目式学习关注学生的探究学习和合作学习，学生在问题的驱动下主动去寻找资源，比如实地采访调查，去搜索资料，通过与同伴或家人的合作完成海报制作或视频录制。整个过程都需要学生的探究能力、问题解决能力、合作能力及过程监管能力。

（2）基于贴近学生和生活的考量。

为了让学生更好地参与到学习活动中，我们的作业要贴近学生，贴近生活，贴近实际。首先，本次项目话题对学生来说比较熟悉，我们鼓励学生周末参与家务劳动及外出活动，学生可以在协助家人烹饪的过程中了解美食的制作方法，体验制作美食、享受美食的快乐，在和家人出门游玩的过程中可以欣赏我区的美景，陶冶性情，所以每一个项目子话题都贴近了学生的实际经历。其次，给政府的英文宣传网站投稿具有真实性，学生也经常接触到类似的投稿活动，很多学生都有参与的经历。因此，本次项目作业贴近学生和生活，学生有能力在真实的环境中将自己的生活体验用英文表达出来。

（3）基于教育新政策的考量。

本次项目式作业很好地响应了"双减"和"五项管理"等政策号召。首先，学生在一个实际问题的驱动下主动去寻找资源解决问题，在这个过程中充分利用自己的语言能力、思维品质、学习能力等。相比于机械的语言练习，项目式作业更容易激发学生的兴趣，让学生在真实的场景中使用语言。其次，在完成项目的过程中，学生根据自己的能力和行为习惯安排时间，制定项目规划。再次，项目最终成果分为四个小类型，从手绘海报到动画制作，由易到难，适合不同层次的学生完成，体现了作业的分层管理。最后，项目主题要求学生宣传我区的美食和美景，需要学生放下手机，出门观察和学习，尽管这个过程中学生会利用手机查询一些资料，录制视频，拍摄照片，但这些都是合理的行为，可以让学生明白如何正确地使用手机，避免沉迷于手机。

4. 作业成果

本次寒假作业共收到宣传海报和视频2000多份，通过教师和学生评分，选出优秀海报20份，优秀视频10个，并通过学校融媒体进行宣传推广，学生反响强烈，成果也得到了本区其他学校的好评。

三、教学反思

本次项目式作业是我校根据新的教育理念设计英语寒假作业的一次尝试，得到了教师和学生的认可，但由于积累的经验不足，还有一些值得反思和改进的地方。

首先，为了完成本次项目式作业，学生不仅要使用低阶的认知策略，还要逐步使用更高阶的认知策略。而目前我校还未系统地开展项目式教学，对学生高阶思维策略的培养存在不足，因此，开展此类作业还需要做大量的准备工作。

其次，本次作业是对跨学科综合能力运用的一种尝试，体现了学科的联系性和知识的拓展性，可以发展学生的综合素养。

最后，本次项目成果评价尝试让学生参与，意在鼓励学生不仅要关注最终的结果，更应关注自身在项目实施过程中的成长。此次实践为我校持续开展多元评价提供了参考。

本次项目式作业基于英语学科素养和学生的生活实际，也响应了新政策的号召，有目标，有计划，学生在完成作业的过程中，获得成就感，体验到学习的快乐，而且取得的成果可观察。

见证生活中的党史

东营经济技术开发区东凯实验学校　王婷婷
利津县高级中学　刘文亮

一、作业设计缘起

"双减"政策的出台，对教师在作业设计方面提出了更高的要求。加强作业有效性研究，精准设计作业、精选作业内容、严格控制和统筹作业总量、提升作业质量显得尤为重要。如何优化作业设计，才能真正实现减轻学生作业负担且不降低学生作业巩固的效能？如何真正提质增效，需要我们教师在教育实践中一步步探索。

另外，新高考的评价指挥棒也已从"知识立意"向"能力素养立意"转型，这必然要求学生的学习要从对知识的死记硬背转向知识建构与运用，要从依靠大量刷题获取高分的方式，向借助真实的生活情境，帮助学生形成问题解决能力、审辨思维能力、创新能力和动手实践能力转变。历史学科作为一门人文学科，对学生核心素养的要求有时空观念、史料实证、历史解释、唯物史观、家国情怀。由于课堂教学的局限性，一些素养较难实现，这就需要我们利用作业进行延展。项目式作业所具有的情境性、实践性、分层性、开放性、提升性等特点，恰好可以满足以上要求。学生在寒暑假可自由支配的时间较多，通过完成项目式假期历史作业实现复习巩固、预习拓展和提升能力的目标。

二、设计与实施过程

项目式作业实施前，往往是教师带领学生进行项目式作业分析，由浅入深、层层递进地进行任务剖析,再由教师帮助学生进行异质分组,指导学生根据个人优势进行组内分工,最后由教师预设并帮助学生解决在项目式作业完成过程中可能会出现的问题。

项目式作业的设计,就是改变形式单一、枯燥乏味的传统作业形式,通过合理的作业设计,在教师引领下利用假期时间,由易到难、逐层深入地边实践边学习边内化,在提升学生学习兴趣的同时,让学生实现自主学习、合作探索、自然生长,真正使减轻学生课业负担落地生根。

下面就以初中历史人教版《中国历史》第四册第三单元为例,展开项目式假期历史作业的设计与实施过程。

1. 创设情境

2021年中国共产党成立100周年,在中国共产党的领导下,我们的生活发生了翻天覆地的变化。在第三册,我们已经学习了党带领我们浴血奋战取得了民族独立的历史;在第四册,我们将通过学习一起见证党带领我们走向富强。党的奋斗史在我们的生活中随处可见,这个假期我们就以"见证生活中的党史"为主题,以小组为单位,完成4项假期作业(每周一项,逐项进行)。

2. 明确目标

(1)通过项目式作业的开展,能够复习巩固1921—1949年的党史知识,同时对新中国成立之后的党史有一定的了解,形成百年党史的整体概念,为新知识学习奠定基础。

(2)利用小组合作,发挥组内不同成员优势,实现组内互补,形成个性化成果,提升合作能力。

(3)能够实现知识与生活相结合,将课本上的知识进行拓展延伸,形成学生自己更为完善的知识网络。

3. 研究方法与细节指导

本设计指导学生通过访谈法、观察法、网络搜集法完成以下任务。

(1)基础性任务:一份百年党史中的大事件时间轴,参照《中国历史》第三册和第四册的教材，组内成员各自完成后相互补充，形成一份最能代表组内水平的作品，拍照上传钉钉打卡，教师点评完善。

（2）进阶性任务：根据大事件时间轴，完成一份访谈记录，寻访身边的老党员，了解他们眼中的百年党史变化。访谈记录的问题由组内成员讨论决定，可以是同学最感兴趣的问题或者是最近热度比较高的问题。

（3）体验式任务：完成一篇亲身感悟的文章，感受自己成长过程中周边生活的变化，并尝试分析原因，可以组内交流后完成，也可以寻求父母家人的帮助，当然也可以利用互联网进行搜集，整理出自己的答案。

（4）总结式任务：每个小组形成一份"生活中百年党史的见证"的PPT汇总，用图片直观展示，组内成员进行分享。

4. 项目评价

（1）采用师生评价相结合，组内自评、组间互评与教师指导相结合。

（2）所有的作业不局限于单一的形式，可以是文字、小报、微视频、PPT，只要完整表述组内观点，思路清晰、内容完整即可。

5. 实施过程及效果

首先，本次项目式假期历史作业是基于七年级学生学情和历史学科课程标准的基本要求。其次，所选择的主题正是2021年建党百年最热点的话题，百年党史的变化也是最为贴近学生生活实际的内容，学生及其身边的亲人都是可以亲身感受或者亲眼见证的。具备了以上条件，学生任务开展起来就比较顺利。

基础性任务是基于已经学过的教材知识，同时又发挥了组内异质成员的优势，相互补充、合作完善，所以第一周所提交的时间轴整体都比较优秀。进阶性任务，让学生充分利用身边的资源，可以是身边的亲人，也可以走进社区，锻炼了学生的语言组织能力和表达能力。同时，组内成员头脑风暴，形成采访稿的过程亦提升了学生的合作能力。体验式任务，让学生走出家门，亲身感受，亲自发现生活中的变化，然后自己尝试分析原因，形成感悟，让学生拥有一双善于发现的眼睛。总结式任务，学生通过组内合作探究，形成了各种形式的总结报告。形式多样且新颖，让老师意识到，在当今这个时刻资源共享，到处都是学习资源的社会，学生的成长能力、学习能力、创新能力远超出我们的想象。所以，教师作为知识与学生的桥梁，要更多地为学生提供资源、搭建平台，尽最大可能把学习成长的机会还给学生，这与近年一直在推行的"学生为中心"的教学模式不谋而合。

三、教学反思

通过每周学生的反馈情况和最终的学习汇总，教师可以对项目式作业进行评价反馈。不难看出，学生通过项目式假期历史作业的实施，一方面提高了学习历史学科的兴趣；另一方面巩固了知识，提升了能力，并开始意识到学习与生活是紧密相连的。

有人说教育是为未来生活而准备的，也有人说当下的生活就是教育。我们应有这样的作业观：融入生活万象，就是在做最有价值的人生作业。项目式假期历史作业的初步探索就体现了生活与教育的结合。学生在实践的过程中巩固知识、提升能力，实现学习的提质增效。当然，在整个项目式假期历史作业的实施过程中还存在很多问题，比如学生对时间分配的把控上还不够合理；小组合作的过程中还会存在对学情把握不精准、不能各尽其能的情况；教师对作业的设计还不够精细等。这些都需要我们教师在实践中认真观察、不断总结，采取有针对性的改进措施，从而使项目式作业设计更加合理、科学、高效。

热点联动区域

利津县高级中学　刘文亮　杨倩倩

一、作业设计缘起

课后作业是课堂教学的延展与巩固。新课标强调地理教学要回归生活实践，近几年高考对学生地理核心素养的考查也越来越多。

"双减"背景下的作业改进是落实"双减"政策的必然要求。作业要减量增质，提高创新性。减的是机械重复的量，而不是学生自主思考、自主学习的量。在政策要求下，作业要适应全体学生的基础发展和满足不同学生的个性化需求。高中生本身有对事物自主思考的能力，而教师的引导在学生探索求知与核心价值观的培养与形成中极为关键。

基于此背景，学生不仅要掌握基本的地理知识和原理，还要与社会生活中的真实情境相结合。当前学生接触社会的时间和领域极为有限，对生活中地理现象观察和地理问题的思考较少。通过项目式作业，学生可了解时事，用地理视角观察生活现象，用地理思维思考现实问题，并激发学生的深度思考，也利于拓展学生的全球视野。

二、设计与实施过程

传统作业设计，侧重知识考查，形式比较固化，多为选择题和综合题，以机械记忆为主，多为浅表学习，不利于高阶思维的发展。而项目式作业设计，引导学生把目光由课堂走进生活，拓展学习范围，延长学习和思考的时间，让学生观察身边现象，思考有关问题，提升地理学科素养，形成终身学习的品质，把作业由课外"负担"转变为学习的内在"需求"，切实推动"双减"政策落地。

项目式作业设计可以围绕教材某一章节内容，结合时事准备相关材料。下面以高中地理人教版选择性必修2《区域发展》第四单元"区域联系与区域协调发展"为例，开展高中地理项目式作业设计与实施过程。

1. 创设情境

结合2021年11月电商主播搭档央视记者带货阿富汗手剥松子一事，为学生提供以下素材：

外交部例行记者会上，《中国日报》记者提问：近期大批阿富汗松子通过"松子空中走廊"运抵上海，拉开了中阿两国农产品贸易逐步恢复的序幕。阿富汗松子深受国内消费者青睐，立刻掀起抢购热潮，一度冲上热搜。发言人能否详细介绍有关情况？

赵立坚：阿富汗松子品质出众，远远闻名，年产量约2万吨，年出口额可达8亿美元，带动当地10多万人就业，是阿富汗财政收入的重要来源，更是很多阿富汗农户的唯一收入来源。但由于深处内陆、交通不便及连年战乱，阿富汗每年都有大量松子滞销。

小小的松子关乎成千上万阿富汗民众的生计。为帮助阿富汗人民把手中的松子变成实实在在的收益，在中阿双方共同推动下，2018年中国开设从阿富汗直飞进口的"松子航线"。松子直接运到中国，采摘松子的阿富汗民众和中国的消费者们都得到了实惠。"松子空中走廊"更成为中阿两国友好合作的重要纽带。

2021年8月，美国对阿富汗实施金融管控，3900万阿富汗民众面临人道主义危机。中国在提供人道主义援助之外，还以多种方式帮助阿富汗解决经济民生困难。10月，应阿富汗临时政府请求，中方特事特办，第一时间更新包机飞行许可，再次打通中阿"松子空中走廊"。11月，首架松子包机搭载45吨松子顺利抵达上海。12万瓶松子一亮相即被抢购一空。截至目前，已有

1170 吨松子搭乘 26 架包机来到中国，为阿富汗民众创收 1 亿多元人民币。

下一步，中方将加强同阿方的对接联系，推动藏红花等阿富汗特色农产品输华，以实实在在的行动，为帮助阿富汗经济重建发挥更大作用。

2. 明确目标

（1）通过项目式作业的开展，能够复习巩固区域发展有关知识，对区际联系与区域协调发展有更深理解，提升综合思维。

（2）通过查阅资料，认识不同国家地理环境与各自的优势条件，体会国际合作的重要性，提升区域认知能力。

（3）能够实现地理知识与社会生活现象对接，将课本上的规律在生活中得以应用，使学生形成更为生动充实的知识体系，提升地理实践力。

3. 研究方法与细节指导

引导学生利用课外时间，运用小组合作、查阅资料等方法，结合素材设计一个或多个简答题（包括能够准确客观描述事实的文字材料、相关地图或景观图片、问题设计及参考答案）。

教师在课堂上播放视频及作业安排需要 10 分钟左右，学生课后完成作业需要一周左右。提前一天收集学生作业，总结完成情况，选出优秀作业。

学生提出的问题很多，有的不够完善，有的比较相似。学生设计的问题总结如下：

（1）分析阿富汗的自然地理特征。

（2）为什么阿富汗会大量种植松子？

（3）说明中阿两国农产品贸易逐步恢复对中阿两国的积极影响。

（4）中国可以为阿富汗解决经济民生困难提供哪些帮助？

（5）"一带一路"建设对中阿两国的意义。

（6）简述阿富汗产业结构特点。

（7）说明"松子走廊"采用空运的原因。

4. 实施效果

用图文影音这种学生喜闻乐见的方式能够激发学生的兴趣。从总体看，学生通过教师提供的素材，能够提取有关信息，设计相关问题并寻找答案，不仅完成了预设目标，还把相关知识进行了整合，不仅仅是复习一个单元，而是复习一本书。

学生并没有局限于教师所给材料，而是根据自己的问题查阅资料找寻答案。比如，有学生借助地图册等查阅阿富汗的地理位置、地形、气候特点，结合松子的生长习性，解决了为什么阿富汗松子品质优良的问题。结合阿富汗的社会经济条件和种植历史，总结了阿富汗种植松子的重要意义。中国政府对阿富汗的帮助也不只局限在建立"松子空中走廊"，也有学生对此进行了阐述。

三、教学反思

"双减"背景下项目式地理作业的设计，本学期每周完成一次，学生完成作业的质量越来越高，劲头越来越足。学生会主动查阅资料或寻求教师的帮助，教师也能及时了解学生对各章节内容的掌握情况。例如，在此次作业中，大多数学生能够提出问题，但对答案的整理不够完善。自然地理方面的问题，学生基本能够总结出相对完善的答案，而人文地理方面，学生的答案往往不够全面，语言不够精简。

在作业设计中，很多学生也提出了自己的建议，提供了相关材料，提高了自身的地理实践能力、综合思维和区域认知能力。还有学生将地理与其他学科相联系，灵活应用所学知识，学生认识的深度和广度远远超过了预想。

当然，教师设计作业时，一定要甄别素材，保证材料真实和导向正确，注意学生价值观的培养。学生在完成作业时能够获得知识、激发思维、提高能力、陶冶情操，有益于学生的终身发展，也利于树立正确的人生观、价值观和世界观。

十分钟的水钟，十年的约定

北京市育英学校　徐娟

一、作业设计缘起

在小学科学教学中，项目式学习已经成为一大重要的教学载体。借助这个载体，教师能够有效引导学生将在科学课堂中所学到的理论知识和技能与生活实践相结合，加速了科学知识应用化的进程，培养和提升了学生们的核心素养能力。(黄青，《开展科学课项目式学习 培养学生核心素养》)

在五年级第三单元《计量时间》的学习中，学生大致了解了人类计时工具发展的几个比较典型的阶段：燃香钟—水钟—摆钟。在以往课堂中，学生可以用画图的方法把水钟的设计方案表示出来，受时间所限并不能当堂完成水钟的制作，课后能制作水钟的学生寥寥无几。本文在"双减"背景下，以"我们的水钟"这节课为例，通过项目式学习方式进行富有创意和心意的作业设计，激发学生内在的主动性，使学生真正地获得自主探索的机会，丰富和优化学生的课外生活。

二、设计与实施过程

1.明确主题，探究学习

苏联教育家赞科夫在《教学与发展》中指出："教学法一旦触及学生的情感和意志领域，触及学生的精神需要，就能发挥高度有效的作用。"这学期因为"双减"政策的实施，学生在校时间延长，老师们比以前更加忙碌。让学生关注老师的辛苦付出，激发他们对老师的感恩之情，是本次活动设计的情感需求。因此，我们确定了项目主题为"十分钟的水钟，十年的约定"，学生根据自己课堂所学，自己动手为老师做一个计时十分钟的水钟，送给任课老师。让水钟成为联结师生的纽带，以水钟为信物，约定十年后的某月某日重回母校，回来看看他当年自制的水钟，回来看看曾经教过他的老师，一起回忆趣事，一起感叹时光的流逝，感受成长的力量。

2. 小组合作，制订方案

项目式学习在小学科学课堂中的应用，另外一个重要的作用就是借助学习小组的建立，培养学生的合作意识，形成"学习共同体"，取长补短。学生按照自己的意愿自由组成3～4人小队。在课堂上通过抽签的方式决定所送教师名单，抽签游戏的设计既增加了活动的乐趣，又可以涉及每一位教师。

3. 激发热情，设计制作

为了进一步激发学生对于项目学习的兴趣，我们在活动伊始就约定好要秘密进行，秘密地设计和制作属于每一个老师独一无二的水钟，给老师们一个大大的惊喜。学生在课后分工明确，有的负责收集制作材料，有的负责调查老师喜好，有的负责产品制作，有的负责书写感谢信。大家充分发挥自身想象力、创造力，以各种各样的材料，精心为老师们设计和制作水钟。

4. 个性展示，检验成果

提高作业效果的关键在于提升学生对于作业的兴趣，实现作业设计的趣味化、科学化、多元化，让作业成为学习作品，从而激发学生内在的学习热情。

学生的创意在水钟的制作过程中得到了充分的展现。在材料的选取上，A同学利用了文件夹的硬支架做水钟的四个立柱，家里废弃影集的封面（因为其具有防水性），也被巧妙地利用起来。在为老师们"量身定做"方面，学生们非常用心。我们看到为美术老师制作的计时器，背景两朵美丽的大丽花让人赏心悦目；绿色的跑步达人，下面带着一圈的小人，再现了英语周老师每天早上带着孩子们在操场跑步的场景；徐老师爱美的天性也呈现在学生的作品中，水瓶中的水，都加了细碎的花瓣，既美观又不会影响水的流出；知道语文郭老师喜欢书法，学生就在水钟的外围糊了一层宣纸，郭老师随时可以挥洒笔墨，学生还担心水洒了，贴心地用了防水性锡箔纸做内胆。

5. 改进完善，升华意识

项目式学习的评价不再是教师批改—学生订正—教师再评改，而是强调以现场观察、小组观察、自我反思、成果展示等形式贯穿始终，目标与评价并行，使学生既明确学习路径，又不断反思调整。

学生在课堂上了解到要想利用水的等时性原理，我们需要控制出水孔径的大小，以及保持水位高度不变。控制水流方面，很多同学想到了医院打点滴的输液器，利用流量调节器可以实现水流大小的控制。可是在与学生的互动中，我们发现，真正可以满足水流匀速流下的秘密在于滴斗，而不是流量调节器。课堂展示过程中的师生互动及生生互动，使学生找到自己前进的方向，体验工程设计需要不断优化完善以满足人们需要的过程。

6. 感念师恩，成果发布

北京师范大学顾明远教授极力推崇"学生成长在活动中"，认为学生是在实践活动中获取知识、体悟人生、养成良好品德的，教师要积极创造活动条件，让学生主动参与学科教学活动，在活动中发现自我、成长自我和超越自我，从而形成正确的人生观、价值观和世界观，以及养成高尚的品质和完善的人格。

帮助学生养成良好的品德，不是班主任一个人的事情，我们用实际行动进行感恩教育。学生的自制水钟完成后，我们利用班会课进行"十分钟的水钟，十年的约定"感恩活动，邀请各个学科的教师走进班级，接受同学们的小小心意。活动后，我们还将学生制作的水钟在教学楼集中展出，引领更多的学生向学哥学姐学习，了解人类计时工具的发展史，了解计时器的工作原理，同时也能以自己的方式向授课老师道一句：老师，您辛苦啦！

三、教学反思

"十分钟的水钟,十年的约定"项目式学习作业的设计,将知识"镶嵌"于实践情境中,通过驱动性问题,将作业注入情感的需求,唤起学生的共情,让学生觉得问题的解决意义重大,从而激发学生对于解决问题的热情,在丰富学生情感体验的同时,帮助学生树立起正确的价值观和社会责任感。

项目式学习作业成果创意水钟和感谢信,体现了每个孩子独特灵动的个性,调动起所有学生的主动性,充分鼓励和培养学生的个性发展。形式多样、内容新颖有趣的科学作业,让学生业余生活变得丰富多彩,有效激发了学生的科学探究兴趣,让学生从"要我做"转变为"我要做",使学生真正成为学习的主人。学生的作业可感、可视,大大增强了学生的信心,使其能够以更加饱满的热情和更加积极的姿态投入到之后的项目式学习过程中,促进其学科实践意识的全面进步与升华。

PART 4

第四章

体验式作业设计

在华盛顿儿童博物馆的墙上有这样一句醒目的格言："I hear, I forget. I see, I remember. I do, I understand."（我听到的，过眼云烟；我看见的，铭记在心；我做过的，刻骨铭心。）这句格言充分体现了体验在儿童学习过程中的重要性。将体验理念应用于作业建构，丰富了作业的形式，增加了作业的趣味，有助于激发学生的兴趣和参与度，调动学生的积极主动性；尊重个体差异，突显学生的主体地位，更能提高学生的学习能力；培养学生的人文精神和实践能力，优化其知识结构。体验式作业，基于学科本质，围绕学习内容，提供了更加多元有趣的获取知识、巩固知识的途径。

本章选取了义务教育阶段语文、数学、英语、地理、体育、美术学科的12篇体验式作业，通过师生共同编写演出课本剧，学生身临其境，产生共鸣，亲自动手切土豆丝，通过生活体验突破记叙文写作难点；从口述、操作、综合、实践方面构建四维一体的全方位体验感受，大家一起聊聊钟表里的那些事儿，动手绘制"我的一天"；游戏化体育作业"累跑mini马拉松"等你来挑战；和"兔儿爷"一起体验丰富多彩的民俗活动，提升文化自信。

这12篇作业均出自经验丰富的一线教师之手，具有较强的参考实践价值。纸上得来终觉浅，绝知此事要躬行。希望这份体验式作业集合能够给您的日常教学提供帮助，激发灵感，让您体验更加丰富多彩的教育人生。

把课文演起来

山东省东营市广饶县丁庄街道中心初级中学　李红　李方超

一、作业设计缘起

林海音的小说《城南旧事》因故事性比较强，又非常贴合少年儿童的性格特点，深受广大中小学生的喜爱。我们结合入选初中教材的《爸爸的花儿落了》这篇文章，以及林海音的《窃读记》为例，设计了"双减"背景下的课外迁移体验式作业。体验式学习是一种学习者亲身参与学习过程的学习方式，学生在体验中观察、思考、感悟、总结，并将所学知识应用于新的学习场景中，实现了深度学习。《窃读记》体验式作业主要是通过师生编写课本剧，让学生表演。学生真正把握文章中"我""店老板""店员"三个人物的性格特点，能把体会到的思想感情表达出来。学生在读中感悟主人公对读书的渴望，以提高学生交流表达能力、组织协调能力和团结协作能力。

二、设计与实施过程

1. 师生共同编写出《窃读记》课本剧

场景：一家临街的书店（可以摆设两张桌子，上面摆上书）。

人物：小女孩、店老板、店员、几名买书人、国文教师。

剧情：

场景一　窃读遭奚落

旁白：小姑娘进书店门，暗喜没人注意。踮起脚尖，蹭过别的顾客和书柜的夹缝，从大人的腋下钻过去，整理头发。在一片花绿封面的排列队里，寻找书的所在。从头来，再数一遍。

小姑娘：啊！它在这里，原来不是在昨天那个位置了。

（小姑娘伸手去拿书，店老板一双巨掌压在书上。）

店老板：你到底买不买？

（其他顾客全部回过头，面向着小姑娘。小姑娘羞惭而尴尬，涨红了脸，抬起头，难堪地望着店老板，店老板威风凛凛地俯视着小姑娘。）

小姑娘：（悲愤地反抗了一句）看看都不行吗？

（小姑娘狼狈地跨出了店门。）

店老板：（冷笑）不是一回了！

场景二　渴望读书

旁白：小姑娘从书店门口慢慢走过，望望书店，咬牙走过去。

旁白：小姑娘再次溜进书店，找到书。

小姑娘：（轻轻地）啊！终于和你相见！

（小姑娘认真读书。）

（小姑娘走出书店。）

小姑娘：明天早些来，可以全部看完了。

（小姑娘来到书店，急火火地找书。）

小姑娘：皆因没有钱，我不能占有读书的全部快乐。

场景三　遇见热心店员

（小姑娘惨淡无神地提着书包，抱着绝望的心情走进最后一家书店。）

（一个耳朵上架着铅笔的店员走过来了。店员拿着书，碰小姑娘的胳膊。）

店员：（轻轻地）请看吧，我多留了一天没有卖。

（小姑娘认真读着书。）

旁白：天黑了。小姑娘读完了书，望着远处的店员，店员点点头。小姑娘默默地把书放回书架上。

（小姑娘走在路上。）

国文先生：记住，你是吃饭长大的，也是读书长大的！

2. 学生准备

对学生进行团队合作意识的教育，让学生认识到剧组成员中每个人的表现都与演出效果密切相关。

学生自愿组合成立剧组，协作起草合作协议，完成剧本、导演、演员角色分配，道具准备用书面的形式确定下来。

查阅与剧本相关资料，理解剧本情节，把握人物内心。演员在背诵自己角色台词时，可以与其他角色一起排练并分阶段背诵。导演在集中排练时要注意及时指导演员的动作、神态以及说话的语气，要多采用鼓励、少指责的组织方法，同时，让制作道具的同学按时完成任务，保证不影响正常的演出。

3. 课本剧作业难点突破

为了让学生更深入地理解课文内容及所要表现的主题，从而顺利完成角色表演，教师引导学生重点突破以下问题：

（1）概括全文内容，并说说对标题中"窃读"的理解，有助于每位演员整体把握课文内容，对人物所处的环境有精准的定位。

（2）"我低着头走出去，黑色多皱的布裙被风吹开来，像一把支不开的破伞，可是我浑身都松快了。"这句话表达了什么？

这句话形象地表现了"我"无钱买书的窘迫处境，衬托了"我"受到店员"礼遇"后愉悦松快的心情，引导学生准确把握此时主人公的心情，才能更好地展演出来。

（3）填写下表，体会店老板、店员对"我"窃读的态度。

人 物	动 作	神 态	语 言	态 度
店老板	十指分开，压住整本书。		你到底买不买？ 不是一回了！	
店员		若无其事	请看吧，我多留了一天没有卖。	

通过完成表格，每位小演员都能精准把握书店老板的势力和冷酷，以及店员的友善和爱心。

（4）怎样理解"记住，你是吃饭长大的，也是读书长大的"这句话？

"吃饭长大"指的是身体的物质需求，"读书长大"则是指精神的成长，心灵的成长。粮食哺育的是人的身体，而书籍哺育的是灵魂，一个知识与智慧不断增长的人，才是健康成长的人。教师应重点指导学生以怎样的预期来表达出国文先生的这句话。

4.实施的效果

课本剧使学生身临其境，产生共鸣，激发了学生的求知欲望、学习兴趣和学习热情。结合具体情境，教师设计对学生情感体验具有导向性作用的问题，并引导学生进行正确的情绪感受，促使他们心灵深处产生有效的反应，获得感动、喜好或憎恨、厌恶的情感体验，从而形成积极的心向机制。

通过表演，学生探究思考，深入体验。学生将情感体验过程中内心积聚的矛盾冲突通过语言表达出来，并接受外部的合理评价，从而进一步强化正确的感受，矫正过激或偏向的情绪，升华道德情感。

学生获得积极的情感体验后，教师要及时向他们提供现实场景，进行针对性操练，让学生在现实生活和交往过程中自我检验、自我评价、自主发展，从而促进主体性发展。

三、教学反思

"双减"背景下要求课堂教学要有效地减轻义务教育阶段学生过重的作业负担和校外培训负担。同时，《义务教育语文课程标准（2022年版）》指出：

"语文课程应引导学生热爱国家通用语言文字，在真实的语言运用情境中，通过积极的语言实践，积累语言经验。"结合学生好表现、爱动的特点，自编、自导、自演，充分感悟课文深刻的思想内涵。学生开始喜爱编演课本剧，正是这份喜爱改变了学生只是喜欢语文热闹场面的观念，真正提高了学生的语文素养。这种体验式的作业设计带领学生走向了语文课程的新领域。

当然，我们的作业设计还存在很多不足之处。比如，时间的分配还不够合理，分层作业设计目标没有很好地体现。作业设计，依然是我们今后研究的重点，要努力设计出真正使学生减负、提质增效的作业。

让作业成为学生的幸福体验

北京市育英学校　张颖

一、作业设计缘起

《义务教育语文课程标准（2022年版）》第一学段目标与内容关于"阅读"方面的具体要求是："喜欢阅读，感受阅读的乐趣。借助读物中的图画阅读。阅读浅近的童话、寓言、故事，向往美好的情境，关心自然和生命。课外阅读总量不少于5万字。"从这段课标的要求中不难看出，绘本非常符合低年级关于阅读方面的要求。

作业是小学教学中的一项重要环节，是对课堂教学的巩固和运用，是提高教学质量的重要途径。绘本阅读体验式作业设计迎合学生的兴趣、符合学生实际，在开放而富有创新活力的实践过程中，使教学和学生的学习充满乐趣和意义，力促"双减"落地。

二、设计与实施过程

小学一年级学生的理解能力有限，在进行整本书阅读的过程中很容易出现理解困难的情况，这也是小学语文教学过程中的一大难点。根据一年级学生的年龄特点，从趣味性这个方向入手，以"快乐阅读"为理念，明确绘本阅读体验式作业目标如下：

作业类型	作业目标要求
听讲绘本	语言积累、语感形成、感悟道理、习惯养成等。
表演绘本	理解知识点、情景运用、提高阅读技能、培养文化意识等。
亲子阅读	尊重阅读偏好、促进持续阅读、增进亲子关系等。

依据作业目标，优化设计思路，丰富作业形式，为学生营造了巩固知识、快乐实践、创新的园地。

1. 愉快的听读作业

喜欢听故事、讲故事，是每个孩子的天性。

（1）喜马拉雅午间故事。

一个学期的午间播放时段听了《猜猜我有多爱你》《团圆》《爷爷一定有办法》《爱心树》《大脚丫跳芭蕾》《花婆婆》《小黑鱼》等20多本绘本故事。这样的体验作业富有情趣和吸引力。

（2）"育英娃讲绘本"活动。

为了提高学生自主读书的兴趣和习惯，很好地完成幼小衔接，围绕本学期绘本课程推进主题：认知自我、快乐成长，学会交往、友好相处，控制情绪、自我调节，号召学生在班级分享所读的绘本。

第一阶段：学生自读喜欢的绘本故事。

第二阶段：班级学生分享喜欢的绘本故事。

每个学生读完一个故事，都会得到肯定和鼓励，之后积极性更高了。在后续的"育英娃讲绘本"活动中，有兴趣的学生还可以和小伙伴们一起讲绘本，和学长学姐一起讲绘本，和老师一起讲绘本，和爸爸妈妈一起讲绘本……

2. 创新的表演作业

绘本通常是以故事的形式呈现出来的，大都包含了多种人物角色，并且人物的个性也较为鲜明。通过情境表演的体验方式，更易于学生进行理解。选择合适的绘本，教师课外辅导学生编排课本剧，让学生演一演。目前已经完成20期录制，并完成20期"绘本墙"，课间，学生都喜欢围着"绘本墙"进行阅读交流。这样的体验式作业，促进了学生进行全身心感受绘本所表达的情感，有助于培养学生的语言表达能力和鉴赏能力。

3. 丰富的亲子作业

"双减"背景下，父母更应增加陪伴孩子的时间，构建新型家校协同模式，提升家校协同育人合力。依托阅读积分折，引导家长陪伴孩子每天读书20～30分钟，营造良好的家庭阅读氛围；多陪孩子去书店看书；协助或督促孩子做好读书记录。人人都是小书虫，家家都当书香家庭。

（1）召开亲子阅读专题家长会议。

选好书是进行亲子阅读的第一步。本学期共开展两次讲座，参与的学生、家长、老师多达1300余人。从学科建设与实施的角度进一步介绍了学校的阅读课程体系和自主借阅图书流程，学校的图书可以随时借阅，并且还能带回家阅读，读后自觉归还，诚信借阅，十分方便。二年级的家长代表们分享了宝贵的亲子阅读经验，做好传帮带，在家庭中营造好的阅读氛围，利用碎片时间每天坚持阅读，做好积分存折记录等，坚持下去，孩子一定会爱上阅读。

（2）举办家长朗读者系列活动。

"双减"背景下，亲子阅读是给孩子最长情的陪伴。共读绘本《写给儿童的二十四节气》虽然非常有趣，但是对于学生来说，读起来难度还是有点儿大。于是，我们把学生读故事改成了家长利用每周的课后服务时间到学校来给学生读故事的形式。

在一年级第一个学期，家长朗读者共开展六次。每次邀请两位家长，分两个场地，让学生围成一圈，家长坐在中间读故事，一节课可以读三个故事。家长一边读故事，一边提问，有些同学为了在家长提问环节答对问题，提前阅读，兴趣高涨。这样的体验，就是用声音传达动人情感，正如叶圣陶先生在《叶圣陶语文教育论集》中说的："吟咏的时候，对于探究所得的不仅理智地理解，而且亲切地体会，不知不觉之间，内容与理法化而为读者自己的东西了，这是最可贵的一种境界。学习语文学科，必须达到这种境界，才会终身受用不尽。"

（3）依托阅读积分折互评互促。

用心设计精美的"我爱阅读积分折"，建议家长和孩子一起阅读，相互记录阅读内容并评价，同时为"快乐的小书虫""书香家庭"的评选留下过程性资料。

"快乐的小书虫"评选办法如下：

学期总评	自 评	互 评
本学期我能做到安静阅读		
本学期我爱护书籍		
本学期我阅读后，把书放回原位		
本学期家长和我一起亲子阅读	共计（　　）次	
本学期我和家长走进书店（图书馆）	共计（　　）次	

"书香家庭"评价办法（依据"我爱阅读积分折"的过程性记录）：

家长能陪伴孩子一起亲子阅读；

家长能经常陪伴孩子走进书店（图书馆）；

家长能协助或督促孩子做好阅读积分折的过程性记录。

三、教学反思

把作业当作诊断分析教学目标是否达成的主要途径，从而反思作业目标制定的合理性。

（1）作业育人化。班级有个孩子，开始因为识字量很少很抵触上学，体验式作业实施四个月后，他坚持讲绘本、分享绘本，增长了知识，提升了语言表达能力，增强了情绪调控能力……

（2）评价多元化。学生和家长写下了这样的感言：

妈妈每天给我讲故事，我都记下来，然后把故事讲给学校的好朋友听，还把好看的书借给同学们看。（学生）

孩子对借阅图书和做好阅读积分折很感兴趣，作为家长，我们会努力保护好孩子的阅读热情，帮助她持之以恒地坚持下去，希望孩子在阅读中收获知识

和快乐。(家长)

这项体验式作业旨在通过具体情境下的言语实践,让语文这门综合性、实践性课程,真正融入学生的生活,让他们体会到语文学习不仅"有意思",更"有意义"。

让语文作业"活"起来

北京市育英学校　陈霞

一、作业设计缘起

作业是教学的五大环节之一，是课堂教学的延伸，是学校教学的重要组成部分。第一学段的语文教学以识字、写字为主。机械重复地抄写、读背为主的作业设计，注重了知识的巩固，但忽略了学生在语文课程中的真实体验。

统编版教材"双线组元""单元建构"，这种新的单元组织结构将学段内基本的语文知识、必需的语文能力、适切的学习策略和学习习惯，分成若干知识点或能力点，有序地分布在每个单元的学习系统中，成为语文要素。起步阶段的一年级语文教学，更应该关注学生已有的知识经验和生活经验，让学生在玩中学习语文，在喜闻乐见的游戏中习得语文，让语文作业"活"起来，使它成为学生融入生活、探索自然的桥梁。

统编版语文教材一年级上册第四单元以"自然"为主题，激发学生对自然的喜爱之情。基于单元整合教学，统整了教学目标，调整了教学内容，设计了有趣、有味、有料、有情境的体验式语文作业，激发学生学习语文的愉悦感和兴奋感，使学生走进四季生活的大情境，感受大自然四季的变化。

二、设计与实施过程

1."我是'小小播音员'"

统编版语文教材一年级上册第四单元围绕"自然"这个主题编排了四篇课文,多角度丰富学生对单元人文主题——自然的理解。这一单元学生第一次接触课文的学习,正确朗读是本单元的重点。

基于单元整体教学,设计了朗读评价单:

课 题	要 求	听众评价	
		同 学	家 长
秋天	字音正确	★★★	★★★
	读好"一"字	★★★	★★★
小小的船	字音正确	★★★	★★★
	读好叠词	★★★	★★★
江南	字音正确	★★★	★★★
	读好韵律	★★★	★★★
四季	字音正确	★★★	★★★
	读好人物说的话	★★★	★★★

(1)抓住重点,进行指导。

本单元编排的四篇课文,在正确朗读中各有各的重点:

①《秋天》要重点指导学生读好"一"的不同读音,读出轻声、儿化音。

②《小小的船》读好儿歌中的叠词。

③《江南》朗读中感受诗歌韵律节奏,读好诗句的停顿。

④《四季》读好人物说的话,感受儿歌的趣味。

课上教师范读课文,引导学生借助拼音自读课文;扫清识字障碍后,进行有针对性的指导。

一年级语文教学重点是识字,正确朗读也是识字教学的一部分,是识字教学的延续。六七岁的小朋友,好胜心强,比一比、赛一赛,可以点燃学生读书的热情。课堂上可以进行多种形式的赛读：师生赛读、男女生赛读、小组赛读、同桌赛读……学生兴趣盎然，积极参与。

朗读评价单就是赛读的规则。先请一名学生当"小小播音员"去读书，其他同学把书平放桌面，手指指字，认真听同学读书。读后，同学结合朗读评价单，对"小小播音员"进行评价：我为他打几颗星，并说出自己的理由，再进行挑战读……

这样通过朗读评价，既巩固了识字，又激发了学生读书的兴趣，还体验到朗读胜利的喜悦之情。

（2）课后延展，赞美四季。

"小小播音员"的听众，除了同学，还有亲爱的爸爸妈妈。晚上，同学们把课文读给爸爸妈妈听，请家长进行评价。这样既巩固了识字，又提高了学生的朗读水平，还为家庭创造了亲子时间。有条件的家庭还可以为孩子进行朗读录音，发到班级群中实时分享，同学之间互相学习。同时，鼓励学生搜集、朗读表现四季之美的童诗、儿歌、名言等，感受大自然四季的变换及特点，在语文课上朗读，评选出"班级最佳播音员"。

2."小脚丫赏四季"综合实践活动

（1）作业的布置。

本单元四篇课文，分别从秋天之美、夜空之美、江南之美、四季之美展现了单元主题——自然。为了激发学生的识字兴趣，拓宽学生学习语文的视野，我们开展了"小脚丫赏四季"综合实践活动，旨在引导学生去观察四季，探索四季，在体验中学习语文。

我设计了以下内容：

喜爱画画的你：用你的画笔，画出一年中你最喜欢的季节。
喜欢朗读的你：搜集关于四季的古诗、儿歌，大声地朗读。
喜欢识字的你：收集与四季有关的词语，并装在识字袋中。
喜欢写作的你：可以用"（　　）的（　　）"把你观察到的四季景色写下来；也可以当小诗人，仿照《四季》这首儿歌进行创作。

喜欢制作的你：可以发挥自己的想象，脑洞大开——用树叶做贴画、制作创意瓜果，感受自己的美好。

……

请选择你最感兴趣的项目去完成吧！

（2）作业成果的展示。

一周结束后，同学们带来了自己的作品。

秋天是丰收的季节，一幅幅精美的树叶贴画，妙趣横生的创意瓜果造型，激发了学生的想象，感受到秋天的美好。

简单的短语仿，开拓孩子们的思维：尖尖的草芽，粉红的桃花，是春天；圆圆的荷叶，绿色的青蛙，是夏天；绽放的菊花，南飞的大雁，是秋天；皑皑的白雪，顽皮的雪人，是冬天……学生感受到四季的变换，生命的轮回。

画出最喜欢的季节，学生能够抓住能展现季节特征的景物进行绘画创作，并在自己的绘画作品上用拼音配上古诗、儿歌，这是语文学习与美术课程的完美结合。

介绍夏季独有的景物"莲"，通过自主识记，画一画、认一认"莲"的朋友——莲叶、莲花、莲蓬、莲子，说一说最喜欢"莲"的哪一位朋友，学生在动手实践中主动识字，学会表达。

综合实践活动，让一年级的学生学会搜集、筛选、整理，扩大了语文学习的外延，激发了学习语文的兴趣；综合实践活动，打破学科间的壁垒，在语文课程学习中提升整体素养。

三、教学反思

叶澜教授曾说："教育是直面人的生命、通过人的生命、为了人的生命质量的提高而进行的社会活动……"语文不是一门孤立的学科，它是实践性很强的科目，是所有学科的基础。

通过单元整合下的体验式作业设计，我深深地感受到实现作业的有效性必须充分发挥学生主体的积极性、主动性和创造性。教师面对的是一个个基础不同、能力不同、性格不同、习惯不同、兴趣不同的个体。学生根据自己的兴趣、能力和实际情况选择作业，才能激发学习兴趣，获得学习体验的满足感。体验式作业设计，充分尊重低年级学生的心理特点，将书本知识转化为动手实践，从机械反复地抄写转化为观察整理，从被动完成到主动参与，调动了多种感官的参与，全面提高学生的语文素养。

学习的主体在改变，教学内容在改变，语文作业必然也要改变。

让语文作业"活"起来，让学生去体验四季——春种、夏生、秋收、冬藏；去遨游汉字王国；大家一起表演课本剧；给喜欢的古诗配幅画……语文源于生活，生活使语文丰富多彩，语文作业是语文不可分割的部分，它终将是丰富多彩的，是学生了不起的生命体验。

通过真实体验激发学生写作动力

北京市育英学校　张晓婉

一、作业设计缘起

《义务教育语文课程标准（2022年版）》指出："语文课程是一门学习国家通用语言文字运用的综合性、实践性课程。"教师应提倡多读多写，给学生创设语文实践的环境，让学生在大量的实践中学习语文。应用文是人们长期在社会实践活动中形成的一种文体，是小学语文写作教学的重要组成部分。应用文写作能力综合体现了一个人的语言表达、语言规范、语言应用态度和语言情感运用等方面的能力。

而就目前的现状而言，应用文教学存在两个弊端：一是重视程度不够。相比记事作文、写景作文和想象文，教师给予应用文教学的时间较少，学生只是停留在为了考试而学习的层面，并未真正理解应用文的实践意义。二是教学与生活脱节。教师往往只是根据教材讲授应用文写作的方法，没能创设具体的情境，引导学生去体验和实践，便不能实现知识和生活的结合，无法激发学生的主动性，学生的应用文写作能力也得不到发展。

对此，本案例以统编版小学四年级语文下册"习作：写信"为例，探讨了应用文作业设计的创新，将基础性作业以实践的方式呈现，沟通课堂内外，拓宽学习空间，使学生改变被动完成的惯性，在真实的情境中完成作业，获得积极的语文学习情感体验。

二、设计与实施过程

1. 根据学情，确定目标

本单元的习作是写信。虽然如今网络通信越来越方便，我们已经很少以书信的方式进行沟通，但书信曾是人们传递信息、交流思想感情的重要手段，是我国传统文化的重要组成部分。并且，书信作为应用文，也在人们的学习、工作和日常生活中有着特殊的意义。本次习作是在学生学写留言条、通知和启事的基础上，继续培养他们用应用文进行日常交流的能力。

教材通过例文加旁批的形式，让学生初步感知书信内容的特点，明确书写的格式要求，最后提出了写信、寄信的习作任务。结合四年级学生的年龄特点，我们制定了本次作业的目标：

（1）能用正确的格式写一封信，做到内容清楚，情感真实。

（2）能正确书写信封，亲自体验去邮局寄信的具体流程。

（3）在生活中坚持运用书信的形式与人交往，通过书信练笔。

2. 创设情境，任务驱动

应用文教学重在学以致用、活学活用。因此，教师应巧妙地创设情境，将语文学习和学生生活关联起来，并在任务的驱动下，引导学生将应用文写作方法进行实际应用。在设计本节习作课的教学时，我们提前与杭州市某小学的一名四年级语文教师进行了沟通，决定依托此次习作任务，与对应班级结成"手拉手"伙伴，进行书信交流。为创设一个需要交际的真实情境，明确写作任务，我们提前做了如下准备：

（1）杭州教师组织班级学生每人写一段简短的自我介绍，内容主要包括：本人姓名、兴趣爱好，以及想向北京同学了解什么。

（2）我们将杭州同学的自我介绍打印出来后，张贴在教室中。学生们可以利用课间时间阅读，寻找自己的笔友，作为第二天课上的写信对象。

杭州同学的自我介绍（部分）：

| 你好！我叫何小米。我的兴趣爱好是画画，我的特长是国画。我想问一下，北京那儿下雪了吗？ | 你好同学！我叫裘心怡。我的兴趣爱好是画画和足球，特长是跑步。请问你们的学校是什么样的呢？ | 北京的朋友你好，我叫白隽，我喜欢看书。你去过故宫吗？你知道故宫里有哪些秘密吗？ | 我叫杜辰恩，我喜欢下五子棋、围棋、象棋和飞行棋。我想问：你们的教材跟我们一样吗？你喜欢你的老师吗？ |

3. 课堂指导，规范表达

学生平时的习作往往是为了完成学校的任务，在习作的目的性方面并不明确，也就是缺乏我们所说的"读者意识"。因为没有认识到"写给谁"，从而不知道"写什么"。而真实的写作任务可以实现写作的交际化，有了活生生的读者，学生由被动参与变为主动投入。在本节课中，学生们在交际任务的驱动下有了写信的动力，我重点从两方面对他们进行了过程性指导。

一是内容。首先认真阅读笔友的自我介绍，再有针对性地写信。书信的内容不仅包括自己的基本信息，对对方问题的具体回答，还要描述一些自己的经历，将个人的生活体验转化为习作素材。他们也可以将之前的习作内容，比如描述校园一景、介绍自己的家人等融合在书信当中，从而降低习作难度。

二是格式。教材中清晰地提示了书信中称呼、问候语、正文、祝福语、署名、日期的书写位置和格式，但是教材中的示例是写给长辈的，对于给同辈写信时，什么样的问候语和祝福语是恰当的，我们在课堂上组织同学们进行了讨论。

书信写完后，同桌互相读一读，修改后再誊写到信纸上。

4. 融合生活，实践体验

在我们创设的实践环境中，课本的习作要求与真实的交际场景接轨，学生在情境中学会了表达。周末的时候，他们便在父母的带领下第一次走进了附近的邮局，亲自体验了购买信封和邮票，查找邮编，书写信封、粘贴邮票的全过程，最后满怀期待地投递寄出，"完成作业"变成了他们的"主动需求"。

5. 真诚交流，激发能力

约两周后，北京的学生们收到了杭州同学的回信。看着书写工整的信封和精致的邮票，大家都表示非常不可思议，没想到自己的信真的被送到了对方手中，并且对方也给自己寄来了回信。在认真阅读回信的过程中，他们真切地体验到了书信作为一种应用文，不仅仅可用来传递信息，还可以交流思想、表达感情、增进友谊。写作意义得到肯定，写作热情也被大大激发，他们立刻又迫不及待地写起了回信。

这样的体验式作业不仅深受学生们的喜欢，也得到了家长们的一致好评。很多家长都表示在信息时代这样的作业非常有意义：孩子们不仅了解到书信在日常生活中的应用，也学会了与他人分享交流。从此，我们班的学生和杭州学生结成了书信伙伴，开启了书信之旅。大家持续的热情也让这次体验式作业成了我们班级的一项长周期作业。大家在真诚的交流中共同传承中国书信文化，锻炼写作能力。

三、教学反思

本次写信作业的效果很好。究其原因，我们认为主要有两点：一是真实任务驱动，写作目的明确。我们在教学和作业设计中创设情境，充分体现了应用文以"实用"为导向的教学原则，学生亲身经历了写信、寄信、收信的过程，从中获得真实的体验和感受。二是内容贴近生活，评价方式创新。两地学生年龄相仿，有很多共同话题可以互相倾诉。并且，本次习作不再是由教师批阅进行评价，而是直接寄到对方同学手中，对方的回信即是反馈，减少了他们的写作压力，从而让他们敢写、想写。

工具性与人文性的统一是语文课程的基本特点。如今，学习资源和实践机会无处不在，无时不有。在"双减"背景下，语文教师更应当常常保持这样的意识，发现常规作业中的可实践点，将知识镶嵌于实践情景中，将课堂学习与生活密切联系，使学生在完成作业的过程中，既掌握基础知识和技能，又获得语文学习的经验。

"动"起来
——从切土豆丝到动词的挑选
北京市建华实验学校　张驰

一、作业设计缘起

初中阶段，很多学生写记叙文要么干巴巴，要么假大空。究其原因，主要问题出在描写部分。

提到"描写"，不少学生均能脱口说出"外貌、语言、动作、心理、神态、环境"，但一提笔，就难以落实。学生对于这些概念，大多只停留在识别的层面，但却无法在写作时有意识地体现。"我不知道怎么才叫细、怎么才算具体"，这正是缺乏感知及操作方法的表现。

因此，我们以动作描写为切入点，系统设计了一项写作部分的单元作业：先让学生亲自动手切土豆丝，然后对其过程、方法、姿势进行叙述和描写，完成一个作文片段。写作时需要关注的重点，集中在动词的挑选和使用上。

二、设计与实施过程

我们将学习任务安排为两课时的课堂讲授和三次课下作业。

1. 课前导学作业

分工合作，布置大家查阅《现代汉语词典》（第7版），挑选出"扌"部的常用字，记录下其音义及用例。各位同学完成后，将所收集的材料汇总到一起，老师再次筛选、核对后，让大家抄录，相当于每人拥有了一个小小的备选词库。

2. 第一课时课后作业

第一次课上，从所收集的动词中挑选了几组进行动作细节的辨析，并带领大家造句。课后布置大家回家学切土豆丝，并用文字叙述过程。作业内容具体如下：

将一个去皮洗净的土豆用菜刀切成土豆丝，切的过程中注意关注左右手各自的姿势、动作、用力方式等（不能用礤床直接刮丝）；从土豆去皮洗净置于菜板开始，按时间顺序具体描写将其切成丝的过程，注意动词的挑选和使用，可以选择但不限于"扌"部的动词。要求：不少于400字；建议：出于安全考虑，切土豆丝环节尽量在家长的陪同和指导下进行。

作业布置的当晚，就有不少家长在朋友圈纷纷晒出孩子切土豆丝的视频或照片，其中不乏劳动成果的特写。根据照片，大致都能推测出小作文的质量了。第二天作业收上来以后，不出所料——大部分学生真正描写切丝过程的篇幅，基本就只占到全文的一半，仅做到了作业要求中的"按时间顺序"，即叙述出土豆置于菜板—整个土豆切片—土豆片切成丝的大致流程。可是字数不够怎么办？不少同学不顾题目限定，要么先从去超市买土豆开始写起；要么给文章注水，加入各种亲子对话、内心独白，甚至劳动感受，美其名曰"将文章升华到'劳动最光荣'的高度"。

3. 第二课时课后作业

一周后的第二次课上，老师先请几位学生谈了感受。大家一致表示：土豆太难切了，老是滚来滚去，左手按不住，右手觉得菜刀有千斤重；害怕切到手，所以切片的时候左手离刀远远的，切出来就厚薄不均；能平安地把土豆切完已经很不错了，细节什么的已无心关注。结合着部分家长晒出的照片，我们用一句双关的话对第一次作业进行了总结："土豆丝切得不够细，大多切成了薯条。"

其后，先从学厨角度，给学生播放了一段专业厨师的教学视频，时长在3分钟左右。视频一出，不少同学茅塞顿开，几乎解决了在切丝过程中遇见的所有技术难题,甚至情不自禁地在课桌上比画起来。但这并非我们关注的重点,重点在于如何使用文学语言细致地将其描写出来,挑选哪些动词最为传神。于是,我们以 0.5 倍速静音重放视频,有必要时学生可以随时叫暂停。目的是不受厨师讲解的干扰,要求大家仔细观察每个环节的手势,甚至具体到每根手指的姿态。在此过程中,我们挑选了两个小环节,带领学生一起分析动作,一起从"备选词库"里挑选动词。意见不一致时,正好进行动词的辨析,让学生各自阐明选词理由。

第二次作业,根据课上所学,再次练习切土豆丝,并将其过程描写出来。字数要求与第一次相同。

本次作业的质量则大有提升。首先,不少同学掌握了切土豆丝的技巧,能够顺利地切出粗细均匀的土豆丝,并从中感受到了乐趣。其次,作文的字数已经不在话下,绝大多数同学符合要求,毫不掺水,字数均在 500 字左右,更有少量同学写了足足 700 字;最重要的是,学生能够选用合适的动词,较为轻松地对相关动作进行细致的描写。而描写一旦具体细致,文章的可读性自然大大提升,更不用说字数问题了。

以下是学生作业的一些片段:

· 我右手执起刀,小指和无名指攥住刀柄与刀身的连接处,食指与中指压在刀壁上,大指抵着内侧的刀壁。刀牢牢被控制住,这种握刀法能使刀有很多运动空间,所以切起来得心应手。

· 我先把一整块土豆从竖起来的侧面切掉一小片,切出一个较大的平面,让剩余的土豆能够稳稳当当地躺在菜板上。左手手指弯曲并张开,每根指头间留一点间隙,这样所有手指覆盖到的面积更大,也就能更好地把土豆按住。另外,指尖要往内收一些,让指关节顶在刀壁上。

· 眼睛认真地垂视着刀,左手倒着土豆往刀处推。不一会儿,一个圆溜溜的土豆就变成了一排薄厚均匀的土豆片。我用左手将它们从右到左轻按并排开,像扑克牌一样排列在菜板上。

三、教学反思

首先,长期以来,我们在作文教学中一直告诉学生要留心观察,但却很少具体指导学生观察什么、怎么观察。以本单元学习为例,如果仅仅是让学生观看视频后写片段,那只能算记录,算不上作文。其次,正所谓"不愤不启,不悱不发",学生只有先亲身实践,遇到困难,经过讲解后,才能达到切身感知、自主生成的目标。一次写作教学,既让学生掌握了写作的相关技能,又让学生学会了一项劳动技能,这不仅没有增加学生的负担,反而在"双减"政策指导下,发挥语文学科的跨学科融合功能和育人功能,一举数得。

当然,本单元的学习和作业设计,还要与其他教学内容相关联,如其他角度的描写训练,使其成为后续教学的"支架",不能孤立对待,完成之后就搁置一旁。

在体验中"走近鲁迅"

北京市育英学校　杨帆

一、作业设计缘起

作业是课堂的延伸，是学生巩固知识、提升能力的重要途径。传统的作业以关注工具性为主，忽视了作业的趣味性和人文性，导致学生往往随便应付，失去了作业应有的意义和价值。

在"双减"背景下，体验式作业是一种能够减轻家长心理负担和学生作业负担的有效方式，可以激发学生兴趣，激活内在动力，尊重个体差异，凸显主体地位，加强学习与实际生活的联系，让学生带着"体验感"快乐学习。

在"走近鲁迅"单元的作业设计中，基于学科本质，围绕学习内容，又以"体验"贯穿，让学生在体验活动中感知、领悟，用储备的知识完成任务，体验让知识"活起来"的喜悦，促进学生综合素质的全面发展。

二、设计与实施过程

有人说学生学习语文有三怕，其中之一便是"周树人"。学生步入初中，即将开启"走近鲁迅"单元的学习，希望通过课文的学习，配合激发学生兴趣和思考的体验式作业，让学生走近一个伟大而有趣的灵魂，感受鲁迅这位现代文学奠基人、中国脊梁式人物的独特魅力。以体验式作业的方式，让学生认真地参与到活动中来，深入体会，快乐作业，收获满满。

1. 以兴趣为起点，激发体验意愿

兴趣是最好的老师，是学生学习的不竭动力。在体验式作业设计中，学生愿意体验是起点。因此，在设计时，首先要明确学生所在学段的特点及对不同学科知识的兴趣点，这样，作业设计才会有方向和鲜活的话题。

在"走近鲁迅"单元，教材中包含四篇课文，有鲁迅自己写的文章和别人写鲁迅的文章。本单元旨在引导学生从不同角度感受鲁迅先生的形象，了解他的文学成就和精神境界，感受他的鲜活亲切与伟大深沉。体验式作业也指向对人物形象的感知，围绕"鲁迅印象"进行设计。

（1）做个插画师：自读课文《我的伯父鲁迅先生》，请你为课文配上一幅插图，并阐明配图理由。

（2）做个小诗人：自读诗作《有的人》，请你结合对鲁迅的了解，自创同名小诗。

（3）做个讲述者：请你与父母或伙伴参观鲁迅博物馆，记录下你的见闻，将你了解到的鲁迅故事讲述给家人或伙伴听（口头讲述或制作成美篇进行分享）。

这样的体验式作业，增加了趣味性，与学生的生活紧密相连。围绕教材内容，拓宽学习空间，使课内与课外相结合，语文与其他学科相结合，激发了学生的体验意愿。

2. 以感知为基础，提升能力素养

语文学科体验式作业，仍应基于本学科核心素养，由教材延展开。教材中的课文是例子，对课文内容的感知，对语言文字的理解，是学好语文的重要一环。用好例子，以层层深入。如"鲁迅印象"体验式作业的前两项——做个插画师和做个小诗人，正是基于课文内容，给予学生体验学习的空间。《我的伯父鲁迅先生》和《有的人》是自读课文，完成体验任务的前提，建立在读文感知的基础上。

"做个插画师"的体验，学生需要潜入文本《我的伯父鲁迅先生》，在细读思考后，完成插图任务：有的同学选择的是谈《水浒传》事件，勾画出一个率真可爱、对晚辈热情关怀的鲁迅形象；有的同学选择的是笑谈"碰壁"事件，勾画出一个风趣幽默、蔑视困难的鲁迅形象；有的同学选择的是救助车夫事件，勾画出一个对穷苦百姓同情关心的鲁迅形象；还有的同学勾画的是鲁迅的头像，脸上的表情或来源于课文中放花筒时流露的自然而和谐的美或是彰显沉思中为天下穷苦百姓探寻出路的坚定、凝重……课文插画师的体验，给擅长绘画的同学提供了展示才华的平台，尽管学生绘画水平和风格不一，但通过文字说明解读，能够感受到学生已走进文本、走近人物，有了更深入的认识。

《有的人》是本单元最后一篇课文，是在学生学习了三篇课文，对鲁迅有了一定的了解后而进行感知的内容，再辅以补充巴金的《悼鲁迅先生》与学生自己查找的资料，能够更好地理解诗作中形成鲜明对比的两种"有的人"，能够体会鲁迅先生为人民无私奉献的可贵精神。而后再完成"做个小诗人"的体验式作业，以"诗人"视角洞察与抒情，以诗歌创作表现自己对鲁迅的赞美，指向语文素养的提升。

附学生自创诗作：

有的人

商桐睿

有的人想名震四方，
他却早已被嘲讽、遗忘；
有的人一生低调、朴实无华，
他却在世界上开出了最耀眼的花。

有的人尽管制造了黑暗，
还在人民之上："我多伟大！"
有的人甘愿做一盏灯光，
在黑暗中带着人们看到彩霞。

有的人
他的欢笑满载着人民的眼泪；
有的人
他不辞辛劳，为了人民的欢笑。
但是，
最终谁会被淡忘，而谁又被歌颂呢？
当然是那一朵小花，一盏灯光，
谱写了世界上最美丽的诗篇。

3. 以实践为支撑，勾连生活实际

体验式作业注重实践性和生活性，强调学生在具体情境中的亲身经历和体验感悟。语文的外延无限宽广，以实践为支撑，让语文教学与生活相连接。"体验"便要求教师充分利用现实生活中的学科资源，通过开展丰富多彩的实践活动，让学生获得能力的提升和素养的积淀。

"鲁迅印象"的第三项体验式作业——做个讲述者，便是让学生在完成单元学习后走出去，借助北京的鲁迅博物馆资源，身历其中，调动多感官，加深

感受，这亦是一种学习的延伸和补充。作业要求与父母或伙伴一起参观，旨在增进亲子互动或小组合作交流，以记录见闻、讲述故事的方式，促使学生有意识地思考、积累，锻炼口语表达或文字表达能力，抒发情感。于是，在单元学习后，鲁迅博物馆里有了学生们参观学习的身影。有学生在与父母一同参观后谈道："我们应该担负起在这个时代的历史责任，尽己所能，带着理想共同努力，打造一个更美好的'家国天下'！"透过学生的体验文字，映照出其受触动及感召的内心世界。

三、教学反思

"走近鲁迅"单元的体验式作业，调动了学生参与的积极性。当看到"插画师、小诗人、讲述者"的体验身份时，学生兴奋地将自己代入，将课本的内容变成了自己"体验"的材料，如此学习，便多了份乐趣。

"参观鲁迅博物馆"的体验作业得到了家长和学生的积极反馈，环境的熏染会对学生素养的提升产生潜移默化的影响。而随着年级的增长，作业的梯度仍需思考设计。

学生的作业成果主要由教师批改、小组内部交流、班级分享展示，还应当安排更多课时，给学生自我表达的平台，让学生获得更多层次的评价反馈，激励其不断进步。

学生的作品给予了教师无限的惊喜。教师需不断研究，做好设计，给予学生更广阔的发挥天地。

钟表里的那些事儿

鞍山市铁西区教育局　李斌

一、作业设计缘起

作业是课堂教学的延续,是课内知识的外向扩展,也是学生知识内化的一种有效手段。数学学习充满了实践性和探索性,数学作业应该从学生的感觉、意识、观念、能力等入手,让学生在深度体验的过程中实现深度学习。在小学数学的教育教学中,科学高效地布置数学作业,对巩固数学知识、强化教学效果、促进知识吸收,都会起到较大的功效,有时候能事半功倍。在现今"双减"政策背景下,教育部明确规定"一二年级不留书面家庭作业",而这样的规定对家庭作业的设计提出了更高的要求。因而,创新高质量的作业内容与形式是亟须解决的问题。本案例以一日作业设计为例,从"口述类作业""操作类作业""综合类作业"及"实践类作业"这四方面阐述一年级数学课后作业的创新设计,依此加强学生对所学知识的巩固,提高学生数学学习的兴趣,提升学生数学思维能力,让课后作业成为孩子巩固知识、快乐实践、创新探索的怡人的"盘中餐"。

二、设计与实施过程

美国教育学家杜威主张"从做中学",倡导将学校里的知识与生活相结合,以摆脱传统教育下儿童知行脱节、手脑脱节的弊病。显然,源于生活的实践作业能够有效架起学校与社会之间的知识桥梁,孩子带着具体的目标去生活中实践操作,在"做"中思考,在体验中领悟。生活实践作业可以作为"前置性作业"开展，充分调动学生的先行体验。

从单元考虑学生的认知特点、生活经验与知识储备，教材仅安排了一课教学内容——整时、半时，课程教学时间短，因此知识的巩固，作业创新设计尤为重要！教学本课前可以布置前置性作业，旨在整体感知，教学后布置后置性作业，便于巩固提升。

1. 前置口述类作业——观察钟表（课前完成，10 分钟）

认识钟表是让孩子有时间观念的开始。现在很多家庭都用电子表，如果自己家里没有那种老式的钟表，就去钟表店让孩子先直观地看看这样的钟表是什么样子的，并且让孩子了解钟表的构成、钟表的种类、钟表的起源和演变、钟表的作用，让孩子有一个直观的认识并能给家长或同伴描述。

课上通过小组交流、个人演示等活动进行考查，评价选出"钟表知识小博士"。

2. 前置操作类作业——绘制钟表（课内完成，20 分钟）

学生在生活中对钟面已经有了一定的了解，在动手操作、动脑探索创造小钟面的过程中，让孩子拿起画笔，画一个简单的钟表，其中涉及两个元素，一个是数字 1—12，一个是分针和时针。在绘制的过程中，只要孩子把握了这两个因素，其他部分可以自由发挥，比如钟表的颜色、形状、尺寸等，这样孩子就会很有兴趣去描画自己心目中的钟表。课堂上再加以展示交流、引导延伸，对于接下来认识整时、半时、刚过几时、快到几时打下了基础。

通过绘制钟表，激发了学生的学习兴趣，加深了对钟表的认识。完成钟表绘制后，在班级进行展览，学生互评和老师评价相结合，选取较好的作品粘贴在班级作业栏中展览。

3. 课中综合类作业——和时间对话（课内完成，10 分钟）

在上课的时候把自己做的钟表作为学具，学生大大增加了自信心。在孩子学会绘制钟表的基础上，让孩子学会和时间对话，比如每天早晨 7:00 起床，8:00 上学，8:30 上课，12:30 午饭，13:30 上课，17:30 放学，能用整时和半时描述一天中某些重要活动，用绘画形式表示更好。

通过美术课绘制"我的一天"。数学学科和美术学科的再次整合，进一步认识整时和半时，体会数学在生活中的应用。完成绘制后，学生在班级内交流，描述自己一天的重要活动，激发学生主动学习，又锻炼了学生的口才和思维能力；绘画作品在班级进行展览，学生互评和老师评价相结合，选取较好的作品粘贴在班级作业栏中展览。

4.课后实践类作业——你来报时我来拨（课后完成，10分钟）

可以用绘制的钟表进行亲子游戏，孩子和家长交叉来当报时的布谷鸟，一人报时一人来拨正确的时间，体会时针和分针的作用，这个游戏可以让孩子很快掌握时间，孩子还是比较喜欢玩这个游戏的！

课上通过师生、生生拨表对口令等活动进行考查，评价选出"拨表小达人"。

教师应该充分挖掘教材中有价值的生活化体验式实践作业，做好体验式实践作业的实施方案和措施，以及课前、课后的作业反馈和衔接，让学生带着问题深入到生活中去，在课堂中延伸与深化，再应用到生活中去。

三、教学反思

数学不是一门孤立的学科，融入其他学科可以让数学更丰富、更精彩！本课教学中数学与美术课程的结合相得益彰。学生对钟表整体感知后动笔绘制钟表，认识整时和半时后动手绘制"我的一天"，数学课程与美术课程相结合，反映学科的综合特征，借助美工材料丰富数学经验，操作数学材料挖掘美术功用，学科整合实现"双赢"目标。

体验式作业要紧密联系生活，让学生在实践体验中感受思维的价值。从"做"中学，体验式作业帮助学生建立了一条生动、主动和个性化学习的路径，改变以往单纯做题、刷题的状况，数学学习从数字符号堆砌的过程，变为富有乐趣和深刻本质的学习体验，学生在解决问题的过程中提升了高阶思维能力。体验式作业要紧密联系生活，让学生在实践体验中感受思维的价值。

我们仍需思考哪些内容可以开展体验式作业，设计出能够拓展学生学习空间的作业形式，激发学生的积极性和自主性，让学生真正地在生活中学习数学，体验数学学习的快乐。

究竟有多高

北京市育英学校　丁曼旎

一、作业设计缘起

著名数学家华罗庚曾说过，人们对数学产生枯燥无味、神秘难懂的印象，原因之一便是脱离实际。数学体验式作业在数学理论知识与学生的实际生活之间架起了一座桥梁。通过体验式作业，学生可以运用课堂所学的数学知识解决生活中遇到的实际问题，有意识地了解社会、走进社会，从而培养学生的社会责任感和使命感。

几何是数学学科最重要的组成部分之一，几何在生活中用途非常广泛，如机械图、工程建筑图、产品图等都离不开几何知识。几何体验式作业以学生体验生活、主动参与、实践操作、积极探究为主要形式，既是课堂作业的补充，又是课外作业的重要组成部分，具备了趣味性、活动性、探究性、综合性、开放性等特征。

二、设计与实施过程

本次体验式作业是在学生学习了相似三角形的理论知识之后的复习与应用。将生活中一些无法直接测量物体高度的实际问题转化为数学问题，利用学生已有的相似三角形的知识，采用不同的方法予以解决。通过体验此类问题的解决过程，渗透数学建模的思想，从而提高学生解决实际问题的能力，增强应用意识。

本次作业的目标是通过设计测量物体高度的方案，让学生学会由实物抽象成几何图形的方法。通过实践测量物体高度的方案，在探索中发现、感悟、总结利用相似三角形测高的三种方法，体验解决问题方法的多样性。

基于以上分析，设计体验式作业如下：

1. 生活观察，提出问题

学生以个体为单位，观察生活中的物体，在观察的过程中思考如何测量这些物体的高度。通过看一看、量一量，把生活中的事物大体分成可直接测量高度和不可直接测量高度这两类。引出问题：如何知道不可直接测量的物体的高度呢？同学们最终选择测量旗杆、电视塔和大树的高度。

2. 设计方案，思考问题

学生以小组为单位进行讨论，设计出测量一些不能直接测量物体高度的方法。

（1）利用阳光下的影子来测量旗杆的高度。

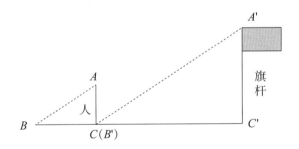

首先，一名小组成员甲站在旗杆影子的顶端 C 处，小组成员乙测出小组成员甲的影长（线段 BC 的长）和此时旗杆的影长（线段 CC'）。

方案论证：

∵ 太阳光线是平行光

∴ $AB \parallel A'B'$，$\angle ABC = \angle A'B'C'$

∵ 人与旗杆均垂直于地面

∴ $\angle ACB = \angle A'C'B'$

∴△ABC∽△A'B'C'

∴$\dfrac{AC}{A'C'}=\dfrac{BC}{B'C'}$

因此，只要测量出人影的长 BC，旗杆的影长 B'C'，学生的身高 AC，就可以计算出旗杆 A'C' 的高度了。

（2）利用标杆测量电视塔的高度。

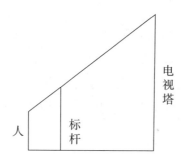

一名小组成员甲作为观测者，在他和电视塔之间的地面上直立一根高度已知的标杆，观测者前后调整自己的位置，使电视塔的顶部、标杆顶部和眼睛恰好在同一条直线上时，其他小组成员分别测出他的脚到电视塔及标杆底部的距离。

方案论证：

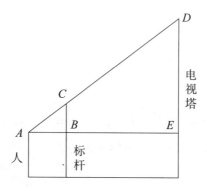

∵人、标杆、电视塔均垂直于地面

∴人、标杆、电视塔相互平行

∵ BC ∥ DE

∴△ABC∽△ADE

$$\therefore \frac{AB}{AE} = \frac{BC}{DE} \quad ①$$

人与标杆的距离（AB）、人与电视塔的距离（AE）、标杆与电视塔的距离（BE）均可测出，代入①中，可求出 DE 的长度，再加上人的身高，可得电视塔的高度。

（3）利用镜子反射测量大树的高度。

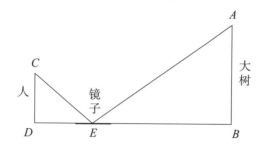

选一名小组成员甲作为观测者。小组成员乙在甲与大树之间的地面上平放一面镜子，固定镜子的位置，小组成员甲看着镜子来回调整自己的位置，使自己能够通过镜子看到大树顶端。其他小组成员测量此时小组成员甲的脚与镜子的距离、大树底部与镜子的距离就能求出大树的高度。

方案论证：

$\because$ 人、大树均垂直于地面

$\therefore \angle CDE = \angle ABE = 90°$

$\because$ 反射角 = 折射角

$\therefore \angle CED = \angle AEB$

$\because \angle CDE = \angle ABE$，$\angle CED = \angle AEB$

$\therefore \triangle CED \backsim \triangle ABE$

$$\therefore \frac{CD}{AB} = \frac{DE}{BE} \quad ②$$

小组成员甲与镜子的距离（线段 DE 的长）、镜子与大树之间的距离（线段 BE 的长）、小组成员甲的身高（线段 CD 的长）均可测出，代入②中，计算出线段 AB 的长，即为大树的高度。

教师对学生在讨论中出现的方法要及时予以点评、指导。本文仅展示了学生设计出来的三种方案，期待各位同仁在实施本次作业活动的过程中设计出更

多的测高方案。

3. 实施方案，解决问题

在充分讨论完善的基础上，全班同学分组，每组 3～4 位同学，选择一种或几种方案进行实践。出发前进行分工，带好卷尺、标杆、铅笔、橡皮、记录本等工具。一组数据至少要测量 3 次，记录每次的测量数据后取平均值。详细记录下在方案实施过程中遇到的问题，以及解决问题的方法。

4. 总结归纳，分析问题

体验了上述三种方案之后，分析讨论哪种方案最优，在实施过程中遇到了哪些困难，最后是怎么解决的。除此之外，还能想出哪些测量旗杆高度的方法。学生在实际测量过程中，会发现一些简便方法。

如果待测对象周围的空地足够大，可以使待测量对象在太阳光照射下的影子都在平地上，并能测出影子的长度，这时，可以在平地垂直树立一根已知长度的小棒，待小棒的影子恰好等于棒高时，再测量待测对象的影子。此时此刻，待测对象的影子长度就是待测对象的高度。

如果准备了手机或者照相机，可以在待测对象旁边的平地上垂直树立一个已知长度的参照物，对参照物和旗杆进行拍照，打印出照片，量出照片中旗杆与参照物的长度，再根据线段成比例来计算。此外，准备一根已知长度的直棒，学生 A 手臂伸直，不断调整自己的位置，使直棒刚好完全挡住旗杆，再由另一名学生量出此时学生 A 到旗杆的距离、学生 A 的手臂长度和棒长，这样就可以利用三角形相似进行计算。

在完成这次作业之后，教师可以发布一项调查问卷，该调查问卷可以包括以下问题：

（1）在本次体验式作业中，你有哪些收获？

（2）在分别尝试了几种测量方案之后，你是否想到了最优的方法？

（3）在和小组成员的合作交流过程中，你对自己的表现满意吗？

（4）在你的同伴（不仅限于同组成员）中，你认为最值得学习的是哪些同学？学习他们哪些闪光点呢？

三、教学反思

本次体验式作业设计以基于真实情境的问题解决为目标,设置驱动性问题,以学生为活动主体,充分经历从提出问题到解决问题的全过程。

数学往往以逻辑思维、智能计算、空间推理著称,通过本次体验式作业,希望学生体会到数学在解决现实世界问题中,同样发挥着重要作用,在实践体验中感受数学知识的实际功效。在设计方案时,从原理论证,到方法步骤,需要考虑周全;在实际测量时,充分调动学生原有的生活经验和知识基础;在作业前和作业过程中,教师应该提前设想学生在探究测量原理和实际测量时可能出现和遇到的问题以及需要注意的事项,引导学生自己寻找解决方法,体验成功的喜悦,感受数学的魅力。

作业即生活，生活即体验

北京市育英学校　尹宏　曹一敏　柴琼

一、作业设计缘起

低年级学生初学英语，对语言学习有着浓厚的兴趣。以知识识记反馈、技能掌握练习的简单语言输出为主要内容的常规作业不免枯燥乏味，很难激发学生的学习兴趣。在"双减"背景下，教师应该更加注重优化英语作业设计，发挥英语作业的积极功能。而体验式作业作为一种浸入式学习，为学生搭建了"知、情、意、行"的操作平台，使学生通过感知、体验、实践、参与等活动方式，达成单元学习任务。这种具有内容情境化、操作活动化、反馈个性化等鲜明特点的学习方式，助益教师发现学生的多元智能，更有利于发挥作业对于儿童智慧成长、学力可持续发展的作用。本案例以人教版《英语》（一年级起始）一年级上册 Unit 6 Fruit 为例，阐述单元体验式作业设计的实施与操作。

二、设计与实施过程

1. 提炼单元主题，确定单元学习目标

单元学习目标是指在完成单元多个课时的学习之后，学生应该获得的学科核心素养，包括能灵活应用的知识、技能、策略，能反映学科本质及思想的方法，解决问题的综合能力，经历一定的困难之后学生愉悦的心理感受，以及学生对学科的好奇和期待。教师应通过深研教材，梳理单元主线，明确单元主题

来制定基于核心素养培养的单元学习目标。目标导向，才能激发学生学习的内驱力，让教材变得有温度，有情感。学生才能真正获得积极愉悦的情感体验，形成自主学习能力，实现深度学习，从而促进自我的发展。

一年级上册 Unit 6 Fruit 教材分析如下：

L1 A 项	借助歌谣和图片情景化地呈现四个水果词汇；让学生通过听、看、做、玩、演、说、唱等途径，学习词汇。
L1 B 项	通过"听指令做动作"的 TPR 活动，帮助学生建立单词的音和义之间的联系。
L1 C 项	通过学唱歌谣，进一步巩固所学词汇的英文表达，同时整体感知英语语音、语调和节奏。
L2 A 项	情景化地呈现本单元的功能句：Do you like...? Yes, I do./No, I don't.
L2 B 项	通过游戏操练 A 项功能句。
L3 A 项	借助游戏，复习巩固本单元的重点词句。
L3 B 项	借助英语歌曲复习巩固本单元的重点词句。
Story Time	通过故事复习本单元词汇和功能句；初步培养学生听故事的能力和借助图片阅读故事的能力。

从教材结构看，本单元不同课时以歌谣、歌曲、游戏、故事等不同方式串联，符合一年级学生的学习规律。学生通过四个课时的学习，习得一些水果词汇和询问他人喜好的表达句式。但认真研读教材，我们会发现教材对"吃多种水果有益于健康"等情感态度方面的关注不多，而这是本单元关键的育人价值所在。因此，教师需设计活动或适当补充绘本，让学生在英语学习的过程中喜欢上水果，感受到吃多种水果的重要性，初步建立健康饮食的意识。由此，教师提炼出单元主题为"I like Fruit"。根据单元主题确定如下单元学习目标：

（1）能够听懂理解认读水果的名称，说唱相关歌谣；

（2）能够描述水果的名称、颜色及大小，了解水果的营养价值；

（3）能够简单介绍自己的水果喜好并询问了解他人对水果、颜色方面的喜好，关心他人；

（4）能够了解制作水果沙拉的过程，并尝试制作，感受分享水果的快乐。

2. 分解单元目标，设计单元体验式作业

单元作业设计以单元目标为导向，以一致性、统整性、多样性和差异性原则为规范，以作业内容"结构化"组织为抓手，以单元主题及核心知识内容为依据。教师应统筹单元内容不同课时的作业，强化各课时作业与要求之间的衔接与关联，确保各课时作业渐次递进，适度发展高阶思维能力，引导学生不断巩固所学、融入新知，进而形成良性的学生认知生态循环。

基于单元目标，结合各个课时主题，整体设计 Fruit 单元体验式作业（如下图）：

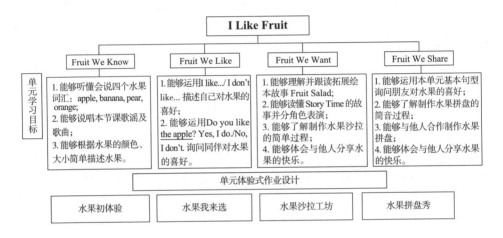

3. 设计课堂体验活动，布置体验式作业

在课堂上设计体验式活动，教师应注意在情境建构中给予学生有效指导和关键提醒，使学生学习兴趣得以激发，愿意参与课堂体验活动，并让学生保持意犹未尽的学习状态。体验式作业是课堂体验的延伸，教师将引导学生留心观察生活，感知多样的生活经历，丰富他们的生活积累，从生活中得到启发，提高他们的生活审美兴趣和社会认知能力。面对低年级的学生，教师在布置体验式作业时，可以明确作业评价标准，以便学生更好地完成作业。体验式课堂活动和体验式作业实施与评价框架图如下：

I Like Fruit

	Fruit We Know	Fruit We Like	Fruit We Want	Fruit We Share
课堂体验活动	学生通过多种感观了解四种水果（apple, peat, orange, banana）： 1. I can touch the apple with my hands. —触觉体验 2. I can see the apple with my eyes. —视觉体验 3. I can smell the apple with my nose. —嗅觉体验 4. I can taste the apple with my tongue. —味觉体验	学生出示自带的各种水果（拓展词汇），并通过同伴分享操练功能句型： —Do you like the apple? —Yes, I do. —Do you like Hami Melon? —No, I don't.	师生制作水果沙拉。 1. 教师示范。 I need a big bowl. I need some fruits. I need some Salad/Yogurt. I mix them. I taste them. 2. 学生分小组制作水果沙拉。	1. 教师出示水果拼盘，引导学生综合复习本册教材中部分单元功能句： What is it? What color is it? How many fruits can you see? Do you like it? 2. 教师分发水果原料，学生六人一小组制作水果拼盘。
体验式作业实施与评价	**水果初体验** 1. 观察家中1～2种水果，说一说它（们）的颜色，闻一闻它（们）的气味，尝一尝它（们）的味道。 2. 找一找所观察水果的单词小卡，贴在作业单上，并试着读一读作业单。	**水果我来选** 1. 了解家人或朋友喜欢的水果。Do you like...?（必做） 2. 周末和父母走进水果超市，挑选家人或朋友喜欢的1～2种水果。（选做）	**水果沙拉工坊** 1. 制作水果沙拉。（必做） 2. 制作水果沙拉，并用英语介绍制作过程。（选做）	**水果拼盘秀** 1. 制作水果拼盘。（必做） 2. 制作水果拼盘，并用英语介绍制作过程。（选做）
	作业评价单： 1. I can see, smell and taste the fruit.（我能看到、闻到、尝到水果。）☆ 2. I can talk about the fruit with the sentences (i.e. I can see/smell/taste...)（我能谈论水果。）☆☆	作业评价单： 1. I can use "Do you like...?"（我能用功能句问句。）☆ 2. I can choose 1～2 fruit.（我能选择1～2种水果。）☆	作业评价单： 1. I can make Salad.（我能制作水果沙拉。）☆ 2. I can make Salad and talk about how to make it.（我能制作水果沙拉并用英语介绍。）☆☆	作业评价单： 1. I can make fruit dish.（我能制作水果拼盘。）☆ 2. I can make salad and talk about how to make it.（我能制作水果拼盘并用英语介绍。）☆☆

三、教学反思

1. 寓教于乐，让学生在体验中学习

作业即生活，生活即体验。《义务教育英语课程标准（2022年版）》中提到：教师要有意识地为学生创设主动参与和探究主题意义的情境和空间，使学生获得积极的学习体验，成为意义探究的主体和积极主动的知识建构者。体验式作业，即让学生设身处地地去做，是相对书面作业而言，学生参与度更高、实践性更强的作业形式，能够促进学生全面发展。

在本单元体验式活动和体验式作业的带动下，学生能够从色、香、味、形多个方面综合感受水果；通过听、说、读、画多种形式建立单词音形义之间的联系；在语言实践活动中，通过亲身经历制作过程，感受到水果的丰富多彩和

美味健康。同伴之间的展示和分享，则帮助学生发挥语言的交际功能。

2. 成果资源化带动学生学习的良性循环

在语言实践活动中，学生将通过图片或视频的形式记录自己水果拼盘的制作过程，教师将会把这些资料保存并上传至本校教学资源库。日后在本单元的教学中，教师依然可以重复利用，而未来的学生也会在这些创意作品的基础上，进一步发挥想象力和创造力，使体验式学习"张扬个性、丰富生活，提高语言素养"的目的得到进一步的夯实。

学生作品：

3. 动手、动脑紧密结合，促进学生劳动养成

劳动教育，是切切实实的体验式德育，强调学生自我体验、自我感受的过程。如果劳动实践能从学生身边生活实际入手，有可操作性，学生是会爱上劳动的。陪父母到超市挑选水果，制作水果沙拉、水果拼盘，对于低年级的学生来说即是劳动。在"学中做""做中学"，学生不仅能体会到劳动的快乐和成就感，也能潜移默化地运用语言。

总之，随着新课程标准的深入实施，课堂的教学形式和教学水平都发生了质的变化。作业的设计形式多样，内容灵活有趣、与现实生活紧密联系、富有探索与思考价值。作业不再是强加给学生的负担，而是学生的一种自觉的学习需要、生活需要、人生需要。唯有符合上述条件的作业才是学生喜闻乐见的作业，才能最终实现课堂的有效延伸。

身边土壤的多样体验

山东省利津县高级中学　刘文亮　唐婕　杨倩倩

一、作业设计缘起

地理核心素养包括人地协调观、综合思维、区域认知和地理实践力。《普通高中地理课程标准（2017年版）》指出，地理实践力是指人们在地理户外考察、模拟实验和社会调查等地理实践活动中所具备的品质和行动能力。

地理教学中要注意地理实践力的培养，有些素材在教材上，但更多的素材在课堂外。地理学习中会涉及很多现象的分析，如在学习流水堆积地貌时，位于黄河三角洲的师生可到黄河岸边研学，实地观察黄河岸边土壤的特点，学生可以清楚地看到黄河岸边的土壤颗粒细小，分层明显，学生就很容易理解流水沉积的分选性。

但是，外出研学实施起来有很大难度，更实际的办法还是让学生参与可行的模拟实验，体验过程，激发思考。"双减"背景下的体验式作业设计，就是要学生动手参与，如土壤这部分内容，学生可以借助土壤标本，进行土壤颜色、质地的观察、感知，进行土壤的渗水实验等；让学生动手进行模拟实验，观察现象，探究问题，分析原因，得出结论。

二、设计与实施过程

有别于传统的作业，体验式作业其实是从本质上让学生理解知识，以便学生在运用的时候会更加灵活自如。

下面以高中地理人教版（必修）第一册第五章第二节"土壤"为例，介绍一下高中地理体验式作业设计与实施过程。

1. "双减"背景下体验式地理作业的设计

土壤是人类生存的基本物质基础，对自然环境具有重要意义。由于高中学生真正参与实践探究的机会不多，实践探究能力有待提升，学生对土壤既熟悉又陌生，大多是浅层的识别、认知，需要进一步深入分析，并将自然地理环境各要素融合成一个整体。

根据《普通高中地理课程标准（2017年版）》的要求："通过观察土壤的颜色、质地、剖面结构，了解土壤特征，以识别土壤类型；掌握影响土壤形成的因素，分析不同地区不同土壤形成的主要因素"，并结合本学段学生的身心发展特点，确定了以下目标：

（1）通过实地探究和对土壤样本的观察，掌握观察土壤的基本方法，提升地理实践力；

（2）通过观察分析颜色各异的土壤样本，掌握土壤的分布及其成因，提高区域认知水平；

（3）观察生活中的土壤，分析土壤与大气、水、岩石、生物等各因素的相互关系，培养综合思维；

（4）分析人类与土壤的相互作用，形成尊重自然、保护自然的人地协调发展观念。

基于以上目标，设计体验式作业如下：

第一，土壤观察。

（1）校园观察：土壤中有什么？

活动：学生以小组为单位，通过看一看、捻一捻、捏一捏、找一找，对土壤进行观察、分析。

（2）土壤颜色观察。

问题：为什么会有颜色各异的土壤？

准备：教师提供土壤标本（砂土、壤土、黏土、棕壤、黑土、红壤、黄壤、紫色土），让学生给各种土壤命名。

第二，实验体验。

（1）土壤沉积实验。为得出土壤的物质组成，学生小组合作进行实验。

实验步骤及相关问题：

①把小土块放入水中，看到了什么现象？说明土壤里有什么？

②用小木棒用力搅拌水中的土壤，静置一段时间，观察水杯中的情况，发现了什么现象？

（2）土壤加热实验。学生小组合作进行实验。

实验器材：土壤样本、三脚架、石棉网、酒精灯、火柴、烧杯、玻璃棒、玻璃片。

实验过程：

①将石棉网放在三脚架上，上面放上盛有土壤的烧杯，点燃酒精灯加热。

②持续加热一段时间，观察土壤颜色发生了什么变化。

③有白烟冒出时，闻一闻有何气味。

④交流实验现象。

（3）土壤渗水实验。学生小组合作完成实验。

问题：不同质地的土壤（砂土、壤土、黏土）有什么不同特征？

实验过程：

①在过滤装置中放入等量的不同土壤标本；

②同时倒入等量的水；

③稍后观察各个容器中水量的不同；

④归纳三种土壤的特点。

教师提出体验任务，明确体验方向或问题，规范实验过程与实验安全，协助提供实验器材或协调实验场地。学生以小组为单位，利用课间或周末，在校园或实验室完成。教师布置作业需要十分钟左右，学生完成需要一周左右，要求学生写出体验结论或实验报告，最终在课堂上以图片或文字的形式展示成果。

2. "双减"背景下体验式地理作业的实施效果

体验式作业能够让学生身心多方位参与，学生在校园观察时，通过视觉、触觉、嗅觉等多种感官的综合运用，能形成对土壤的直观感知。学生通过动手实验可得出结论：土壤中有空气（气泡）、矿物质（分层且矿物质颗粒大小不同）。观察实验过程，可以看出加热前后土壤的颜色对比明显。根据实验现象能得出结论：水分（玻璃上产生水汽）、有机质（产生白烟、有刺激性气味）。学生通过三种土壤渗水速度及结果的演示过程，可以比较明确地说出砂土、壤土、黏土的特性。

在完成体验式作业的过程中，学生培养了合作探究意识、观察能力、对比分析能力、自主动手操作能力，激发了兴趣和爱好，调动了积极性和主动性。同时，理论联系生活实际的水平有提高，如学生发现壤土是农业生产的理想土壤，但也有例外，比如沙地西瓜。为什么沙地西瓜比较甜？学生查阅资料，分析得出沙土的特性及优势。此外，培养了学生的逆向思维，利于学生将地理知识运用到实际生产生活中。而土壤颜色与土壤有机质、土壤矿物质有关，学生通过分析不同颜色土壤的分布，理解影响土壤颜色的因素，培养了学生的综合思维。

三、教学反思

地理实践力是学生学习过程中必须培养的地理实践能力。同时，教师要注意培养学生的地理思维与地理视野，让学生用地理的眼光观现象、看风景，用地理的角度分析原因。本次体验式作业设计，融合课外实践、土壤标本的观察及实验，说明土壤的组成、分布、质地及特性。学生能够直观感知土壤的特点，并通过动手体验、小组合作和实验验证等方式，进行土壤颜色、质地的观察、感知，借助土壤的沉积、渗水、加热实验等，深入分析土壤的特性及其影响因素，让学生在实践体验活动中观察现象，探究问题，分析原因，得出结论，使得学生的兴趣、理解度、问题的延展与深化都有提升。通过体验式作业学习生活中的地理，可提高学生学习的积极性、主动性、动手能力、探究精神，可有效提升学生的地理实践力，利于培养地理学科的核心素养。

当然，体验式作业设计还不够精细，实际操作中还有很多现实问题，比如购买实验器材的经费问题、实验规范与安全、如何安全有效地进行野外活动等，这些都需要在实践中总结、反思、完善、改进。

"累跑 mini 马拉松"

北京市育英学校　王作舟　李鹏

一、作业设计缘起

2021年7月，"双减"政策正式发布，体育应填补"双减"后时间空白，从而提升学科地位。为研究"双减"背景下体育家庭作业的对策，我们对北京市育英学校小学五年级学生进行了网络问卷调查。通过对381份有效问卷进行分析，体育教研组为学生量身定制了体验式体育作业，旨在助力提升教学质量，培养学生养成终身体育锻炼的习惯。

之前的体育作业基本上都是统一布置，例如几分钟跳绳、几分钟仰卧起坐等，学生回到家练习后打卡记录，但是学生只会在初期感觉到新鲜，之后就开始应付差事。缺少分层、缺少科学指导，也缺少兴趣和乐趣。经过问卷调研，五年级率先开始尝试不同形式的作业设计，根据天气和季节为学生制定体育作业。本次体验式作业是"累跑mini马拉松"，目的就是要让体育作业游戏化、结构化、差异化、生活化。

二、设计与实施过程

众所周知，马拉松全程42.195km，很多成年人，即使是有一定运动经历的人都听而退步、望而却步，别说让学生完成了。采访学生，学生基本上认为不可能。但是通过教研组的改良和实践，"累跑mini马拉松"却得到了学生的高度认可。

1. 问道学生

前期调研（五年级两个班实验）：
（1）你每天平均跑步距离是多少？
（2）你知道马拉松吗？距离是多少？
（3）你想尝试马拉松跑吗？
（4）如果老师有新的方式让你感受马拉松跑，你愿意尝试吗？

问卷统计显示，第一题，学生每天平均的跑步距离是2.3km；第二题，100%的学生都知道马拉松，并且93.8%的学生能够准确说出42.195km的跑步距离；第三题，23%的学生想尝试，17%的学生想尝试但知道完成不了，60%的学生不想尝试，原因是知道无法完成；但是第4题的回答却出乎意料，100%的学生都愿意去尝试，随机采访学生为什么愿意，多数学生这样回答："可以挑战自我，想探秘老师的方法，同时还会增强自信心，和别人说自己跑过马拉松。"

学生愿意尝试就是良好的开端，于是，我开始设计三个阶段的"累跑mini马拉松"作业。第一阶段是先让学生跑起来（历时1个月）；第二阶段是让跑步成为学生每天生活的一部分（历时2个月）；第三阶段是提升跑步质量（历时3个月）。

2. 自主体验阶段

第一阶段的作业设计，所有参加活动的学生用适合自己的方式记录每天在课外和校外跑步的距离，可以画图，也可以制表。距离不限，只要是自己跑步了就可以记录在表格内。但是时间有限定，一个月内完成。一个月内完成42.195km的学生都能领取月度奖励。不同时间完成的可以对照时间领取不同的马拉松跑者级别。设置有7天、14天、21天和30天四个月度级别，还设置有1个、2个、3个、4个"累跑mini马拉松"完成次数级别奖。作业的设计不仅锻炼了学生的体质，更重要的是培养了学生的诚信品质，就这样拉开了体验式作业——"累跑mini马拉松"的序幕。最初目的就是先让学生跑起来，通过分层的形式让不同水平的学生都能参与其中，享受乐趣，增强体质，健全人格，锤炼意志。

经过一个月的实施，最快的同学 4 天完成，最慢的同学 27 天完成。最多的完成了 4 次，最少的完成了 1 次。"双减"政策实施以后，学生 8:20 开始上课，很多学生就利用早上的时间加入到晨跑行列，晚上回到家和家长一起跑，周末也拿出时间进行长跑。一个月后上交的记录单形式多样，内容丰富，表格详细记录每天的米数，图表绘制自己每天的跑动轨迹，还有学生在家利用跑步机拍照记录每天的公里数，利用各种 App 记录自己跑步轨迹和路线。学生通过自己记录的成绩兑换月度奖励。通过一个月的体验，学生参与跑步的积极性和主动性都有所提升。

3. 科学锻炼阶段

开启第二阶段"累跑 mini 马拉松"，作业目的是让学生能够坚持下去，每一个好的习惯需要不断巩固，让体育锻炼成为自己生活的一部分。有了一个月的积累，很多学生觉得自己都完成了马拉松，兴趣就在下降，作业设计就又要发生改变，刺激学生们不断尝试和体验。根据学生的参与积极性，我们把学期累跑不同级别对应的奖品及奖项公示给学生。累跑级别分为累跑王者级、累跑钻石级、累跑黄金级、累跑白银级、累跑青铜级、累跑新手级。学生知道终极结果后就有了目标和动力。但是，作业设计还要保护学生，不能让体育锻炼造成学生运动损伤。每个月又规定了次数——最多 4 个累跑 mini 马拉松。

级　别	步　频	累跑数	天　数
王者级	180	4	30
钻石级	175	3	30
黄金级	170	3	30
白银级	165	2	30
青铜级	160	2	30
新手级	160	1	30

第三阶段主要提升跑步质量，学生通过两个月的积累，在跑的能力上有了

明显提升，尤其是体质弱的学生通过练习，每天课间操环校跑步 1.3km 能够不掉队，国家体质健康测试 50×8 往返跑整个年级优秀率在 89%。这个阶段就是跑出质量，成为终身跑者。在技术上开始指导学生，每分钟 180 步的步频，从而提升作业质量。采取短而快的步频，可以减少每一步对膝盖和臀部的冲击来优化跑者的效率并最大限度地降低受伤风险。本月的累跑规定次数最多 2 个累跑马拉松，但是要记录自己在持续跑的过程中的步频。

如果学生能够邀请家长和自己一起参加并记录，就会得到特殊加分，从而增进亲子关系。

三、教学反思

引趣才能激趣。众所周知，兴趣是最好的老师，只有充分抓住学生的年龄、生理、心理及身心发展水平特点，设计趣味性强的作业，才能激发学生的内动力，而且还可以促进学生积极主动地完成作业。

通过三个月的持续体验，学生已经基本养成了跑步的习惯。后期调研反馈，93.5% 的学生每天能够保持在 4km 左右的跑量。63.2% 的学生能够控制在 5～6 分钟持续步频保持每分钟 180 次。五年级所有学生每周跑步时间都是 7 天跑满，带动了 34.2% 的家长加入了"累跑 mini 马拉松"，更为重要的是，在青春期前期缓解了学生和家长的学业焦虑，通过跑步释放了压力，增进了亲子关系。

小学阶段是学生身心健康发展的黄金阶段，为了促进学生德、智、体、美、劳全面发展和身心健康发展，教师需要以学生为本，北京市育英学校体育教研组通过巧妙设计体育家庭作业，促使每一位学生在完成体育家庭作业的过程中体验成功，享受乐趣，增强自信，提高兴趣，提高自觉锻炼意识，从而能够积极主动地去参与锻炼。教师、学生和家长加强沟通互动，共同锻炼，真正发挥了体育家庭作业的功效。

我与中秋有个约会

北京市育英学校　刘怡斐

一、作业设计缘起

"双减"文件指出,"要系统设计符合年龄特点和学习规律、体现素质教育导向的基础性作业。鼓励布置分层、弹性和个性化作业",基于文件精神,我主动思考,如何能让美术作业减量增质,如何让作业更加多元融合,如何让学生在完成作业的同时有更加丰富的文化体验,为此,我尝试结合教材和传统节日文化,开发设计"我与中秋有个约会"主题作业设计。通过体验式美术作业,学生了解了传统节日文化中充满情感的传说与故事,体验了丰富的民俗文化活动,学习了如何将传统艺术与生活相联系,激发了审美想象力与创造力,通过作业引领自己亲身体验传统文化的魅力和价值,提升了文化自信。

二、设计与实施过程

1. 研读教材,基于学情,明确设计目标

在设计作业之前,我先针对学生进行了一次问卷调查,调查学生对中秋节的历史、文化、风俗等方面的了解,并且调查了学生喜欢的美术创作类型,以此为依据,我能够更加具体详细地了解学生的能力水平,从而进行主题作业设计。

结合学生的调查反馈,我发现三年级的学生普遍对中秋文化感兴趣,但是对中秋的历史背景、文化风俗等不太熟悉。因此,我在设计作业时首先考虑美术学科的学科特点,主动融合教材中的内容,进行创新整合,遵循学科体系和

学习逻辑；其次，还要考虑不同学生的学情差异和兴趣点的不同，构建差异化作业形式，让每个学生都能找到自己感兴趣的创作形式；最后，搭建作业分享交流平台，体现学科的开放性。三年级教材中已经有了关于面塑、色彩、传统文化等知识的学习，学生通过完成本次主题作业，可以将知识和技法的学习融入体验式作业之中，有助于激发学生探究学习的兴趣。

2. 围绕主题，创设情境，设计多元作业

学生的学习应当是一个生动活泼、主动和富有个性的过程。动手实践、自主探索、合作交流是艺术学习的重要方式。教师可以利用生活中各种场景进行体验式作业设计，让知识在体验的过程中构建起来。基于以上考虑，我围绕主题"我和中秋有个约会"进行了如下作业设计：

模块一：以小组合作为线，串起中秋文化知识之链。

结合中秋主题，我为每个自主学习小组准备了自主学习的资料，并鼓励学生在课余时间通过查找书籍、询问长辈等方式共同探讨，了解更多中秋的民俗传统和神话传说，小组中秋探究作业（六选一）：

（1）中秋之兔儿爷知多少？

（2）中秋之月饼的由来？月饼有多少种？

（3）中秋之神话传说？

（4）中秋之历史背景、文化由来？

（5）中秋之月文化？

（6）中秋之民俗活动有哪些？

探究作业完成后，学生进行了班级分享，这样的探究式学习，激发了学生的学习热情；也让学生对于中秋节的内涵有了非常深入的了解，激发了学生进一步学习体验的兴趣。

模块二：以生活体验为源，探究中秋文化之趣。

在小组合作探究的基础上，我设计了多个艺术体验作业模块，每一个作业模块都对应一个中秋文化知识，通过为学生创设文化情境，学生尝试将课上学到的知识用艺术的方式应用于生活场景之中，通过体验和真实的感悟发现中秋文化的魅力，体会中国传统手工艺的博大精深。

创设情境1:《彩绘中秋——认识老北京兔儿爷》。

同学们,你知道兔儿爷吗?兔儿爷是最具代表性的北京非物质文化遗产之一,每逢中秋节,北京城里的百姓都会供奉"兔儿爷",人们把"兔儿爷"雕成金盔金甲的武士,有的骑着狮、象,有的背插纸旗或纸伞,或坐或立,讨人喜欢。相传,兔儿爷还是老北京的守护神呢!

请你利用课上学习的关于配色的知识来探究一下兔儿爷的形象特点,为兔儿爷的白模上色,可以适当装饰吉祥图案,和同学们比一比,看看谁的兔儿爷更加威武吧。

创设情境2:《共话中秋——和家人一起做月饼》。

俗话说:八月十五月正圆,中秋月饼香又甜。中秋节有吃月饼、馈赠月饼的风俗,且月饼有"团圆"的象征意义。当然,月饼的种类也十分丰富,同学们,请你用彩泥制作一款新颖别致的创意月饼吧,把它送给你的家人朋友吧!

运用课上学习的面塑技法——搓、拔、压、剪、链珠、拧等,和家人一起在中秋月圆之际一起制作创意月饼,可以采用书本24页上的压、揉、刻、捏、按等技法装饰一个月饼托盘吧!将制作好的月饼分享给家人,再为家人们讲讲关于月饼的传说吧!

创设情境3:《共创中秋——连环画:新嫦娥奔月》。

同学们,嫦娥奔月的故事相信大家都不陌生。随着科学技术日新月异的发展,我们已经有多位宇航员成功奔向太空啦,我们还有了天宫空间站和"玉兔号"月球车。如果在现代社会,嫦娥奔月会有什么新奇好玩的故事发生呢?嫦娥在月亮上还会孤单吗?请你创作连环画《新嫦娥奔月》,讲述一下你认为有趣的故事吧!

请结合书本上的《故事乐园》《学画连环画》两课的内容,创作一个连环画,可以独立完成,也可以小组合作,注意故事的连贯性和完整性,完成后可以装订成册,在我们的中秋特别展上分享给同学们吧!

3.展示评价,交流共享,构建展示平台

结合本次中秋主题体验式作业,学生在生活中体验和传承民俗,用绘画、泥塑、彩绘等多种形式，制作了不同的中秋主题艺术作品，并策划了班级"我和中秋有个约会"主题展，展览让每个学生都有了一个展示和交流自己艺术创意的平台，也让中秋佳节走进了学生的生活中。

三、教学反思

在作业设计的过程中，学生先进行小组探究合作，了解中秋文化背景知识，搭建学习支架，从每一个小主题作品中去深入挖掘其背后的文化内涵、精神内涵、育人因素，通过融入中秋文化的丰富内涵，让作业更加有助于学生在参与中形成健康的审美意趣，涵养人文精神。

在作业内容的组织上，我充分考虑学生的实际认知水平和认知规律，通过多个体验模块，让作业设计更有趣味性和连贯性。将艺术实践主题建立在文化背景之上，学生在体验的同时对于文化有了更加深入的理解。丰富多样而又充满趣味的创作让学生们发现了艺术的更多可能性，也展现了学科的育人价值。

从学生的作业成果来看，体验式作业聚焦于学生的亲身参与和真实体验，为学生提供了自由发展的空间，给予了创新的机会。本次主题作业是以中秋文化为核心要素，运用更加多元的作业实践形式，选择适合的内容主题，打破美术欣赏课、手工课、创意课、绘画课的边界，提高了学生的参与度和作业的实效性，促进了学生综合素质的发展。

PART 5

第五章

开放式作业设计

作业是课堂教学的必要手段和重要环节，相比内容固定、形式单一的传统作业，开放式作业能够激发学生学习的主动性和创造性，更好地提高作业的效能。开放式作业在充分尊重学生兴趣爱好的基础上，既有明确的学习目标，又能满足学生现有不同水平的实践情境；既调动了学生参与的积极性，也让学生动脑思考、用心体验，把学生置于动态的、多元的、开放式的学习环境中，为学生提供自由的学习空间，让学生在完成作业的过程中体验生活，融入社会，获得更多有价值的思考，从而提升学生的能力、品格、境界、价值观。

本章重点分析开放式作业在"双减"背景下的有效实施措施，阅读本章，您可以看到不同学段的语文教师基于二十四节气、传统文化等主题设计的开放式作业；可以看到数学老师通过丈量操场和制作鸟窝激发学生对数学概念的理解；可以和英语老师一起制作年度纪念册；和历史老师一起"穿越历史时空"；和道德与法治老师一起捍卫国家利益；还能体验跨学科的开放设计，一起"投沙包""过法定节假日""过花朝节"。相信每一个案例都将给您带来全新的设计角度与思考。

基于中国二十四节气的小学低年级语文开放式作业设计

北京市育英学校　赵娜

一、作业设计缘起

2021年9月，教育部颁布"双减"政策，我们努力在保证教学质量的同时减轻学生过重的课业负担，让作业实现"基础+"的育人效果，促进学生思维发展，培养学生学科核心素养。中国的二十四节气涵盖多学科知识，我们依托学校育·英课程体系，立足语文学科"基础课程+阅读课程+活动课程"的育人模式，贯彻"一二年级不留书面家庭作业"的指示，在低年级开发了具有开放性和整合性特点的"二十四节气课程"。教师在阅读课带领学生阅读绘本，在了解节气知识和识字的过程中激发学生的探究兴趣。同时，利用课后服务开展节气趣味活动，借助四季变化开展校内外综合实践。开放性的学习体验打通了课内外的学习路径，全面促进了学生的发展。

二、设计与实施过程

1. 课程内容的编排设计

低年级语文教材的人文主题围绕"人与自然""人与社会""人与自我"，目的在于初步培养学生观察、感知自然和社会的能力，丰富的二十四节气文化包含了文学、数学、地理、天文、民俗文化等多方面的知识，是很好的综合性的课程资源，正好与之契合。

根据低年级语文学科的阅读需要，我们率先推荐了《二十四节气》阅读绘本，依托部编版语文教材"和大人一起读"栏目，主张孩子在大人的陪伴下进行无压力的阅读。通过开展"亲子阅读"培训，引导家长和孩子一起读书，鼓励朗读，引导孩子想象画面、感受文字。

推荐阅读绘本的同时，语文教师立足阅读课程设计阅读框架，将二十四节气打造成24节阅读课，每节课包括五个环节：（1）了解节气物候；（2）讲述节气故事；（3）朗诵节气诗歌；（4）精讲节气汉字；（5）体验节气活动。学生在学习中国传统文化的同时，通过阅读巩固识字方法，拓展识字量。不仅如此，围绕节气主题，我们还从节气诗词和民谚俗语中收获启发，挖掘语文元素，开发了二十四节气诗词诵读课，利用早读、课前两分钟及课后托管时间，教学生读一读、背一背，帮助学生积蓄文化底蕴。

在课程实施中，学校给予大力支持，在语文阅读课和课后服务课落实二十四节气课程内容。其中，语文阅读课上以读、认、背为主，了解节气物候，阅读节气故事，诵读节气古诗谚语。课后服务课以动手操作的活动为主，带领学生体验感知节气的趣味性。

2. 学习任务的设计

立足课堂，如何在低年级节气课程中设计好学习任务，实现减负增效，提高学生课堂学习效率呢？考虑到低年级学生的学习特点——有意注意的时间短，从玩耍向学习转变，从直观思维向抽象思维发展，因此，我们将二十四节气课程的阅读讲授时间设置为20分钟左右，剩下的20～30分钟，作业设计多为背诵、动手操作、自主设计等。通过背一背、读一读、听一听、唱一唱、做一做、画一画、演一演、想一想、摆一摆等综合活动激发学生的学习兴趣，全力践行教育部减负要求，作业在校内课内完成并呈现。

以"梨花风起正清明"开放式阅读作业设计为例：课堂上阅读绘本《二十四节气》等，并和小组同学合作介绍了解到的一个清明节气的小知识，具体呈现见下表。

序　号	预设阅读汇报主题	预设汇报具体内容	
1	节气特点及物候	（1）清明是二十四节气中的第五个节气。	
		（2）清明节大自然的变化：一候桐始华；二候田鼠化为鴽；三候虹始见。	
		（3）清明花信风：桐花、麦花、柳花。	
2	节气农谚	清明节气农耕谚语：清明断雪，谷雨断霜；过了"寒食"，还冷十日。清明前后，种瓜点豆；植树造林，莫过清明。	
3	节气趣谈	清明是节气，也是中国传统节日，和春节、中秋节、端午节并称中国四大传统节日。清明节融合了上巳节和寒食节的风俗传统，有吃青团、放风筝、祭拜先人的习俗。	
4	节气诗词	清明 （唐）杜牧 清明时节雨纷纷， 路上行人欲断魂。 借问酒家何处有， 牧童遥指杏花村。	村居 （清）高鼎 草长莺飞二月天， 拂堤杨柳醉春烟。 儿童散学归来早， 忙趁东风放纸鸢。
		……	
5	在节气中认识的一个汉字	鸢、筝、桐、鼠、虹……	

在拓展"和大人一起读"的阅读课程过程中，我们落实了二十四节气的基本知识，又结合二十四节气体现出来的四季变化特点，借力不同方面开发了四季课程，融入亲子互动类活动，开放性的作业，鼓励学生依据兴趣特长有选择地自愿参与，丰富课余生活。以"有趣的春天——和小伙伴一起放风筝"的春季综合活动为例：春季的一个周末，我们给学生留了"周末和父母踏青放风筝"的家庭作业，在学生完成这个作业之前，年级不同学科在课堂上完成了不同的学习指导，如下表所示。

序 号	校内指导学科	任 务	认知工具	学习组织方式
1	语文	了解史上最美的放风筝的古诗 阅读制作风筝的说明 给自己的风筝起名字	网络视频 文字说明	合作学习
2	数学	常见风筝图形	不同图形 及组合	个体探究 小组合作
3	课后服务	用下发的材料制作一个 三角形的风筝	制作视频	自主探究
4	美术	绘制风筝图案 学习教室和楼道的环境布置	彩笔的使用	自主学习
5	体育	在操场学习放风筝	网络视频	小组合作

三、教学反思

减负是减去学生不必要的学习负担，减负不能降低教学的质量。为了实现这个目标，在设计二十四节气课程作业时，我们是基于"课程"视角进行的作业设计。依托我校育·英课程中语文4+2课程体系，寻找部编版语文教材中的"和大人一起读"的结合点，编辑适合低年级学生的二十四节气阅读资料，并围绕二十四节气阅读课程开展课内课外作业设计。

在设计作业的过程中，我们重新思考定义作业的目的。作业除了实现练习巩固的目的外，还应该具有开放性、整合性、探究性的特点，是为发展学生思维而设计的，是以实现育人目标而设计的。二十四节气作业在传承中华文化的基础上，更具有趣味性、互动性、开放性和综合性，比较符合低年级学生的年龄特点和学习特点，学生易于接受。作业的开发、实施、评价是一个完整的整体，对学生二十四节气课程作业的评价主要考虑这三方面：（1）节气阅读拓展的识字展示；（2）节气阅读积累背诵的谚语、古诗、节气物候变化；（3）参与的节气综合展示活动。学生在参与中提升了自身的学习能力。

短故事，长作业

北京市海淀区中关村第四小学　刘佳

一、作业设计缘起

"双减"政策对于语文作业设计提出了新要求——不得布置机械重复、惩罚性作业。作业是课堂教学的有效延伸，学生通过作业巩固相关知识、锻炼相应能力；教师通过作业了解学生知识掌握情况，发现问题，指导下一步的教学。作业的设计是联结教与学的桥梁，在教学中发挥着至关重要的作用。我发现随着年级升高，学生对语文作业的积极态度明显下降，完成作业的质量也不如从前。究其原因，主要是传统语文作业内容枯燥、形式单一，学生厌倦机械式的重复，大量的抄写也加重了学生的负担。针对这一问题，我尝试运用单元整合的方式进行作业设计，发挥作业诊断、巩固、分析学情等功能，系统设计符合学生年龄特点和学习规律、体现"双减"政策导向的开放性作业，让学生乐于接受，易于习得。

二、设计与实施过程

以部编版小学语文五年级上册第三单元为例，该单元以"民间故事，口耳相传的经典，老百姓智慧的结晶"为主题，编排了精读课文《猎人海力布》《牛郎织女（一）》和略读课文《牛郎织女（二）》。在这两个世代相传的民间故事中，主人公都是普通的劳动者，故事情节蕴含着丰富的想象，充满浪漫色彩，表达了劳动人民对幸福美好生活的期盼与追求。该单元的"口语交际"旨在通过"讲民间故事"这一主题,加深学生对课文的理解和掌握,同时提高学生的口语表达能力,培养学生对民间故事的审美情趣,在听故事中感受故事内容的熏陶和教育。该单元"习作"则要求学生在读懂故事内容的基础上,大胆联想和想象,将自己独特的想法与人分享。

那么,如何才能激发学生的阅读兴趣,并在课外阅读民间故事的同时,培养其缩写和创造性复述的能力?如何让学生有效掌握本单元核心读写能力的同时,实现"体验阅读民间故事经典的快乐"这一人文主题呢?主阵地当然是在课堂上,但阅读核心能力的教育培养是开放的,需要在开放的环境里和开放的方式下反复感知、体验、比较、内化,才能成为自身选择的行为。所以,教师除了课堂上对文本的解读及相机拓展与激发外,还可尝试通过设计"眼观""口说""手动""心悟"等不同形式的课外作业,让学生有更多的时间、更大的空间,用更灵活的方式去感知民间故事的人文世界,感受缩写故事和创意复述故事带来的不同阅读感受,在"精读""略读"和"课外阅读"三位一体的阅读体系下,提升学生思维提炼、概括能力,实现"人文主题"与"语文要素"双线合一的教育目标。具体来说,可从以下几方面进行开放式作业设计。

1. 快乐专享阅读

民间故事以口头传播,语言表达通俗易懂,阅读难度并不大;加之其情节夸张、充满幻想,容易吸引读者的注意力。另外,得到历代传承的故事内容本身具备典型性和审美价值,学生非常喜欢阅读。因此,我在授课前两周,就为学生们布置了弹性作业——"十三天快乐专享阅读"(后文简称"快乐专享阅读"),让学生在阅读学习单的帮助下,每天进行10分钟有目标的阅读训练,积累阅读素材。

2. 鱼骨思维导图

缩写训练的能力指标对应"摘录、删减、改写和概括"。因此,在课堂学习缩写《猎人海力布》和《牛郎织女》的训练基础上,我引导学生从"快乐专享阅读"的若干篇民间故事中任意挑选一篇,进行实践训练。学生运用在原文圈画重点核心情节、批注修改表达方式以及添加必要连接语等缩写技巧,提炼关键词句，绘制成思维导图，将其概括故事内容的思维过程可视化。

3. 准备民间故事会

毋庸置疑，"讲故事、表演故事"在语文课堂学习活动中一直深受学生喜爱。这一类课堂活动在充分调动学生积极性的同时，也要求学生在前面的学习和作业中有充分、扎实的学习效果。为了使活动最大程度地促进学生的能力发展，教师必然要给学生留出充分准备的时间，安排对应的作业，逐步达成目标。在打破单调、重复性作业的同时，为学生设计丰富、多元、有趣的作业。

作业的设置，除了巩固知识之外，更重要的是激发学生的学习兴趣，帮助学生养成良好的学习习惯。"龙生九子，各有不同"，学生之间的个体差异是客观存在的，教师在布置开放性作业时，要充分尊重学生的个体差异，设置分层作业，为不同层次的学生设置不同难度的作业任务和目标。比如，民间故事作业的呈现方式可以是班级分享，也可以是在家里录制视频。如此一来，学生可以根据自己的能力、喜好，选择最适合自己的作业。

部编版语文五年级上册第三单元作业设计思路如下表所示：

项 目	积 累	识字写字	缩 写	复 述
作业活动	依据学习单，阅读课外民间故事	阅读课文、重点字词练写、基本信息提炼	圈画、批注、思维导图	民间故事会
能力指向	体会民间故事的特点，感受阅读民间故事的快乐	基础知识掌握	摘录、删减、改写、概括	找到创造生发点，大胆想象
指导标准	阅读教材指定书目	课堂听写、课堂讨论反馈	内容完整、情节连贯、语句通顺	尊重故事内容、价值取向、"语、动、心、神、外"的描写、动作搭配、声音洪亮等
对应课题	快乐读书吧	猎人海力布 牛郎织女（一）	牛郎织女（二）语文园地	口语交际
作业类别	弹性、开放类	基础、必做类	分层、开放类	分层、开放类

三、教学反思

吴一弯在《"辩证与平衡":"双减"政策下的新型作业观》中提到,在"减"与"加"的辩证中寻求作业"质"与"量"的平衡。整合单元教学能力要点,能够在保证教学质量的基础上减少作业量,提高作业效率。与此同时,能减少"短作业"的碎片化时间,以"长作业"的形式引导学生厘清语文概括和创造性复述的思维能力提升主线,提高学生对知识的综合把握与运用能力。本单元的"长作业"是指学生需要一段较长时间才能完成的开放式作业活动。长作业就是围绕民间故事概括、复述的纵向联系以及横向推广研究。

学生非常喜爱完成这一系列作业,但在实践操作中对教师提出了很高的要求:需要对每一篇课外阅读内容把握,并依据学生的概括或者创造性复述评价反馈。因此,在作业精简提质的同时,对教师的专业要求也提出了挑战。唯有如此,才能真正让更科学的理念和更具创造性的思维推动"双减"政策下的作业改革:让高质量的作业承载"减负增效"的教改需求;让学生享受高质量、高效率的学习过程。

校园文化行

北京市育英学校　潘啊媛

一、作业设计缘起

《义务教育语文课程标准（2022年版）》对第三学段（5—6年级）和第四学段（7—9年级）的学习目标要求有了质的飞跃。在"双减"背景下，同时兼顾提升学生素养和中考选拔机制的要求，做好小初衔接，推动语文学科学习的自然过渡，激发学生对初中学段语文学习的兴趣是六年级语文教学初始阶段所面临的挑战。以提升课程核心素养为目标，关联真实情境，根据学生的兴趣爱好和不同层次需求的作业探索与创新，将有利于这一问题的解决。

在探索中，我发现北京育英学校的校园文化就是最生动的教学资源。育英学校集传统文化与红色精神于一身，非常适合在融合语文学科素养的基础上发挥育人功能。学生已经在校园内生活了五年，他们对校园已经非常熟悉，但不同的学生对校园文化的感受是不同的，因此根据学生的兴趣爱好、需求、能力设计开放式作业是较为合适的。

二、设计与实施过程

1. 了解学情，研读校园文化，设定作业目标

文化的浸润是由外而内、由物质外延到精神内核层层深入的，是学生逐层吸收与内化的过程。我对班级45位学生展开了兴趣爱好问卷调查，据统计，60%的学生对美术感兴趣，其中超过一半的学生曾接受过专业训练；20%的学

生对书法感兴趣并接受过专业训练；6名学生是学校合唱团成员，8人是学校管乐团成员，近一半学生有过乐器训练的经历，对音乐有浓厚的兴趣。

结合学生的兴趣爱好与年龄特征，我将校园文化资源进行整合，创设真实情境，设计了为期一学年的"校园文化行"开放式作业。本作业分为四个模块——品读校园环境文化、撰写育英音乐剧剧本、为西翠国学书院额枋设计诗配画、撰写育英故事，分别对应语言基础运用与中国传统文化、写作素材积累、诗歌鉴赏、写作素材提炼成文四个教学目标，以此将语文学科的核心素养融合在校园文化中。同时，调动学生多方面的特长，在作业活动中增强合作能力与团队意识。

2. 创设真实情境，设计进阶活动

真实的情境有利于将学生的生命成长体验与学习活动相结合，以便更好地融入学科素养，提高学生运用学科知识与思维解决问题的能力。真实情境设计如下。

情境一：请以"育英小当家"的身份融合中国传统文化向游客介绍育英校园，重点推介校园书法墙、问道路、乐乐亭等，并撰写导游词或制作育英导游折页。

可选：

（1）运用问道路上的成语解读育英文化；

（2）融合育英精神，创作不同书体的书法作品；

（3）在校园中选择一处景点，为该处撰写对联。

情境二：六年级即将开展音乐剧展示活动，请同学们游览校史馆，搜集史料，合作创作三至四幕育英学校音乐剧剧本，在音乐节时展演。

情境三：育英学校西翠国学书院的额枋彩画有7处空白，请通过诗配画的形式填补这些空白，并在"校长有约"中提出建议。

情境四：又是一年毕业季，相信每一个育英人都有属于自己的育英故事。请采访与育英学校有关的人和事，完成一篇采访稿，讲述一个育英故事。

四个活动从校园环境文化出发，到系统感知学校历史，再到为校园文化建设献言献策，最终上升为校园内核文化与精神象征，层层深入，激发学生不断思考，通过不同的学习方式深入探究。这些真实性的问题激发了学生的兴趣与参与热情，同时锻炼了学生的观察能力、人际沟通能力、统筹策划能力、团队合作能力以及领导力。

3. 搭建学习支架，助力学生成长

为更好地融合学科知识，培养学生学科素养，帮助学生解决问题，这次作业也给学生提供了相关的学习支架：

在情境一中，引导学生查找资料，了解书体发展的历史，分析不同书体的特征；通过梳理校园对联，分析不同场合下不同的对联内容与特征。在情境二中，引导学生理解历史故事与剧本素材之间的关系，促使学生思考在文学作品创作中素材取舍的问题。在情境三中，为学生搭建诗歌鉴赏中"诗中有画，画中有诗"以及诗歌意象的知识支架，促使学生思考构图细节与诗画结合之间的关系。在情境四中，和学生共同勾画从采访素材到写作成文的思维导图。

学习支架的建立有利于帮助学生穿越最近发展区，引导学生更好地解决真实情境中的问题，促使学生获得进一步独立自主学习的能力。

4. 分享学习成果，共赢共成长

一学年过去了，学生收获满满，不仅学习到了语文知识，提升了学科素养，还留下了班级共同的美好回忆，助力学校、班级文化建设。

学生为"掇英园"设计的珍惜时间的对联"愿未遂旭日东升来去匆匆 梦有终落月西斜荣枯无声"悬挂在班级内，提醒同学们学会时间管理。

在组织撰写剧本后，学生们在班级内开展剧本评比活动，他们取长补短，几易其稿，终于完成满意的作品。在音乐老师的帮助下，几乎全员参与了台前幕后工作，最终将《育英育英我爱你》三幕音乐剧搬上舞台，并获得了"最佳演绎奖"。

学生对为国学书院额枋彩画诗配画的活动很感兴趣，自发撰写了"征集稿"，将此项活动推广至全年级，吸引更多同学参与进来。宣传委员带上同学们设计的作品参加了当月的"校长有约"，为校园建设建言献策，得到了学校的关注，提升了班级在学校的存在感，增强了学生的自信心。

在布置了采访任务之后,学生的行动力和采访思路着实让我吃惊,他们分工明确,确定采访对象、拟写采访提纲、记录采访过程,很快,与育英有关的故事接踵而至。学生们和我分享着采访的趣事儿,同时也积累着写作素材。在采访中,他们也切实感受到了学校的变化,很多学生都提到了学校对学生不遗余力地培养,以及育英精神与红色传统,落实了以德树人的目标,培养了学生们的感恩精神和爱校情怀。

三、教学反思

开放式作业设计更加注重作业设计的整体性、真实性和情境性,结合学生年龄特征,关注学生心理需求,因材施教,以任务为驱动,以问题解决为导向,结合学生兴趣爱好,尊重学生的认知规律,这在激发学生兴趣、关联学生生命成长方面起到的作用是不可估量的。开放式作业给学生提供自主发展与选择的平台,注重推动学生的自主学习和探究,更加关注学生在学习中的主体地位,师生之间、生生之间的良性互动有助于营造良好的班级氛围。

开放式作业设计对教师提出了更高的要求,在未来的设计中,还要就作业成果设计出配套的评价方案,这样,学生的收获将会更加可视化。教师只有不断完善、充实自己的知识结构,综合整合资源,更好地了解学情,才能设计出更好的开放式作业。

搭建开放作业平台，感受传统文化魅力

北京市密云区第六中学　吴振华

一、作业设计缘起

"双减"政策明确指出："全面压减作业总量和时长，减轻学生过重作业负担"，"初中书面作业平均完成时间不超过 90 分钟"，"鼓励布置分层、弹性和个性化作业"。"双减"背景下，作业如何布置才更加科学合理呢？我们设计的开放性作业——"庆祝建党 100 周年对联大赛"就在这方面做了有益的尝试。

欣赏书法、拟写对联是近年来北京市语文中考的高频考点，也是许多学生的学习难点。而传统的春联形式既具有对联的讲究对仗、平仄，寄情抒怀的特点，又将书法艺术与诗词艺术有机融为一体，为帮助学生突破书法、对联这两个学习难点提供了最佳的媒介。因此，我们设计并开展了八年级"青春向党　书写辉煌"为主题的对联大赛。

二、设计与实施过程

1. 作业的策划和准备

在与语文教研组教师协商后，我们制订了具体活动方案。活动分为"班内征联、班级摆擂、年级攻擂、评选表彰、装裱展示"五个阶段。

本次活动得到了学校领导的大力支持。根据比赛需要，学校总务处购买了毛笔、墨汁、对联纸和一些物质奖品。

活动前，我们通过调查，统计各班具有软笔书法特长的同学，承担对联书写任务。各班班主任负责组织学生进行班内征联、设擂和打擂。

2. 班内征联

方案要求以班为单位，面向全体学生征集对联，每班每个人都要提供一副自己满意的对联。具体要求如下：

（1）对联内容要积极向上，充满正能量，可以表达自己的理想目标、兴趣爱好，也可彰显家庭学校的变化、个人的成长进步，还可以反映祖国飞速发展取得的光辉成就。

（2）对联可以自己独立创作，也可求助父母，或与同学合作。

（3）班主任组织学生评选出 10 副好对联用来设擂。

征联过程中，学生广泛阅读党史（英雄）故事、红色诗歌（家书）、红色经典……在对联中讴歌党的光辉历史，赞美祖国的飞速发展，彰显社会主义的伟大成就，表达对祖国的美好祝愿，抒发对党、对国家、对家乡的热爱之情。

3. 班级摆擂

本环节分为"书写对联""班级摆擂"两个部分。

（1）书写对联。

各班推选出具有书法功底的同学若干名，用毛笔在春联纸上写出上联或下联，或上下联的一部分。本环节统一在书法教室进行。

（2）班级摆擂。

各班学生将书写好的上下联张贴在教室外墙上，摆出擂台。

4. 年级攻擂

（1）班级抽签。

为了增强比赛的公平性和趣味性，各班班长通过抽签决定攻擂的对手班级，每个班既是设擂班级又是攻擂班级。

（2）年级攻擂。

攻擂时间为 90 分钟。攻擂班级将对手班设擂的春联张贴在本班黑板上，全班由班长组织同学按照对联的知识"对对子"，达成共识后由专人记录下来，最后由有书法特长的同学将对出的"攻擂联"补写完整。10 副对联全部完成后，张贴在本班外墙上。

比赛过程中，禁止使用电子产品，每班派两名观察员到对手班进行监督，记录攻擂用时，并通报给评委老师，评委由语文教研组七位教师担任。

5. 评选表彰

（1）年级评选。

攻擂结束，评委教师赴各班进行实地评选。具体评选标准如下。

①攻擂成功标准：评委依据对联基本知识进行评审，凡"攻擂联"结构严谨、对仗工整、立意深远即可评为"佳对"。攻擂班级"佳对数"凡是超过 60%（即不少于 6 副），则视为攻擂成功。

②原创佳联标准：评委老师对各班征联进行第二次评选，评选标准为内容积极向上、主题明确突出、结构规范严谨。

经过评委的认真评选，八个班级攻擂成功，19 人荣获原创佳联一等奖，45 人分获二、三等奖。

（2）总结表彰及装裱展示。

在活动结束后，我们对本次活动进行了总结，然后由校领导和教师代表为获奖班级和学生颁奖。最后，各班学生代表将本班创作的佳联赠送给学校领导、老师和兄弟班级。评选结束后，我们又从获奖作品中精选了 60 副佳对，组织全年级有书法特长的学生再次书写；然后优中选优，委托广告公司进行装裱。10 月中旬，我们将装裱好的对联悬挂在正德楼二层、三层楼道和展厅中进行展示。

三、教学反思

此次活动之后，各班掀起了学习书法的热潮，书法水平高的同学自觉承担辅导同学的任务，促进了八年级学生整体书写水平的提高。期末考试前，很多班级将对联与书法教学的课堂搬到了展厅当中，学生边分析边欣赏，直观又深刻，加深了对传统文化知识的理解和掌握。期末考试成绩显示，整个年级学生的书法、对联试题的正确率比七年级期末提高了近20%，语文成绩明显提升。

本次活动立足于"庆祝中国共产党建党100周年"这一大的时代背景，将书法、对联教学与德育活动有机融合，拓展了教学空间。学生在征联、设擂的过程中增进了对书法、对联知识的理解，亲身感受到了其审美价值和文化魅力，激发了自身对传统文化的热爱，增强了自身的文化自信心。在攻擂、书写对联的过程中，学生共同分析、比较、欣赏、评价、团结合作、献计献策，不仅展现了聪明才智和精彩才艺，而且培养了发现美、欣赏美、创造美的能力，提高了"批判质疑"的科学精神和审美素养。

开放设计提升思维

北京市育英学校　马晓瑾

一、作业设计缘起

促进思维发展是数学学科的核心使命，也是落实核心素养的关键所在，作业是实现数学学科培养学生思维的重要载体。"双减"政策要求减轻学生的学业负担，尽量避免出现单调、封闭、重复性的作业，作业设计要符合学生的年龄特点，既要面向全体，又要兼顾个体差异。

以"周长"单元为例。理解周长的实际含义，探索掌握周长的计算方法，解决生活中的实际问题，激发探究欲望，是本单元的学习目标。但"周长"和"面积"的概念对于小学生来说经常混淆，以往通常是设计反复操练和机械识记的规定性作业来突破的，这无疑禁锢了学生的思维发展。如何改革作业设计促进学生思维发展已经成为不可回避的瓶颈问题。

二、设计与实施过程

1."开放的情境"助力学生在"问题背景下"自主思考

数学源于生活，在生活中寻找数学原型易于激发学生的学习兴趣。数学存在于生活的角角落落，学生的学习应当是一个生动活泼、主动和富有个性的过程。动手实践、自主探索、合作交流是学习数学的重要方式。教师可以利用生活素材设计多种形式的开放性作业，课内外相结合，促进知识向能力转化，提升学习效果。在学生认识了"什么是周长"之后，教师结合校园素材设计了如下作业：

本学期，育英学校小动物园又迎来了几只孔雀，动物园的动物都有了自己温暖的家，树林里还有一些小鸟还没有自己的家呢，你能结合周长的知识给小鸟做个家吗？

做前思考：用到哪些材料？用多少？设计成什么样的？
做中思考：用到了哪些数学知识和方法？写一写。
做后反思：怎样能快速解决制作鸟窝的过程中产生的数学问题？
时间安排：两周内完成。

中午的快乐午间，很多学生奔向了学校的"世纪之林"，捡来了树枝和树叶，打算用这些材料给小鸟搭建一个家。随后的几天，学生陆续带来了设计的作品，有的用小木棍搭建，有的亲自动手锯木板进行拼接，还有的用上了塑料布、吸管、坏掉的足球……

教师用实践的眼光处理教材，用开放的问题设计作业，使学生切实感受到数学与生活、数学与情感息息相关，才能激发学生发挥想象力和创造力，引发学生更深一步的探究和思考。

2."多样的策略"助力学生在"联系对比中"深化思考

从学生角度来说，每个学生的生活背景、学习经验、智力水平和思维能力等方面都存在差异，如果教师用一把尺子衡量所有学生的发展，势必会给一些学生带来伤害。因此，教师在审视学生作业时，要树立全新的学生观，用发展的眼光看待学生，促进学生的发展。在进行作业交流的过程中，我们发现每个学生的作业都展现了不同的思维方式。

生1：这个鸟窝需要125厘米的树枝，我把树枝锯成每段5厘米的小树枝，再用5根小树枝粘成一块小木板，一共粘成了5块小木板，把5块小木板围起来就是一个鸟窝了。由此我想到了以下数学问题。

问题1：这根大树枝平均分成几段？需要切几刀？切一刀用2分钟，切完要用多少分钟？

问题2：用5根小树枝粘成一块小木板，小木板的长一定是5厘米，宽是几厘米？怎样测量？

问题3：用5根小树枝围成一个五边形，这个五边形的周长是多少厘米？5个五边形的周长是多少厘米？

还有的学生整合了其他学科的内容完成这份作业。

生2：我用纸板做了一个鸟窝，我先量出每块纸板的长和宽，再用胶带将纸板围成一个没有盖子的长方体。然后撒一些干燥的树叶，干树叶柔软又保暖。最后放上5克小米，小米颗粒小，便于小鸟吞咽。

教师在布置开放性实践作业时，充分考虑到学生的差异性，让学生有更多机会进行选择，并根据自身实际情况用不同的方法完成。学生根据自己的完成情况开拓思维，体会作业的知识性、趣味性和创新性，切实提升作业的实效。

3."过程的反思"助力学生在"联想迁移中"持续思考

作业是帮助学生学习的一种重要形式，学生通过完成作业，能够对课堂学习中学到的知识技能进行再次巩固和拓展，在实际生活中应用。学生完成的效果反映出学生当前的思维水平，作业完成之后可以将学生作业进行重整再造，变成新的学习素材，使学生在反思和联想中再次发展思维能力。

在整理学生作业时，我发现有学生用纸箱完成了鸟窝的制作。鸟窝的屋顶用两个同样大小的长方形搭成了陡坡状的立体图形。在进行作业反馈时，学生提到：屋顶的周长是多少厘米？

生1：测量屋顶每条边的边长，再将边长相加就是周长。

生2：测量每个长方形的周长，再把两个周长相加，最后减去公共边，得到的就是屋顶的周长。

生3：通过想象将屋顶压平变成一个新的长方形，测量这个新的长方形的周长就可以了。

学生在对以上方法的讨论、思辨、对比中渐渐对周长的概念有了深入的理解，对立体图形和平面图形的转化也有了新的认识，"联想迁移"的种子在学生的心里也渐渐扎下了根。正是因为有了教师对作业进行再次整合，给学生提供思考的素材和空间，引导激发学生再次反思作业过程，使学生在反思、联想中促进认知结构的重组，推动思维走向深入。

三、教学反思

"思维发展"作为数学教育的目标，贯穿在整个教学活动中，看似漫不经心，实则需要教师对每个环节进行精心的设计。开放性作业设计之初要求教师要对教材进行再次处理。教师充分挖掘与所学内容相关的知识，提供开放的素材，在开放的作业中聚焦新的探究点，促进学生进行探究、抽象、总结，提高思维水平；开放性作业要以学生发展为本，符合学生的年龄特点和身心发展规律。学生要能够从不同角度完成开放性作业，在轻松、愉悦的活动中获取知识、提升能力、陶冶性情。开放性作业是课堂教学的延续，通过完成开放性作业，学生再次经历知识的发生、发展、关联的过程，感悟数学本质，对思维品质的提升和个人发展是极其重要的。

操场面积齐测量，手绘地图各创想

北京市海淀区培英小学　张琦

一、作业设计缘起

落实"双减"政策，减负提质增效。北师大版五年级数学教材中有"公顷、平方千米"的认识，还有测量操场面积的实践活动。设计作业时，我让学生通过一次真实的场景沉浸体验，在测量操场面积的同时，感受公顷大小。由于我校操场是不规则图形，学生们借此还巩固了求组合图形面积的方法。那除了感受面积单位的大小，是否还有其他内容可以整合？如何发挥并利用已获得的经验成果进行拓展延伸？经过思考设计，结合"方向与位置"单元中确定位置的知识，我布置了绘制校园平面图的任务，让学生独立设计并绘制专属校园地图。设计成开放式作业，这样每个人就得到了一张与众不同的手绘地图。

二、设计与实施过程

1. 测量操场面积

在学习公顷与平方千米这两个大面积单位时，课本上有两道习题内容与学校操场有关。第一题是让学生到学校操场上实际走一走，与同伴交流 1 公顷大约有多大；另一题是让学生想办法测量学校操场的面积大约是多少平方米，合多少公顷的实践活动。面对这样大的面积单位，我发现尽管经过课堂概念生成、类比、想象等多种方式学习，以及单位面积的累加、换算等，学生还是因为缺乏亲身实践经验而无法准确理解实际大小，而且不太容易想象。因此，在面对这种情况时,最好的学习方式莫过于实践体验。

在学完本课后,我告知学生有机会上节室外活动课,并开始有计划地让他们自主结合,分小组设计操场测量方案,给两个星期时间进行方案设计与讨论修改。同时,引导学生思考需要考虑的问题:要想测量操场的面积,我们需要如何测量并计算?由于操场是组合图形,你打算测量从哪个位置到哪个位置的距离?准备使用哪种或哪几种方法?需要借助什么工具能够帮助你更好地进行测量?以及小组内成员如何分工和安排?在针对性指导后,让学生课后去充分讨论,设计出本组测量方案,及时调整优化,并指导绘制表格以便记录数据。

一个星期之后,审核各小组上交的方案计划,检查是否合理并提出改进建议。后续大家再用一个星期时间陆续修改调整,使计划具体明确、可操作、可执行。在某天数学实践课上,我带领全班同学上室外数学课,提前通知他们准备好需要使用的工具。学生分小组实践,教师巡视指导。在测量过程中,我发现他们的测量方法多种多样,同时用不同方法进行验证,力争使结果更加准确,减少误差。另外,测量工具也各有特色,比如红外线测距仪,可直接测出两点间距离。但是在使用过程中,学生发现如果有遮挡,会导致测量数据不准确。还有的学生带了30米长的户外卷尺,比普通家用米尺长很多,测量起来也更方便、快捷。还有小组带了粉笔,这样可以随时做标记。大家考虑问题很全面。

实践活动结束后,我让大家对本次测量进行了总结,对数据结果开展讨论。交流在活动中遇到的问题,以及是如何解决的,同时大家一起思考是否还有更好的解决方法。通过本次活动有哪些收获,可以怎样改进使结果更加精确。和学校体育老师与后勤人员联系后得到具体数据,经过小组真实测量数据与准确数据间的对比与近似,学生感受到公顷的实际大小。而这次留在他们脑海中的不再单单只是一个数据或者进率,而是一个生活化、具象化、有体验感受的理解与记忆。

2. 绘制校园地图

在后续"方向与位置"的学习中,我再次利用学生们此次活动积累的经验,结合教学内容布置了自主设计并绘制校园平面图的综合实践活动。在认识方向与距离对于确定位置作用的同时,进一步巩固确定位置的方法,感受方向与位置的实际应用。同时充分放手提供发挥创造机会,让他们自主选择校园内喜欢的地点,并以某个地点作为观测点,再以此确定其他地点的相对位置与方向,同时,还要给地图上所呈现的校园地点进行命名,制作完成独一无二的专属手绘版校园地图。这样一来,所有学生的作业就都不一样了,他们有自己的想法,也有不同确定位置的方法,还能展示自己的文学素养水平。

在收集上来的作品中,我惊喜地发现学生把普通而平凡的南楼和北楼命名成"天南楼"与"海北楼",听完瞬间觉得特别美!这是陪伴他们多年的基础建筑物,尽管随着年级增长在不断更换教室,但是无论换到哪里,都离不开这两栋主建筑物,学生们在其中学习与生活,汲取知识的养分,浇灌智慧之花。这命名中不仅融入了学生的深厚情感,也体现了他们对母校的眷恋。还有每逢深秋时节就变身的满叶金黄的银杏树,孩子们喜欢围坐在树下叽叽喳喳地聊天和玩耍。由于布置这项内容时,正值盛夏时节,叶子是绿色的。可当秋风一吹,仿佛开启了魔法,银杏树摇身一变,盛装金黄色长裙出席,风景煞是好看。在翩翩起舞时,向我们诉说:努力成长,静心忍耐,盛装以待,总有惊喜。一阵秋风,落叶纷纷,良辰美景就存在于美好的回忆当中,于是,学生们想出了"金色传说"这个名字。此外,小操场旁的几棵树,一到课间,就成了儿童乐园。树上会掉下很多小叶子,只要下课铃一响,学生们就飞奔到操场上,开始乐此不疲地捡树叶,然后拾起一大把抛向空中,看着它们像降落伞一样旋转盘旋,在空中划出优美的弧线,脸上洋溢起开心的笑容。有的学生画出这几棵树,并命名为"飞飞林"。这样优秀的作品数不胜数,在欣赏陶醉之余,我不禁感慨孩子的想象力和创造力真的是精彩无限!这些是他们热爱校园的美好体现,也是智慧思维的结晶。

三、教学反思

整合教材内容以提高作业设计水平与功能,需要教师熟悉各年级教学内容及重点、难点。通过精心设计活动,让学生真正参与其中,都能有所思、有所得。而哪些方式可以更好地积累活动经验,还需要我们继续探究。在实践中发现与预定方案不一致时，就要调整优化。我相信随着实践与思考的深入，经验会越来越丰富，解决问题的方式方法也会更多样、更灵活。另外，开放式作业的优势是每个人都有自由发挥的空间与尽情创造的舞台。世界是多元的，我们更应该给学生搭建这种平台，让他们都有充分展示自我的机会，因为大胆而丰富的想象力和无穷的创造力才是最宝贵的财富。

制作一本年度纪念册，讲"过去"的故事

北京市十一学校一分校　刘石岩

一、作业设计缘起

过去式的学习是英语学习中的重要内容，不仅帮助学生初步理解了英语时态上的纵向跨越，也为后续学习过去进行时等奠定了基础。语言的学习和运用离不开真实的生活场景，那么如何才能将学生生活与过去时相联系呢？人教版初中教材中涉及过去时的第一个单元的话题为游学旅行，而该授课年级恰好在此前参与了为期3天的游学，因此，一个结合真实游学经历设计单元整体教学的想法便应运而生了。游学经历看似类似，学生却有完全不同的情感体验。基于这种差异性，我们将开放式作业融入单元整体教学，通过整合涉及过去时的单元，帮助学生从个性化情感体验的角度出发，获取知识，提升能力与综合素养，实际运用过去时，感受学习过程和真实体验，从而实现语言功能性和人文性的学习目标。

二、设计与实施过程

1. 单元整体设计

人教版七年级英语中涉及过去时的单元分别为下册 U11 和 U12，话题为游学旅行和周末活动，隶属于"人与自我"主题语境，指向"认识自我，丰富自我，完善自我"和"个人、家庭、社区及学校生活"的主题意义。这两个单

元以"一般过去时"这一语言知识串联,为实现"讨论过往经历"的功能,分别聚焦了过往经历的不同方面,展现了中学生的日常学习和生活,为真实场景下的开放式作业奠定了基础。

基于对教材的分析和主题意义的挖掘,我们确定了"记录分享过往经历是丰富自我和积极生活的表现"的大概念,提出了"What's in our past?""How to record and share our past?""Why do we record and share our past?"的核心问题链,创设了"完成年度纪念册"的核心任务。围绕核心任务,学生们根据兴趣可以选择文案组或视频组,按照主题汇为游学旅行和周末体验两个章节,最终合编为一本班级年度纪念册进行展示和评价。

2. 课时作业设计

以单元第一部分,即游学旅行为例,其涉及单元前三个课时,旨在帮助学生初步感知一般过去时的用法和功能,正确使用该时态描述过去经历,表达情感、态度和价值观。因此,我们进行了如下课时作业的设计。

课时1(Listening & Speaking)作业:

根据课本中对话,制作 Carol、Eric、Jane、Tony 的日程表并复述日程计划,包含地点、时间、活动等信息。例如 Carol's school trip schedule:

Place	Time	Activities	Other information
On the farm	In the morning	She went for a walk and...	The weather was...

课时2(Reading)作业:

制作游学旅行自我评估表,判断影响因素的性质(主观或客观),回忆描述当时的应对方式,进行自我评估并陈述评价依据。文案组和视频组自选方式呈现。

Types of factors	Factors	How did you handle them?	Evaluation
Environmental	The strong wind	I wore a hat, so I wasn't affected by the wind that much...	Excellent / Good / To be improved
Personal			

课时 3（Reading & Writing）作业：

结合同伴建议，修改文字版初稿，制作游学日记（文案组）或播客（视频组）；评论他人游学日记。

（1）绘制情感变化曲线，修改文字版初稿，完成二稿（横坐标为时间线，纵坐标为心情感受）。

（2）选取摘抄 3～5 条你收到的评论。

3. 课时教学及作业实践

单元教学开始前，我们设置了前测，结果显示：学生在回答"影响你游学的因素有哪些"时，大多倾向于归因外界因素，如天气、活动、路程时长、队友等，而鲜少进行内归因，从自身角度考虑问题，寻找解决办法；在回答"游学对你的意义"时，答案也大多比较空泛和局限。因此，我们期待通过递进且环环相扣的作业，引导学生从梳理他人游学日常，到进行内归因客观反思自身游学体验，再到感悟游学旅行的价值和意义。

通过课时 1 的听力输入和操练，文案组的同学能够清晰明了地罗列几位主人公的日程表，视频组的同学录制了视频，配合符合语境的语气和音调，比较和评价了几位主人公的日程，因此，学生们初步掌握了"游学旅行"背景下的简单问答和活动罗列，但尚待提高的是对游学中的个人表现及成长体验的回顾反思。因此在课时 2 中，我们侧重引导学生进行主题意义的探索，利用一般过去时，在游学经历中反思完善自我，从工具走向人文，从浅层思考走向深度思考。

在课时2的教学中，通过学习Helen和Jim的两篇游学日记，学生从罗列游学活动过渡到思考游学体验，将影响主人公游学体验的因素分为客观因素（环境）和主观因素（个人），为Helen和Jim制作游学评价表，为后续游学评价提供了不同维度的参考。有了这样的铺垫，本课时作业也引发了学生对自身游学经历的思考，从文本拓展迁移到自身，内归因客观评价自己在受到表中因素的影响后的表现，使用一般过去时描述事件以佐证，逐渐认识反思完善自己，从而实现反思和提升自我的学习目标。因此完成作业后，学生能够描述游学经历中的多种活动，思考影响自身游学体验的因素，表达情感态度，但对于游学本身的意义还缺乏思考，因此在课时3中，我们引导学生从情感变化出发，回忆游学中的喜怒哀乐，反思其带来的成长体验。

课时3利用补充资源，以读促写。文本描述了Danika与同学们去野外自然公园，从最初的不熟悉到最后难忘队友的游学经历。与课时2的文本侧重于表达不同人对同一游学经历的感受，课时3的补充资源聚焦在呈现情感的动态变化，帮助学生从表达对游学的情感态度到反思情绪的动态变化，深度思考游学的实际意义。学生通过绘制情绪变化曲线，挖掘记忆深层的细节，描述了自身的游学经历。完成作业时，学生们结合了小组同学的打分和建议，完成了初稿的修改，以文字或视频形式，发布在微信平台（朋友圈、视频号、公众号等），并有效收集了他人的评论。这样的开放式作业引导学生进行了个性化的主题意义探究，通过回顾游学路上的情感变化，反思总结游学带来的多重收获和感悟，完成了从自己到游学，从游学到自己的闭环。

完成核心任务时，学生们制作了游学vlog，借助表格、情感曲线等工具，回顾游学经历感受，逐步反思和改善自我。完成作业带来的挑战性和成就感激励着他们主动享受学习、探索和创造。在成果展示环节，结合线上点赞和评论，学生们在自我激励的基础上，也收获了同伴和教师的激励等。

本单元开放式作业不仅实现了对过去时的感知和运用，锻炼了学生的交际表达、思考辨析和元认知能力，也培养了学生们的感恩意识和奉献精神，指向了英语学科的核心素养，带来了持久的积极影响。

三、教学反思

"双减"背景下,如何系统设计符合学生学情、实现素养导向的个性化作业是一线教师需要思考探索的问题。实践发现,结合单元整体教学,基于学生真实生活经历,提供自由创作空间,鼓励多种呈现形式的开放式作业是一种可操作实践的选择,且为学生们带来了很多切身改变,主要体现在以下几点:

首先,充分的自由空间对学生主动性、内驱力、挑战欲的调动效果明显。学生们可根据兴趣爱好选择适合的呈现方式。自带驱动性的形式为学生的作业品质带来了积极影响。其次,开放式作业分层、弹性和自我驱动的特点,促进学生们挖掘自身情感态度和价值观,完成极具个性化的作品成果。最后,环环相扣、层层递进的开放式作业指向了学科核心素养的培养,对学生的情感态度和价值观产生了积极作用,起到了潜移默化的育人效果。

穿越历史时空的对话

北京市育英学校密云分校　王美珍
北京市育英学校　陈新红

一、作业设计缘起

落实"双减"工作，切实减轻学生过重的作业负担，是当下最迫切的教育教学任务之一，那么，作业的减负有何有效举措？如何使作业"提质减负"的改革见到实效？这对作业设计提出了新的命题。

近几年随着新中考的变化，历史中考试题越来越侧重学生对历史知识的迁移与应用，这就需要在作业设计中注重开放性作业的设计，培养学生思维的灵活性和广泛性，体现学生的实践能力和创新意识。

所以，本文从历史学科的角度，着眼于开放性作业设计，从作业内容到作业形式，再到作业的完成方式，研究开放的历史作业设计，从而落实学生历史作业的"提质减负"，最终实现历史作业的兴趣与创新思维的双向奔赴。

二、设计与实施过程

1. 作业内容的开放

（1）关于中国早期原始人类的开放作业。

为了让学生学完后学会知识的迁移，不仅局限于课本知识，而是去探究更多的知识领域，我在内容上进行了拓展，设计了如下作业：

【古人类身份证】

要求：漫长的史前时期活跃着许多的人类，请查找资料或者去当地博物馆，看一看当地都有哪些早期人类，选择一个你感兴趣的，为他们做一张"身份证"，包括名称、生活时间、所在地、复原图或者想象图、主要特征等信息。

这种作业设计通过内容上的拓展迁移，锻炼了学生学习乡土历史的能力，培养了学生对历史的亲近感、熟悉感。

（2）关于美国内战的开放作业。

历史核心素养是历史学习培养的重要方面，因此，我在设计作业时，从内容上充分渗透历史学科核心素养，具体设计如下：

【时空对话——历史人物篇和历史事件篇】

要求：本节课我们学习了"美国内战"，学习到林肯的重要贡献以及美国巩固统一的重要意义，请大家以评论员的身份，进行时空对话。

①历史人物的时空对话：在美国历史上有三位非常知名的总统，他们在多次的"美国人民最受欢迎的总统排名"中位列前三，请你对此做出评论，解释一下其背后的原因。

②历史事件的时空对话：美国通过内战维护了国家统一，防止了国家分裂，为经济的迅速发展创造了条件，请你以评论员的身份谈谈对当今世界的启示。

这一作业渗透了历史时空观的核心素养，培养学生学会历史事件和历史人物的前后、中外、古今的联系与对比，不仅要做到知识间的分析、对比和整合，而且还要联系时事进行评论，从而拓宽学生历史学习的视野，开放学生历史学习的思维和树立"学史致用"的意识。

历史作业内容的开放有很多种，但无论怎么设计，都要做到综合性、拓展性、迁移性、应用性、实践性，这样不仅能做到举一反三，使学生从不同的角度考虑问题，探索解决问题的办法，同时激发学生学习的积极性以及创新精神。

2. 作业形式的开放

成功的作业首先在形式上应该丰富多样、开放多元，让学生在琳琅满目的作业中体会到历史的魅力，从而调动学生的积极性，将原本枯燥的历史通过活泼生动、形式多样的题型，带给学生耳目一新的感觉。（吴磊，《课改背景下高中历史作业个性化设计和多元评价策略》）为此，我设计过小论文式作业，故事类作业，历史小论文、历史思维导图、历史漫画、历史手抄报、历史情景剧、角色体验、历史文创产品设计、博物馆讲解员、历史上的"国货之光"等多种开放性作业。

（1）关于青铜器的开放作业。

【青铜文创产品设计】

要求：请你走进国家博物馆或者其他博物馆，找一件你认为最有代表性的青铜器，为其设计一款文创产品。

设计与文物相关的文创产品是一种对文物很好的纪念和宣传方式，这样做既可以进一步了解文物，可以增长知识，也能使这些文物"活过来"，焕发新的魅力，还可以服务社会，是比较贴近生活的历史开放性作业。

（2）关于两汉的科技与文化的开放作业。

【我为_____颁奖】

要求：通过本课所学中任选你想颁奖的对象，可以是人物，也可以是书籍，或者其中一个发明，写出你的颁奖理由，并附上一段颁奖词，字数500字以内。

这个作业看似简单，但是要完成却需要很好地了解两汉的科技与文化的基本知识，而且要充分挖掘其历史意义，这可以进一步巩固学生对这部分知识的掌握与理解，而且通过撰写颁奖词进一步提升学生的情感、态度、价值观，拉近学生与历史及与中华文明的距离，使学生学会知识的迁移应用，锻炼其社会实践能力。

3. 作业完成方式的开放

传统的作业以学生独自完成居多，根据脑科学的理论，学生在合作中将收获更多，获得更多的体验。

所以，不仅在课堂中要强调合作学习，更要有意识地设计需要合作的作业，让每个人参与同一作业，建立起学生交流合作的桥梁，发挥自己的优势，学习别人突出的地方，以促进共同发展。

比如关于郑和下西洋的开放作业：

【郑和下西洋大海报】
要求：学生以分工合作的方式绘制一幅郑和下西洋的大海报。
（1）图文并茂、结构合理、布局美观、有特色；
（2）突出郑和下西洋的主要路线；
（3）合作完成，标明组名与组员。

通过完成这项任务，每一个学生都参与其中，收集、分析、整理具体生动的郑和下西洋的历史素材，学会以图文并茂的形式呈现自己收集的内容，掌握绘制大海报的基本技巧，并通过集体创作激发学生的积极性和创新意识，体验相互启发，相互激励，共同完成一件作品的乐趣，让原本自己单独完成的难度较大、枯燥的史事总结，变为生动、有趣、探究、创新的小组合作比赛活动。

三、教学反思

在"双减"背景下，实现作业的"提质减负"对作业设计提出了更多的要求，要充分考虑作业设计的诸多因素，其中一个重要的方面就是对作业进行创新，而开放性作业就是创新的突破口。本文结合具体案例，以历史学科的角度，在内容、形式、完成方式方面设计了开放的历史作业，克服传统作业题海战术、低效重复、形式单一的缺陷，从而激发学生的学习兴趣和创新思维。

值得注意的是，开放性作业势必要与其他类型作业相融合，还要创设有效的历史情境，不能脱离学生的学情和个体差异，以及作业的可完成性、有效性、价值性。除此之外，开放性作业也要有相配套的开放性评价，需要同步构建多元、开放的评价体系，所以，开放的历史作业还需要我们继续实践探究。

共同捍卫国家利益

北京市育英学校　宫晶波

一、作业设计缘起

"双减"之下，作业要"减量提质"。开放式作业具有探究性、层次性、发展性、创新性等特点，是促进学生思维发展、培养学科素养的有效方式。

在学习道德与法治八年级上册第八课《国家利益至上》时，教师发现学生因思想还不成熟，对"个人利益和国家利益的关系"存在一些误区：真实生活中没人会牺牲自己的生命来维护国家利益；只要是爱国，一切行为就都应该肯定和鼓励；国家利益是为实现个人利益服务的，当国家利益与个人利益发生矛盾时，国家利益应该让位于个人利益。为此，教师想结合新冠肺炎疫情这个真实的社会生活情境，设计开放式作业，通过学生自己在疫情中去寻找最鲜活灵动、最真实宝贵的案例，解决思想上的困惑，实现自我教育，达成教学目标。

二、设计与实施过程

1. 作业设计体现差异性原则，满足学生的个性化需要

基于课标和学情，结合新冠肺炎疫情，教师设计了以下这份开放式作业：

第八课《国家利益至上》作业单

你可以自主选择一项完成：

（1）为遏制新冠肺炎疫情蔓延，武汉采取封城之举，请你为武汉人民写一首赞美诗，并读给父母听。

（2）运用所学，分别从战斗在一线的医护人员、战斗在二线的工作人员和普通大众里挑选典型人物进行分析，说明中国人舍小家为大家的家国情怀。

（3）为你心目中的"最美逆行者"画一幅画，突出国家利益至上的主题，题目自拟。

（4）参考2003年非典时感动中国组委会给钟南山院士的颁奖辞，为自己"心目中的战疫英雄"写颁奖辞。

（5）搜集违反疫情规定的违法案例，多角度分析其违法的原因和由此带给你的启示。

设计这份作业，教师是基于以下两点考虑：

第一，作业内容开放，允许学生自主选择。这份作业单里，共有5项任务供学生挑选，内容虽不同，但都可以实现"个人利益与国家利益有冲突时应如何选择"这一知识的内化，缩小学习成果间的差距，体现了学生在作业过程中的自主性和选择性。具体任务的设计也反映了对学生不同智能倾向的考虑，比如写赞美诗和颁奖辞适合语言智能比较强的学生，为心目中的"最美逆行者"画一幅画适合空间智能比较强的学生，对违法案例进行因果分析则适合逻辑智能较强的学生。

第二，作业形式丰富多元，调动作业兴趣。这份作业包括写赞美诗并读给父母听、写颁奖辞、绘画、典型人物分析、搜集分析违法案例，有文本、有绘画、有数字、有互动，形式新颖有趣，每一项都有思维含量，不是单纯的抄写和背诵，没有固定的答案，大大调动了学生做作业的积极性，引导学生学会学习，考虑到了学生个体的差异性，体现了因材施教的教学理念。

2. 作业实施中引导学生在交流中反思与内化，指向学科素养培育

本次作业共分两节课实施。第一节课，教师向学生出示作业单，学生依据自己的偏好选择一项作业；然后学生再读教材内容；之后学生思考自己将如何完成这项作业，在笔记本上记录思路。教师建议学生课下可通过和家人交流、

上网、观看电视等方式搜集作业素材，并完成作业，下节课进行作业交流。

第二节课，教师先给 10 分钟让学生分小组进行作业交流，教师巡回指导，学生可以修改完善自己的作业。随后的 25 分钟，每个小组推荐两位同学上台展示学习成果。通过展示交流，学生不仅解开了之前思想上的种种困惑，而且通过了解疫情中各种真实感人的事例理解了维护国家安全、荣誉和利益是每个公民的法定义务，当个人利益和国家利益发生矛盾时，国家利益至上才是正确的抉择。最后 10 分钟由教师总结并命题检测学生学习状况。

在展示环节里，多位学生分享了自己高质量的作业成果，比如，思颖同学写下了赞美诗《致江城儿女》：

乙亥年末逢疫情，喧嚣繁华不见影。千古未有封城令，武汉人民齐响应。磅礴歌声鼓士气，江城儿女真英雄。众志成城抗新冠，风雨过后见彩虹！

这首诗，既表达了她对武汉人民舍小家为大家的钦佩之情，又展示了她的文学才华，还体现了她对国家利益至上这一观点的高度认可。

家瑞同学对疫情中的志愿者进行了分析，分享时他说："有一些人主动做志愿者，每天往医院送防护用具、医疗物资和食物，他们牺牲自己的时间、精力和金钱，为社会做贡献，把国家、社会的利益置于个人利益之上。他们每天要接触很多人，有很大的感染概率，但他们毫无怨言，他们的爱国之心令我感动。我也想做一个班级志愿者，每天为班里的同学测体温，督促大家勤洗手、戴口罩、不扎堆。"同学们给了他热烈的掌声，有几位同学马上表示要和他一起做志愿者。

雅菲同学则画了一幅《白衣天使守护生命》，分享时她说："我这幅画的寓意是白衣天使的心中装着人民，为保护人民的生命安全和新冠病毒做殊死搏斗，白衣天使没有考虑自己的安危，说明他把国家利益放在第一位，我非常感动！"

婧雯同学分享了她给武汉市金银潭医院院长张定宇写的颁奖辞：

你身患绝症，双腿已经开始萎缩，但你站立的地方，是最坚实的阵地；你将国家利益放在第一位,"疫情还没有攻克,我怎能顾惜自己";你争分夺秒,与时间赛跑,总想在自己尚未倒下之前抢救更多的生命。

令人惊喜的是,100%的学生都按时认真地完成了本次作业,作业质量远高于平时的常规作业。通过访谈,学生都说:"非常喜欢这样的作业形式,希望一直这样留作业。"从作业效果看,这样的作业不仅很好地达成了教学目标,而且培养了学科综合能力,有利于学科素养的培育。

三、教学反思

本次开放式作业,作业量少而精,作业内容有思维含量、新颖有趣、满足个性化需求,符合学生的认知特点和学习心理,同时体现差异性原则,有利于发挥学生的特长。学生可以自主选择形式和难度,没有限定性答案,这种方式有效增加了学生对作业的主动投入,培养了学生的发散性思维、创新性思维和阅读、表达、观点理解、分析运用等学科能力,提高了政治认同、科学精神、法治意识、公共参与等学科素养,有利于学生在作业中释疑,提高认知水平,增强了道德与法治课程的育人实效性,因而受到学生的广泛喜爱。"双减"之下,教师需要通过设计有效的作业来巩固课内学习成果,提质增效,开放式作业无疑适合学生的思维旅程和学习需要,让学生有更加积极的作业情感体验。

邀您一起过花朝节
——"花·生命·美"跨学科开放式作业设计
北京市育英学校　王在英

一、作业设计缘起

语文课程是一门学习语言文字运用的综合性、实践性课程，所以作业不仅仅应起到拓展、延伸、诊断、评价的作用，在"双减"背景下更应具有提质增效的功效，成为语文课程的一部分。花朝节由来已久，最早在春秋的《陶朱公书》中有记载，是十分重要的民间传统节日之一。世界上像中国这样定出花的节日的民族是不多的，可见汉民族对花的热爱有悠久传统。也曾有学者提出恢复这一文化传统节日，但无论如何让学生了解花朝节很有传承中华传统文化，提高生活审美鉴赏的意义。

"双减"政策提出要系统设计符合年龄特点和学习规律、体现素质教育导向的基础性作业，鼓励布置分层、弹性和个性化作业。设计"邀您一起过花朝节"为主题的跨学科作业，即启动了一个真实的生活化的基于文化生活体验学习情境，给予了学生充分的自主选择空间，增强了学习的开放性、生活化，能满足不同层次学生的自主发展需求。

二、设计与实施过程

1.研究商讨阶段

（1）研究各科教材，确立相关学科、相关情境、融合主题。

通过阅读教材发现科学、美术、音乐、语文教材春季都安排了与季节有关的学习内容。如科学学科的重点是解剖种子、花的内部结构，通过种植、观察体验植物生命的孕育和成长过程。美术学科带领学生在校园中观察花或植物的开放与姿态，用色彩体现生命的张力。语文学科通过学习课文、诗文诵读及创作，抓住语言文字细细感受植物，大自然圣灵的生命对光明和美的追求。语文、科学和美术学科要求观察对象中有重合点"花"，只是观察角度不同，但情感态度和价值观层面的本质都基于对生命朝气和美的赞美，便确立跨学科学习主题：花·生命·美。

其他学科也可以参与到学习中来，数学可根据学习情境观察花卉中与数学相关的现象和数学问题。英语学科拓展学习花的名字。道法学科的主题是"最美的人"，可充分利用学校的课程资源，如寻宝乐展板呈现的生活、英雄墙的人物等。进行参加活动、合作活动的礼仪教育，规范行为。音乐学科唱古诗写花写春天的歌曲，表达愉悦心情。

（2）理清学科课程联系与逻辑，建立课程结构，确立课程目标。

在研究教材、研究评价、研究学情的基础上，以"花·生命·美"为主题设计课程总目标和分科目标，让学科核心知识和能力的培养过程形成学科合力，而不是各学科各自独立简单相加，实现 1+1>2 的教育效果。学科课程关系序列如下：科学——新的生命，语文——花之韵，美术——花之色，音乐——花之声，英语——花之语，数学——花之思，道法——花之魂。语文学科属于文学的表达，音乐、美术属于艺术的表达，道法属于内省修身修行的表达，英语属于不同语言形式的表达，各科的合力目标是唤醒师生对花朝节这一中华民族传统节日的兴趣，怡情、拾趣，进行科学、审美、劳动、创作、生命教育。

（3）作业设计：基于尊重学生的个性学习偏好及学习方式，整体系统设计作业的形式与内容，利于学生自主选择，根据自己所长表现学习成果。

首先，梳理各科基于本学科需要的作业形式与内容。其次，进行学科融合。比如，科学要求持续观察，写研究报告，语文也要求观察，写观察日记，我们可将两科作业融合成持续观察校园里的花，写持续观察日记，注意变化过程及发现，最后形成研究报告。花朝节是生活、文化情境下的学习，生活情思表达形式比较丰富，制作表现类的有剪花悬彩、制作并挂万花筒、花神灯、花朝杯、书、画、一诗一影创作、摄影、小农场种植；探究类有花中的数学对称问题；解释说明语言表现类有对诗、吟诵、大讲堂、相关绘本阅读与展演、飞花令等。这些活动作业设计既有课堂教学实施中的核心知识点，又有生活领域、科学研究领域的拓展；既有独立性，又跟学科课堂有联系，生活化、文化味儿浓厚，自主创作空间大，激发和培养了学生的首创精神。

2. 实施阶段

（1）创设真实的学习任务情境，启动学习与生活的联系。利用升旗仪式启动"邀你一起过花朝节"，介绍花朝节的由来，文化生活方式，跨学科作业形式和内容（即学习与成果展现形式），完成的时间节点，制作类作业先行，如剪纸悬彩、做花神灯等，带学生迅速进入学习情境。

（2）统筹安排学科课程学习时间段，相继布置观察类、解释说明语言表现类作业和创作类作业，最后是展示表现类作业。根据学习内容的统整安排，有次序、有阶梯度、有计划地融合实施是保证效果的必要前提，否则各作业、各活动就成了零散的拼凑，起不到 1+1>2 的效果。

（3）学习成果即作业成果展示，组织一次社会化的大型的成果展示会——花咏会。

3. 作业成果评价

学科核心知识部分可以采取单元练习卷的形式加以检测。实践性、创造性的作业以展示的形式做表现性评价。展示表现的过程就是评价的过程。花朝节结束时举行的"花咏会"，把科普剧、书画创作、过程中的成果等做集中的展示，学生的创作热情、参与热情和积极感受，便是最好的评价。

三、教学反思

（1）作业内容、形式多种多样，自主性、选择性、开放性、生活性强，每个学生都能找到自己的兴趣点，激发了学生主动发现美、追求美的积极性，是真学习。

（2）以文化传承为主题，打破了学科界限学习，在鉴赏自然、生活过程中凸显了作业的课程育人作用。

（3）基于完整的生命体验，作业有了真实的情境，行动是自发自主的，体验是自主完成的，情感是充满期待与挑战的，生活是充满创造性的；参与过程是互动的，过程即评价，反馈是现时的。生命在审美、鉴赏、创造中律动，感发了生命自觉。

（4）学生智力被充分唤醒，概念变成了生动、鲜明、具体的形象，知识是生活的，存留时间长，有意义。学生通过对审美形式意味的领悟，心灵得到涤荡和净化，从而培养出一种审美的人生态度。

（5）跨学科统整式作业设计引导学生思维经历了五个层级：提取信息、分析归纳、整合诠释、反思评价、创意表达，属于高阶思维学习。

小沙包，大学问

北京市育英学校　石芯

一、作业设计缘起

长期以来，由于急功近利，教育教学很多时候被窄化为应试教育。为了片面地追求分数，学生大量报班，严重影响了身心健康。"双减"犹如一支利箭，直击教育当下的痛处。"双减"的目的是减负，但其本质是提质增效。如何增效，科学设计作业无疑是教育教学中极为重要的一环。

我曾经与学生访谈，问他们最喜欢什么样的课程及作业，大多数同学都喜欢学校开发的特色课程，例如"蛋宝宝课程""沙包课程"……我研究了一下这些课程及其布置的作业，发现其共同特点是"积极主动探究、建构知识体系、开放多元促思维、体验深刻且丰富"。做这些开放式作业，学生既愉悦、积极又收获满满，所做作业富有个性，在解决问题的过程中自然而然地提升了高阶思维能力。

二、设计与实施过程

在之前布置过的开放式作业中，我印象最深的是"沙包课程"的作业。2020年年初，一场突如其来的疫情防控阻击战在中华大地骤然打响。停课不停学，不能面对面地教学，怎样才能调动学生学习的积极性呢？如何整合教育资源解决各学科教学内容分散、受环境限制学习形式单一的问题呢？我校三年级任课教师采用多学科联合教研、整合教学内容的方式，为学生精心设计了沙包课程及作业。下面以语文为例展开说明。

第一节课，我们首先进行了一次口语交际。头脑风暴说说大家喜欢的游戏，随即聚焦在沙包游戏上，我们又在沙包的材质、沙包可以设计成哪些形状、一起开发室内沙包游戏等方面进行了充分的交流，学生们在发展语言的基础上脑洞大开，为接下来的"创意设计""手工缝制""图形认识""体育锻炼"等各个课程打下了基础。课后，学生们围绕"沙包"，根据自己的想法画出了思维导图。

第二节课，以其他游戏为例，对"规则的制定"进行了指导。学生们不但明确了写游戏规则条理要清晰，语言要简洁、准确，还进一步培养了在游戏中要"礼貌、遵纪守法、公平、平等"等道德规范及相应的行为价值观。课后学生开发出了各种健身又健脑的室内外沙包游戏，同时创编了对应的沙包游戏规则。

第三节课，学生谈起自己开发的游戏，兴趣盎然。当天恰逢"世界儿歌日"，古人把儿歌视为"天籁"，认为它"天机活泼"，有如"风行水上，自然成文；花散月前，无心飞舞"。在"世界儿歌日"创作一首属于自己的儿歌该是多么有意义的一件事。我们回顾了之前课文中所学儿歌的特点并总结出创编儿歌的方法，随即鼓励学生尝试创编与沙包有关的儿歌。作为老师先抛砖引玉了一首：

小沙包，跑跑跑，小花猫，跳跳跳，
我俩比一比，看谁蹦得高。

之后又推荐了学部赵主任创作的儿歌：

巧巧手拿银针，花花布穿上身，
红豆豆藏进去，圆包包真精神，
啊呀，一不小心，一蹦一跳出了门。

同学们的积极性一下子被调动起来，让人难以置信的是，每位学生都创编出了有趣的小儿歌，有的同学还创编了不止一首，字里行间洋溢着童真童趣。更有甚者，将之图文并茂或以书法的形式呈现了出来。这样的学习主动性真是前所未有。

小沙包（其一）

三（1）班　刘天澈
一针一线不辞劳，巧设彩布为战袍。
内心充实身体健，天真童趣踢沙包！

小沙包（其二）

三（1）班　刘天澈
七色彩布细心量，红豆绿豆住进房。
四面六面七八面，自由飞翔蓝天上。

小沙包（其三）

三（2）班　诸光晨
小小手拿银针，小花布披身上，
五谷杂粮藏进去，我的沙包真精神，
一二三四五六七，蹦蹦跳跳真有趣。

小沙包（其四）

三（1）班　马浩然
小小沙包玩法多，自己制作创意多，
疫情时期不出门，强身健体病毒躲。

第四节课，大家介绍自己制作沙包的过程。通过交流，学生明确了介绍的时候要按照一定的顺序说，用上"先……再……然后……"等连接词。课后，再次请同学们用这样的方法向家人或通过视频向朋友介绍自己开发的室内外沙包游戏，或者这几天在家学会做的一道菜、一项家务等。对于这样的作业，同学们跃跃欲试，显得自信满满。

第五节课，通过复习之前学过的课文段落，总结出动作描写的方法。在此基础上，结合各个学科，同学们选择进行"缝制沙包或沙包游戏"的片段描写，也可写一篇探究的小日记。学生写起来毫不费力，似有神助。

建构主义认为："学习是学习者基于原有的知识经验生成意义、建构理解的过程。""双减"要减轻学生的作业负担和培训负担，作为老师应该从知识的来源、知识的架构、知识的运用等方面，切实纠正原有的以训练为主的指导引领方式，从帮助学生构建清晰的知识体系开始，建立导向性的学习策略。这种开放式作业很好地促进了学生的思维成长，提高了学生多方面的能力。在此次课程中，同学们对各个学科的作业都饶有兴趣，美术课的"沙包创意设计"、数学课的"沙包测量与称重"、体育课的"沙包动起来"……都寓学习于活动之中、于体验之中，让每一名学生在知识的学习、技能的训练、艺术的熏陶中会学、爱学。在平时教学中，我们应该多思考哪些内容可以开展开放式的作业，多设计一些生活化、思辨性和开放性的作业，五育并举、家校共育，为每一名学生多方面的成长搭建舞台。正所谓：

传统活动新学法　作业探究真体验
强身健脑增乐趣　开放教学齐受益

三、教学反思

这次开放式作业，既让学生受益，也给了我很大的启发。

（1）作业要能激发学生的兴趣，变"让我学"为"我要学"。应该让学生在学习中有收获、进步、体验及动力，从而达到事半功倍的效果。

（2）高效的作业应尽可能源于生活。教育家杜威主张"从做中学"。源于生活的开放式作业能够有效地将学习延伸到课外、校外。学生带着具体的目标在生活中实践操作，在"做"中思考，在"做"中领悟。

（3）作业设计应帮助学生建构知识体系。开放式作业让新旧知识融会贯通，在眼界格局上拥有更宏观开阔的视野，实现真正的学以致用，学以致知。

综上所述，开放式作业要紧密联系生活，让学生在实践中拓展学习的空间，提升能力，感受思维的价值，最终收获学习的快乐与幸福！

法定假日开放作业设计

北京市育英学校　孙志龙

一、作业设计缘起

"双减"政策对义务教育阶段不同年龄段的学生的作业总量和时长有明确的规定。所谓"法定假日作业",即清明、中秋等法定假日中布置的作业。七年级的老师们平时对作业设计研究较多,但如何合理设计类似"十一长假"等法定假日的作业,思考较少。因此,如何结合法定假日的特点进行作业设计,让学生在假期里有兴趣、有收获地完成相关作业,值得探讨和实践。

青少年正处在人生观和价值观形成的时期,但很多同学对于端午节、中秋节等中国传统节日的来历并不了解。因此,我们有必要结合传统节日的历史和文化意义,进行传统节日与学生所学知识相结合的作业设计尝试。

二、设计与实施过程

我国现行的法定假日有七个,涉及纪念意义的节日有四个,分别是:春节、清明节、端午节、中秋节;涉及庆祝意义的节日有三个,分别是:元旦、劳动节、国庆节。针对不同法定假日节日的特点可以设计不同类型和内容的作业。

1. 春节、清明节、端午节、中秋节等纪念性节日的作业设计

像春节、中秋节这样的中国传统节日,都有一些节日来历的传说、饮食的

特色、习俗的传承。语文、历史、物理等学科可以借助这些传统节日，布置一些查阅资料类、访谈类及体验类的作业。

（1）通过对节日由来的资料查阅，培养学生搜集和整理资料的能力。

查阅资料的能力是学生应具备的重要能力，如果学生具有较强的查阅资料的能力，对于学生的文章写作以及终身学习具有重要的意义。像我国传统节日中的春节、清明节、端午节、中秋节都流传着许多关于节日的有趣传说和故事，在这些纪念性节日的假期作业中，让学生通过查阅资料，了解这些节日的由来、有趣的故事、美丽的传说等，然后形成一份"节日介绍小报"或者与同学分享交流的PPT，这样既培养了学生查阅资料的能力，又使学生对这些节日有了更深刻的了解。

作业设计样例：端午节是我国的传统节日，端午节又称端阳节或龙舟节。你知道端午节的来历以及端午节有哪些特色的传统文化活动吗？请你制作一个图文并茂、介绍端午节的PPT，在语文课上与同学们进行交流。

（2）通过研究节日饮食特点和制作美食，加强学生对于中国传统文化的认同。

不同的传统节日有其不同的饮食特色，春节吃饺子，端午节吃粽子，中秋节吃月饼。如果在这些传统节日中，倡导学生跟家人一起包饺子、包粽子、做月饼，并将这些家庭活动转变成体验式的作业，让学生用图片或者视频将过程记录下来，开学后与同伴分享，通过实践让学生认同中国的传统文化，促使学生将中国传统文化发扬光大并传承下去。

作业设计样例：饺子是北方的传统美食。过春节时，家家户户都要吃饺子。你在假期里会跟家人一起包饺子吗？请你制作一个跟家人一起包饺子的小视频，分享你包饺子过程中的体验吧！

（3）通过与长辈进行节日习俗的访谈，提高学生的沟通和交流能力。

不同传统节日有不同习俗的文化活动，比如春节放鞭炮，大年初一相互拜年；清明节纪念祖先和缅怀先烈，全家一起扫墓或者祭奠；端午节观看赛龙舟表演，在家中挂艾草；中秋节大家一起赏月、吃月饼。虽然年年过这些节日，但学生们可能对于这些节日只是有一些表面的了解。在这些传统节日中，教师可以给学生布置一个"与长辈聊习俗"的访谈类作业，通过学生针对传统节日的访谈,提高他们与家庭成员的沟通交流能力。

作业设计样例:中秋节是家人团圆的节日,中国从古代就有在中秋节这天赏月、吃月饼、玩花灯、赏桂花等习俗。请你在中秋节这天与长辈聊聊他们小时候是如何过中秋节的,对比一下不同年代里生活条件发生了哪些变化,通过访谈,写一个访谈录。

2. 元旦、劳动节、国庆节等庆祝性节日的作业设计

元旦庆祝新的一年的开始,五一国际劳动节庆祝全世界劳动人民站起来了,国庆节庆祝中华人民共和国成立。语文、物理、历史等学科可以借助这些庆祝性节日进行相关科目的作业设计。

(1)通过对于假期实践作业的布置,提高学生的家务劳动技能。

对于学生的假期作业也要遵循"五育并举"的思路,其中劳动教育可以促使学生树立正确的劳动观点和劳动态度,养成良好的劳动习惯。利用假期给学生布置一些"项目式"实践作业,锻炼学生的劳动技能,使学生树立劳动最光荣、劳动最崇高的观念。

作业设计样例:五一劳动节是世界劳动人民共同的节日,希望你在劳动节这天帮家人做些力所能及的事情,在劳动中学到知识、增长能力。请你从下面的主题中任选一个完成。

主题1:劳动中的创意设计。主要是对在劳动中使用的工具进行改造、设计或者对劳动方案进行优化。

主题2:劳动中的体验记录。主要以劳动中的体验和收获的记录为主,也可以总结劳动过程中的经验和教训。

(2)通过假期中探究性作业的布置,提高学生的研究能力和实验能力。

一般情况下,探究性的作业研究周期比较长,探究流程比较复杂,在平时很难布置完整的探究作业,但在节假日,由于学生有几天的时间在家中,可以布置一些观察类、探究类作业,丰富学生的作业形式和学习方式。

作业设计样例:同学们,生活中有很多现象值得大家探究与观察,请你们从下列主题中任选一个做研究,写一份研究报告。

主题1:探究盐水结冰快还是纯水结冰快。选择质量和初温相同的一杯盐

水和一杯纯水,将它们放到冰箱的冷冻室中,每隔 5 分钟观察两杯液体的状态,并记录液体的情况。

主题 2:观察家里哪些工具属于"杠杆",并探究这些"杠杆"都属于哪种类型的杠杆。

主题 3:用抹布体验家中不同物体表面(墙面、桌面、镜面等)的摩擦力,分析抹布在不同表面摩擦力不同的原因。

三、教学反思

本作业是基于法定假日的设计,即利用法定假日的特点设计一些学科整合类、实践类、探究类、访谈类的作业。结合中秋、春节等节日的交流作业可以使学生加深对中国传统节日的认识,提高对传统文化的认同感;结合假期劳动、探究等形式的作业可以提高学生的动手能力和探究能力,弥补在课堂中实践时间不足的缺陷;结合历史、语文、地理等学科的整合作业,可以拓宽学生的思路,树立"大作业、大学习"的观念,让学生融会贯通,学以致用。现阶段,我们对法定假日的作业研究还很少,今后需要多学科相互配合,共同研究如何为学生设计高效、有趣、创新的法定假日作业。

PART 6

第六章

全学习式作业设计

2015年5月，习近平在致国际教育信息化大会的贺信中提出建设"人人皆学、处处能学、时时可学"的学习型社会的观点，这为信息化时代"双减"背景下的"提质增效"提供了新的思路。"全学习"课程改革正是在这一背景下诞生的。无处不在的学习资源、快速迭代的学习方式、层出不穷的理论研究为"全学习"提供了可能性。"全学习"是以培养学生的完整人格为核心，激发学生学习的动力，拓展学习视界，培养学生的思维能力，组构全息学习单元，打通学习时空与方式，关注学生的终身学习，创设"以学习者为中心"的环境与文化，促进学生经历完整学习过程，为学生的全面发展提供更多可能，最终实现人的完美建构的学习方式。

"全学习"作业设计是"全学习"课程改革的重要组成部分。作为教学必要的作业设计与实施，也应该遵循"全学习"的教育理念，与时俱进，满足学生多元学习需求。教师们结合自己的专业知识与丰富的教育教学经验，在日益完善的理论支撑下设计出了一份份高质量、有创意的"全学习"型作业。本章所收录的作业设计均来自一线教师的探索，其中包括完善作业评价模式下培养学生元认知能力的作业设计，还包括基于SWOT分析法提升学生思维品质的作业案例。有些教师更是脑洞大开，将如今流行的"剧本杀"与历史作业结合，激发学生的参与兴趣与主观能动性……相信此章的作业案例，会带给您启发和借鉴。

认识"一整个儿"秋天
——大单元作业设计助力减负增效
北京市育英学校　朱盈梅

一、作业设计缘起

随着"新课改"不断深化，语文教学应发展学科"深度学习"已成为共识：教学要指向学科核心素养，教师须引导学生积极、充分、灵活地运用所学知识去认识世界、解决问题，实现全面学习。大单元整合推进是近年来颇受肯定的教学改革。在"双减"提质增效背景下，作为教学的重要组成部分，语文作业也在尝试进行大单元整合设计，令学生获得全面、充分的学习和体验机会，全方位提升学生语文素养。以部编版三年级上册语文教材"金秋时节"单元设计"全学习"式的整合作业为例，引领学生通过多种方式认识"一整个儿"秋天，在沉浸式学习中全面推进语文学科核心素养——"语言建构与运用""思维发展与提升""审美鉴赏与创造""文化传承与理解"的综合提升。

二、设计与实施过程

1. 结合实际灵活调整，"全内容"激发学生参与兴趣

"金秋时节"是三年级上册语文教材的第二单元，学生在本单元学习和秋天有关的三首古诗、一首现代诗、两篇散文。除了基础的识字、写字、理解、背诵之外，还要学习写日记，尤其要在学习中发现和体会秋天的美好与活力。美中不足的是，北京的"金秋"出现在十月中旬，根据对整本教材内容的分析

与考量，我把教学调整至十一假期之后，让学生在北京金秋时节来临之时开启"寻秋·赏秋·赞秋"的"全学习"实践活动。

愿意做的事，就不是一种负担。这次实践活动持续时间为2～3个星期，学生是否能够真正参与进来是最重要的一点。这次活动从"减负增效"的角度出发，明显减少了纸笔作业和重复性、验证性的作业，运用丰富的活动调动多种感知方式，令三年级小学生首先"愿意做"。具体内容如下：

"寻秋·赏秋·赞秋"实践活动

亲爱的同学们，秋天正悄悄来临，让我们跟着老师，开始"寻秋·赏秋·赞秋"的任务吧！注意：每项任务都可以多次完成哦。

活动内容：

1. 看秋花、赏秋叶：查查新闻和资料，问问身边的人，到你喜欢的地方去看看，摸摸秋花、秋叶，还可以把你看到的景色用拍照、绘画、制作叶画、做书签的形式保存下来。

2. 闻秋风、听秋雨：关注近期的天气预报，也可以静下心来在自然中听一听，听听秋风秋雨的声音，还可以录制声音或者拍摄视频，把听到的声音保存下来。

3. 辨秋实、尝秋果：秋天是收获的季节，你可以走进超市看一看秋天成熟的果实，买一些你喜欢的果子，细细尝一尝。

4. 访秋韵、品美文：许多名家都用笔描绘过秋天，在画作和文学中展示秋天，你可以阅读绘本、诗歌等文学作品，朗读或给诗文配画。

阅读材料推荐：散文《故都的秋》《北京秋天下午的我》；诗歌《山居秋暝》《秋登宣城谢朓北楼》《秋晚的江上》。

2. 围绕活动落实学科素养，"全参与"推动完成

作为一项有时间跨度的作业，学生是否能坚持、有效参与同样非常重要。结合实践内容与教材内容，我们把整个活动拆分为三个主题，留10次具体的

作业（见下表），带领着学生始终参与到活动中去，不掉队，不无聊，不艰难。

一方面，作业设计特别注重了"分层"，保证了每个学生都有能力参与：A 项是基础作业，必做；B、C 两项针对实践活动，学生可根据自己的能力任选一项完成。另一方面，教师全程参与到学生的作业中去，帮助学生根据"最近发展区"选择适合自己的任务并指导完成。比如，"闻秋风"这一实践项目，老师结合教材中的《听听，秋的声音》启发学生细细观察身边景物，听到并叙述秋风带来的声音，并鼓励有能力的学生用写日记的方式记录自己听到的秋风。

主 题	课 时	作业内容
一、寻找诗中之秋，赏玩古今之秋景秋声	1	A. 背诵《赠刘景文》。 B. 朗读《山居秋暝》《秋登宣城谢朓北楼》。 C. 查找关于秋天的古诗并朗诵。
	2	A. 背诵《夜书所见》，默写《山行》。 B. 朗读《秋晚的江上》。 C. 给你喜欢的秋天的古诗配图。
	3	A. 朗诵《听听，秋的声音》给家人或者同学听。 B. 听听秋风，告诉你的同伴。 C. 写一写你听到的秋风。
二、寻找文中之秋，品味秋景秋声之美	4	A. 写生字，朗读《铺满金色巴掌的水泥道》。 B. 观赏秋叶、秋花。 C. 用喜欢的方式记录你观赏到的秋叶、秋花。
	5	A. 有感情地朗读《铺满金色巴掌的水泥道》。 B. 朗读《北京秋天下午的我》，运用课上学到的方法理解其中难懂的词语。 C. 朗读《故都的秋》，运用课上学到的方法理解其中难懂的词语。

续 表

主 题	课 时	作业内容
二、寻找文中之秋，品味秋景秋声之美	6	A. 写生字，朗读《秋天的雨》。
		B. 找找下雨的音频或视频听。 C. 听听秋雨，说说感受。
	7	A. 有感情地朗读《秋天的雨》，背诵第二自然段。
		B. 收集秋天的声音，说说感受。（这天北京小雨） C. 听秋，记录感受。
	8	A. 写生字，朗读《秋天的雨》。
		B. 品尝秋果，说说感受。 C. 品尝秋果，记录感受。
三、赞美我身边的秋	9	A. 跟同伴互相读找到的文章，一起理解其中难懂的词语。
		B. 说一说你近期发现的秋天的变化。 C. 写一写秋天的变化。
	10	A. 整理你这个单元所有的观察结果。
		B. 日记：《"一整个儿"秋天》，试着用上积累的词句。 C. 日记：《"一整个儿"秋天》，写写真实的想法和感受。

3. 持续反馈不断生发，"全评价"助力效果提升

及时的反馈能增强作业的效果，是学生作业兴趣和效果的保障。评价中，教师和学生都是评价者，评价重点关注学生的参与程度，倡导积极参与、合作参与、认真参与，不仅在每个主题的节点举办多种多样的活动来展示反馈，还举办持续性、生发性的长期展示鼓励其他学生跟进。各项评价都采用"摘星""得星"的形式（见下表），学生在多次得到星星的过程中反复体会，不断获得成就感。

项　目	展示方式	评价标准
分享一 秋之声	朗诵秋天的文学作品；诗配画；展示自己制作的有关秋风、秋雨的音像作品。	★参与一项摘得一颗； ★合作展示摘得一颗； ★小组活动中脱颖而出摘得一颗； ★班级活动中得到好评摘得一颗； ★板报展示中优胜可以获得不同颗数。
分享二 秋之色	展示和秋天相关的摄影、绘画、手工等作品。	
分享三 秋之韵	创作和秋天有关的日记、散文、诗歌，然后进行展示和交流。	

在两周多的时间里，很多学生选择多种完成方式，积极地参与到"寻秋·赏秋·赞秋"活动中去。更多的学生参与了平时不常参与的小组朗诵、交流等活动，还产生了大量丰富优秀的作品，如叶画、小诗、日记、诗配画等，作品的持续展示不仅激励了创作者，更带动和启发了更多人的参与……他们走入广阔的文学世界和大自然，亲历学习意义的探寻，全方位地认识了秋天这个季节，经历了多样的审美体验，爆发了强烈的创作欲望，不断在作业完成中生成新的成果。

三、教学反思

"全学习"式的作业减少了重复性、检验性的任务，令学生有了更多的时间参与到实践之中，产生了丰富多彩的学习成果——"秋天"不仅仅是课本上的字词句段篇，更是身边"一整个儿"秋天。这次成功的探索让我更加坚信，要在生活中学习语文，而不是在语文书中学习生活。教师必须站在生活的高度、课程的高度来设计语文作业，要综合考虑课程标准、作业的必要性、与生活的联系程度、难度等相关因素，要通过作业降低学生过重的负担和精神压力，从而提升学生学习自信和学习兴趣，激发学生的学习责任心，拓展学生解决问题和实践创新的能力，这才是真正的"减负"和"增效"，这才是有价值的语文作业。

创设多元实践活动，让语文学习从"有意思"到"有意义"

北京市育英学校密云分校　张玉淑　罗蓉

一、作业设计缘起

由于受新冠疫情的影响，2020年寒假结束后，学生不能正常返校上课，教师只能进行线上辅导。虽然眼前无学生，但是心中要有学生。如何站在学生学的角度设计任务和活动，激发学生学习语文的积极性，是教师必须思考的问题。

《义务教育语文课程标准（2022年版）》指出："语文课程是一门学习国家通用语言文字运用的综合性、实践性课程。"疫情背景下的线上语文学习，应该通过具体情境下的言语实践，让语文这门综合性、实践性的课程，真正融入学生的生活，让他们在运用祖国语言文字过程中，发现、感受、传递它的美。从2017年至今，我校一直在努力构建"全学习"的多元化课程体系，通过丰富多元的课程活动，让学生在情境中思考真实社会问题，调动学生的创造性，培养学生的创新精神。我所教班级的学生，性格较内向，语言表达能力不强，常规作文教学不能很好地激发他们的写作兴趣。因此，结合课标、学校课程理念以及本班学情，在线上学习期间，我转变观念，借助自身的兴趣和优势，开发设计了"疫情下的语文言语实践活动课程"，旨在调动学生兴趣，增强他们的参与感，在实际情境中进行语言文字的运用，从而落实"全学习"课程理念，让学生感受语文学习不仅"有意思"，而且"有意义"。

二、设计与实施过程

1. 问卷调查，了解需求

2020年寒假期间疫情开始蔓延，我开始谋划开学后学生居家线上学习。如果继续按照过去线下的教学思路，学生的学习状态无法监控，语文课很可能就会缺乏实效。为了激发学生的语文学习兴趣，充分调动他们的能动性，打开思路，活跃思维，让学生在课堂学习和完成作业的过程中有更多的实际获得，我设计问卷，调研学生对语文课堂线上教学方式、作业形式等的实际需求。

2. 结合实际，统筹规划

在调研中学生普遍反映，希望老师布置"有意思""有创意""和生活联系紧密"的实践作业。我决定充分发挥线上学习方便灵活的优势，以"作业"为切入点，通过作业内容和形式的创新，倒逼学生的语文学习。我结合课标、学校课程理念以及本班学情，以"疫情"为背景，从中挖掘学习资源，创设情境，设计活动任务，调动学生兴趣，增强他们的参与感，在实际生活中进行语言文字的运用，从而落实"全学习"课程理念，进而提升学生语文学科核心素养。

3. 制定纲要，过程指导

本课程以"疫情"为背景，设有四大板块，分别是："直面灾难""热爱生活""泛舟文海"和"珍惜当下"；2020年暑假，我以"后疫情时代"为背景，将本课程进一步深化，也设有四大板块，分别是："遨游书海 沐浴墨香""青春印记 简单温暖""美好生活 绽放光彩"和"奇思妙想 回首二〇"。设计这些活动和任务，目的是从语文学科角度引导学生聚焦疫情不同阶段，展现学生应对疫情的不同层面，既落实对学生语文学科核心素养的培养，也充分发挥语文学科的育人价值。

每周日我在线上发布课程任务，学生用一周时间完成，其间，我会给学生推送相关的学科阅读资源，利用微信与学生一对一交流，及时沟通，对内容、表达等进行评改，每周六在班级语文群总结评价上周的作业，以美篇形式展示。全班学生轮流制作美篇，教师给予过程性指导，对他们撰写的活动小结进行点评。

4. 成果梳理，持续推进

2020年暑假期间，在我的指导下，全班同学组建班级编辑小组，对一个学期以来本课程的阶段成果进行梳理、修改、校对、提升，最后将一学期的成果集结成册，印制出了"成果集"。2021年寒假期间，我组织学生编订了"成果集（二）"。此外，将之前的课程教学成果转化为新的教学资源。如议论文起始课，以"成果集"中我的一篇文章《年轻人有个"忘年交"是一种幸运——观＜知否知否应是绿肥红瘦＞和＜小欢喜＞有感》为例来切入。学生们拿着自己编订的、自己老师写的"教材"，自豪感油然而生，这本身也是一种学习情境的创设，很好地激发了他们学习议论文的积极性。

5. 成果展示，促进提升

除了过程性指导，我还为学生提供各种展示的平台，通过老师和同学的评价，促进他们进一步提升。比如每个月，我会利用一节课的时间进行常规展示，梳理这一个月以来的典型作业。课上学生用PPT展示介绍本次实践作业的想法、选材缘由、作业中的思考等，本组内其他学生点评、追问或质疑。在每月一次的展示活动中，学生的语文素养得到了提升。

此外，一些项目学习还有专门的成果展示，如"一蓑烟雨任平生"——《苏轼传》阅读成果展。基于学生对《苏轼传》这本书的阅读，我设计了"画苏轼""读苏轼""评苏轼""悟苏轼"等项目学习活动，并由学生确定本次展览的主题，撰写前言和尾声，最后将学习成果编辑成册。

"我是校园小小设计师"项目式学习，学生从语文学习的角度，设计学校校园文化标识，撰写设计理念、内容、意图。创意通过后，派代表与广告公司对接制作，交流想法，最后依据大家的设计制作成品，在学校的各个角落展示。有的同学在体育馆门前撰写对联，有的在莲花池旁将《爱莲说》改写成一首七言律诗，有的结合校训在竹林撰写"胸有成竹"的解读，鼓励同学们好好学习……

三、教学反思

（1）目标逆向化。基于教学的逆向设计理念，我确定本课程的总体目标，就是在具体情境下训练学生的阅读、写作能力。我还仿照统编教材"双线组元"的编排方式，各单元内容都将"人文主题"和"语文素养"有机融合。

（2）任务情境化。这些任务创设的情境与现实联系紧密，引导学生关注社会生活，关注周围的环境，不再"两耳不闻窗外事"。

（3）作业成果化。每次布置的任务都需要上交作业，作业的表现形式丰富多样，并以美篇形式分享到班级群、朋友圈。

（4）评价多元化。"全学习"理念倡导教、学、评一体化，因此，我结合任务内容和特点，设计了教师评价、学生互评、家长评价等多元评价方式。

（5）成果资源化。每个学期，我将学生作业编订成"成果集"，我任主编，学生担任副主编和编委。我还认真分析每一章的内容、任务和文体特点，基于单元学习的目标，把它们作为教学的辅助资源。

这项"全学习"式作业旨在通过具体情境下的言语实践，让语文这门综合性、实践性的课程，真正融入学生的生活，持续关注学生语言表达能力的提升。在"双减"背景下，同时也在疫情的特殊时期，这样可更好地调动学生的积极性，让他们体会到语文学习不仅"有意思"，更"有意义"。

独一无二的定制学习单
——七年级语文原创字词互测卡

北京市建华实验学校 唐婷婷

一、作业设计缘起

"双减"背景下,我一直在探索如何让自己的课堂效率更高,在有限的时间内,让学生学得更多、更深、更快乐。设计原创字词互测卡,源于我在这样的探索中对课堂教学的反思——每次讲到课文生字词这部分,大部分学生就表现出沉默或不耐烦,无论如何精选、组合、关联字词内容,还是变换采取听写、检测、比赛等各种方式,效果都不甚理想。但这部分内容对于学情来说,又很有必要。

为了改变现状,我决定大胆一试,把这样一项其实很简单的学习内容交还给学生,让学生们来主动学习。通过原创字词互测卡,引导学生自主钻研生字词和基础知识,化解课堂字词解析的枯燥和低效,引导学生转换思维方式,最终实现自觉快乐掌握字词的目的。

二、设计与实施过程

1. 尝试阶段,思维碰撞

起初,我只是给每个学生发了一张小卡片,要求上面写明课名、出题类型(填空和问答),每个人不写名字,只留下一个出题密码,然后在不同班级之间互换答题,再归还本人批改,最后再还给做题人。这样试行一次,学生们兴致很高，尤其是密码的设置，花样百出。但这也带来了一些问题：多次来回交换，靠密码认领出现的混乱；限定的题型，妨碍了学生的思维，局限于课文理解；个别学生，态度不端正，写了一些不文明的文字、符号等。

2. 改进阶段，规范要求

首先，制定了严格的规范要求，包括出题说明、答题说明、注意事项等方面。

出题说明：出题人需首先对教材进行深入细致的研读，所有题目紧紧围绕本课字词进行设计，旨在帮助同学掌握本课重点、易错字词及文学常识；所有题目的答案均在本课教材之中，可以是原文、注释、课后习题、读读写写等教材上的各种内容；题型可以是注音、写字、填空、选择、判断等，不仅要从知识层面进行考核，还可以从审题仔细等方面进行考察；出题人要尽可能严谨、细致、准确、抓住要点，体现出自己在学习中的细心和认真，并且注重排版和书写，清晰、工整、美观、大方，展现自己的审美追求；题量控制在答题人5分钟左右完成的程度；待答题人答完互测卡收回后，出题人首先要查看试卷并反思自己有无出题错误的地方，若有要首先自我纠错，然后用红笔认真批改，将错误回答和空白都填写上正确答案；在互测卡的最后给出答题评价，可以用优秀、良好、加油三种方式，还可以根据答题人完成情况给出真诚的表扬、鼓励或者学习建议，并总结出题的经验和方法。

答题说明：答题人拿到互测卡，首先对题目进行细致检查，用红笔修改正确，并根据错误情况给予测试题质量评价，毫无错误为A等，1～2处错误为B等，3处及以上错误为C等；然后开始认真回答全部题目，书写清晰、工整、美观，若出现超纲题目可以提出修改建议并进行作答；待出题人批改返回后，答题人需要认真核对答案，发现自己的错误，并及时纠正，可以在文中把错误的字词圈画出来，并认真写几遍，及时巩固自己的基础知识，并将互测卡用心收藏。

特别注意：出题人和答题人都应尽量体现出专业和严谨，展现自我修养，互测卡上不允许出现任何不文明、不健康或消极的信息，一经发现，一律严肃处理；出题和答题活动是现阶段为了帮助同学们巩固基础知识的重要作业，所有人均得认真对待，对于态度不认真、出题或答题质量极其糟糕者也将进行严肃处罚；所有人都既是出题人又是答题人，可以互相体会彼此的心情，既要有互相考察的客观、严厉、精细，又要用心用力、互相帮助、共同提升。

其次，在出题人评改答题人回答情况的基础上，增加了答题人对出题质量的评价，并引导学生互相激励、帮助。

最后，及时点评完成情况，给予肯定和指导。每一轮出题、答题、评改结束后，我都会将所有作品收回来核查，对于学生没有发现的错误进行及时更正，对于出题或答题出现的亮点及时予以肯定，并根据情况在课堂上进行班级反馈和经验交流，最后由答题人收藏字词卡。

3. 奇思妙想，集思广益

学生完成情况良好，大部分学生兴致很高，出题十分仔细，在预习时仔细阅读课文，结合自己的困难点进行出题，对于不确认的字音、字形、字义会主动去查阅核实，实际完成情况和质量超出预期，找到的字词比老师在备课时找出的字词更为丰富和细致，最重要的是更为贴近他们的实际情况和需求，学生自然对于字词的掌握也更加积极、有效。

涌现大量既有创新性又生动有趣的字词题目。比如在《猫》一文的字词互测卡中有学生出题为："小明是一位来自叙利亚的中学生，有一天爆发了战争，小明唯一一本珍贵的汉语语文书被炸得残缺了，请您帮他补全一下……"

学生评判十分认真，还根据老师的提示在题干上"设些小陷阱"，帮助同学学会审题。在互相鼓励的评语中，还出现了很多感人的句子。比如，记者采访的情境题，学生留有评语："结局——你在电视台成了人尽皆知的小可爱，都说你知识渊博，从此以后，你就成了本电视台的专用小记者啦！"

还有鼓励激励型的："其实你写得都很正确，但如果你的字写得好一点就更好了，加油！"

也有简短的温馨提示："答得很认真，不过注意改错哦！"

也有比较严厉的："后半部分明显不够认真，希望下次可以全程认真对待，总的来说，题出得还是很不错的，继续加油哦！"

这些学生之间因为语文作业而互相给予的评语，不仅仅帮助学生提升、改进，让学生之间可以互相学习，更在某种程度上增进了他们之间的友谊，促进了班级和谐。

根据最新的对三个班的"语文作业你喜欢吗？"的问卷调查显示，最受学生喜欢的作业就是原创字词互测卡。

三、教学反思

任何一个教学困难点都隐藏着一个教学创新点，只要仔细去发现，大胆去尝试，坚持去改变，就会寻找到新的出路。"双减"作业，减时间、减压力而不减质量，教师就要积极探索学生喜欢的形式，激发学生兴趣和发挥主观能动性。要培养具有创新思维和创新能力的学生，就要尽可能地去发掘学生的自主创新能力，让学生自己去寻找作业来源，转变身份和思维，去设计作业，实现与同学之间的作业交流，引导他们在快乐的创造与交流中完成知识的积累和能力的提升，使作业训练目标更有效地达成。通过这次实践，我更是深切地感受到学生的创造力是无限的，是难以想象的，一旦开启这种创造力，就会为教育注入更强大的力量。

"种蒜苗"：单元长周期数学实践作业设计案例

北京市育英学校　方广琴

● 一、作业设计缘起

学习是一个漫长的过程，数学知识之间并非孤立地存在。在长时间的学习过程中，教师要用发展的眼光看待学生、看待知识，拓宽教学视野。设计作业时，可用"合"的策略，包括学生间的配合、学科间的整合、知识间的融合，充分考虑学习素材、学习内容、学习时间等各种因素，突破时空限制，达到取"长"补"短"的目的。

"双减"政策背景下，减轻学生的课业负担已经成为全社会的共识。因此，创新高质量的作业内容与形式是亟须解决的问题。结合四年级数学课学习的"数据的表示和分析"，科学课的"种一种植物"，我们设计了"小蒜苗，伴成长"的实践作业，将统计知识与生活相结合，帮助学生在完成作业过程中建立起"数据分析观念"，学习小课题研究。根据不同人所栽蒜苗在同一天的高度学习"条形统计图"，根据同一个人栽的蒜苗在不同时间的高度变化学习"折线统计图"，若需要进行对比，就产生"复式统计图"的学习必要。这样，将每课短篇幅的作业变成单元长周期的研究。学科间的知识有效整合、单元间的知识巧妙融合；学生通过新颖的学科融合的学习方式，培养了自主探究的意识，增长了自主学习的能力，使学习更高效、更深入。这样设计，改变了作业模式，让作业设计最大限度地拓展学生的学习空间，真正实现课业的"减负、提质、增效"。

二、设计与实施过程

教师引领每个学生理解实践作业内容，为在作业中形成研究报告积累相关素材与思考，形成问题研究中的相关报告，以小组为单位进行汇报。

1. 呈现作业任务，明确作业目标

学生在完成作业的过程中经历了数据"收集描述—整理—分析"的研究过程，了解了小课题研究的基本方法；进行了折线统计图、条形统计图的学习，并在作业汇报中选择了合适的统计图进行汇报说明。

作业目标：

（1）经历动手实践、收集数据、将实验数据绘成统计图的全过程。

（2）能读出统计图所表示的信息，并对统计图进行分析。

（3）提高动手能力、观察能力、研究能力，增强学生责任意识。

2. 细化问题主题，逐步落实完成

作业方法和步骤：

（1）将每瓣大蒜剥去外皮，要注意不要伤及蒜瓣尖部的嫩芽。

（2）将剥好的蒜瓣用牙签串好，注意牙签尽量从靠近边部穿过，不要让牙签碰到蒜瓣内部中间的嫩芽。

（3）容器可以选择不同的生长条件，例如一个容器是水培，另一个容器是土培，分别记录两个容器中蒜苗生长的情况。

（4）记录时长 3 周，学生根据需要灵活地选择合适的方法进行记录。以小组为单位形成研究报告，说明种蒜苗的整个过程中还有哪些问题，小组成员间共同深入探讨并研究，把研究过程记录下来，写成研究小论文。

3. 小组深入探讨，形成研究报告

根据自己的观察、研究过程，小组内合作交流，想办法将作业内容用图文并茂的形式呈现出来，如条形统计图或者折线统计图，然后在班级里交流展示。

作业中学生提出很多问题：不同生长环境对蒜苗的生长有什么影响？不同水质对蒜苗生长有没有影响？单瓣和独头蒜生长情况有什么不同？学生不仅感受到作业完成的乐趣，而且更加深刻地体验到数学的应用价值。以下是一些作业的片段示例：

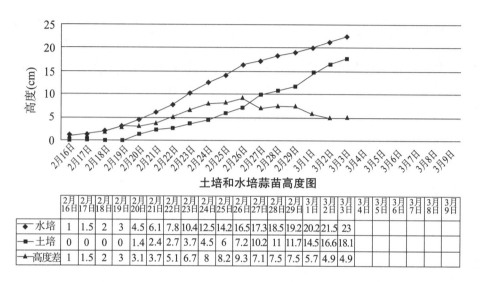

土培和水培蒜苗高度图

	2月16日	2月17日	2月18日	2月19日	2月20日	2月21日	2月22日	2月23日	2月24日	2月25日	2月26日	2月27日	2月28日	2月29日	3月1日	3月2日	3月3日	3月4日	3月5日	3月6日	3月7日	3月8日	3月9日
◆水培	1	1.5	2	3	4.5	6.1	7.8	10.4	12.5	14.2	16.5	17.3	18.5	19.2	20.2	21.5	23						
■土培	0	0	0	0	1.4	2.4	2.7	3.7	4.5	6	7.2	10.2	11	11.7	14.5	16.6	18.1						
▲高度差	1	1.5	2	3	3.1	3.7	5.1	6.7	8	8.2	9.3	7.1	7.5	7.5	5.7	4.9	4.9						

　　从图上可以看出，在原点处，水培折线在土培折线上面。这是因为16日我种时水培蒜苗已经出芽了。20日之后土培折线开始上升，这是土培蒜苗发芽后开始追赶了。从高度差折线图上还能看出，26日之前高度差在增加，这说明水培蒜苗每天的生长速度要比土培快。转折点出现在26日，高度差在减小，土培蒜苗长得比水培快了。

　　为什么26日会发生这种变化呢？我和妈妈一起上网查找原因，原来蒜苗生长需要充足的水和适宜的温度，18℃以上温度最合适。我想起来，25日我看到土培花盆有些干了，我多浇了水，而且从25日那天开始天气转暖，阳台上比前几天更暖和了，所以才有26日土培蒜苗的加快生长。原来不是土培蒜苗不如水培蒜苗，而是因为没有得到合适的水和温度，都怪我没有照顾好它们。

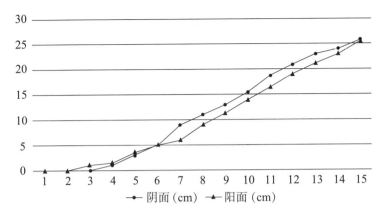

水培蒜苗阴面和阳面对比实验

三天后,阳面的蒜苗先冒出了嫩绿的小芽,而阴面的蒜苗却还没有发芽。接下来的几天,我每天测量,起初阳面和阴面的蒜苗生长速度差不多,后来阴面的蒜苗开始长得快了,阳面的蒜苗长到6厘米时,阴面的已经长到9厘米了。这很出乎我的意料:为什么沐浴在阳光下的蒜苗反而没有阴面蒜苗长得快呢?带着疑惑,我上网寻找答案,网上说蒜苗生长的适宜温度是16℃~20℃。而我家阴面的阳台正好在这个温度区间,而阳面温度太高了,所以阴面的蒜苗长得快。但是,阳面的蒜苗不甘示弱,努力生长,慢慢地,两面的蒜苗长度差越来越小。同时,阳面蒜苗逐渐显出了自己另一方面的优势,那就是由于光合作用,它们的颜色比阴面的蒜苗更显翠绿,更好看。

三、教学反思

在作业实施过程中,学生依托已经学过的"统计与概率"知识,进行"收集数据—制作统计图表—提出数学问题—分析问题(做出预测和判断)"的全过程研究,体验到了运用知识解决问题的乐趣。同时,在这个过程中也丰富了学生的生活阅历,他们通过各种渠道、方法分析蒜苗生长规律,寻求帮助,解决问题,最终形成了自己的研究小论文。班级的展示交流也为学生提供了一个全新的分享、学习、交流的平台,每一个人都参与了学习全过程。这些丰富的实践作业,培养学生将学习所得融合、内化、迁移的能力自如地运用到现实生活中，享受应用数学的价值，提升了实践应用能力。

减负不减质！数学知识与生活有着紧密的联系，数学来源于生活，也服务和应用于日常生活。因此，我们可以利用数学学科的这一特点，结合学生的年龄特点，在设计作业时以生活化的问题为基础，由知识走进生活，融合自主探索、创新实践等元素，引导学生多角度、多方位、多渠道去学习和探究数学知识，培养学生探究和应用数学知识的意识。

测来测去，"圆"来如此

北京市育英学校　张嘉懿

一、作业设计缘起

圆所蕴含的美感、文化的厚重感以及处处可见的亲切感，让它一直深受学生的喜爱。刚学完多边形的面积，就有同学迫不及待地问："老师，什么时候才能学圆？"但圆作为学生学习的第一个曲边图形，其蕴含的数学思想方法更丰富了，学习方法也出现了较大的变化，加之计算的复杂性，给学生带来了巨大的挑战。

"双减"背景下，作业不再只是为了检测学习效果、巩固知识，更是承接学校学习和自主学习的重要一环。在圆单元的作业设计中，如何平衡大量计算练习的需要和学生学习的兴趣？如何让作业既减量，又增智；既兼顾创意，又保有温度？"全学习"理念强调：在教学中要关注如何培养学生的能力，激发学生学习的动力，关注学生的终身学习，创设"以学习者为中心"的环境与文化。因此，在圆单元，我尝试设计"全学习"式作业——测来测去，"圆"来如此，通过运用学校文化、空间中的圆资源，为学生提供丰富的学习方式，在实现学科学习目标的同时，将数学与生活联系起来，调动学生的学习兴趣，赋能学生自主学习。

二、设计与实施过程

本单元的教学内容主要有圆的认识和圆的测量，圆的认识是圆的测量的基础，反过来，圆的测量是对圆的再认识。一单元教学以后，通过对学生作业的诊断，发现在圆的认识学习中，识记圆的各部分名称及概念不难，但利用圆"一中同长"等知识来解决问题，并不容易；在圆的测量内容中，圆的周长、面积公式学生都能脱口而出，但套入公式解决问题，学生往往会带错公式，半径、直径用错等问题层出不穷。实验和研究表明，大量的、重复性的计算练习能够帮助学生更好地掌握知识、技能，但会降低学生学习的积极性。

基于对教学内容和学情的把握，本次作业侧重于让学生在测量过程中，通过改变学习方式、解决真实问题，调动学生学习的积极性，同时强化学生使用面积、周长公式的熟练度，引导学生对圆进行再思考。

1. 作业要求，精心准备

在大单元整体备课之中，我们设计了以下作业：

测来测去，"圆"来如此

同学们，古希腊毕达哥拉斯曾说过："一切立体图形中，最美的是球，一切平面图形中最美的是圆。"大千世界，圆的美可谓无处不在。我国古人说："花好月圆""外圆内方"，圆的美好寓意根植于文化之中。生活中，圆更是无处不在，像汽车的轮胎等，相信有心的你，一定在生活和校园中发现了很多圆！

本单元学习了圆，老师为大家精心准备了"营养丰富"的作业大餐，希望大家在掌握知识的同时，还能学得轻松，测得快乐。下面就请走进生活、校园，发现美丽的圆世界的奥妙吧！

任务一：走入生活，慧眼识"圆"。

请你走入校园、生活，观察生活中的物体，抽象出圆，并通过画画或者拍照的方式记录下来。

任务二：测来测去，自"圆"其说。

请你挑选出 5 个你发现的圆，采用合理的测量方式，并使数据尽可能精确。可测量圆的直径、半径，求周长、面积，也可测量周长，求出半径、面积。还有以下 3 个挑战性问题，欢迎你和你的小伙伴一起解决。

挑战性问题1：同学们最喜欢的筑梦苑，藏着一条与众不同的小路，它是圆环形的，你能通过计算，算出这条小路的面积吗？

挑战性问题2：你发现了吗？操场上也有圆，快乐午间，笑笑沿着我们小操场散步，她一共走了5圈，你能测一测，算一算她走了多少米吗？

挑战性问题3：校园和生活中，还有很多与圆相关的问题，善于观察的你，发现了吗？请你把发现的问题记录下来，并灵活运用本单元所学知识进行解决。

任务三：解决问题，"圆"来如此。

通过任务二的测量和计算，你对圆又有哪些认识？想一想为什么这些事物的表面是圆形呢？这样设计的理由是什么呢？请你尝试用学过的知识解释其中的道理。

2. 探索研究，注重过程

本次作业注重过程而非结果。在学生进行小组分工以后，教师会不定期询问学生的完成情况，与学生交流遇到的问题。刚开始大部分小组都是通过测量圆的周长来计算面积的。关注到这个细节后，我与学生交流，就有同学提出：怎么不测圆的半径或直径呢？一语惊起千层浪，不少小组开始尝试测量半径和直径，然后同学们又纷纷发现，在实际问题中，由于没有标注圆心的具体位置，圆的半径和直径并不容易被找到。于是，有较真的学生就开始讨论如何找到实际物体的圆心。在汇报中，我们也惊喜地发现，不少同学找了一些很可行的方法，同时也发出"圆真奇妙，'圆'"来如此的感叹！注重过程，让学生不仅掌握学习和生活必备的基础知识和基本技能，还学会合作交流、创造思考。

3. 给足时间，尊重个性

时　间	内　容
12月2日—12月3日	自由结组，并进行细致分工； 走进校园，确定测量内容。
12月6日—12月10日	请你利用快乐午间或放学时间，进行测量、计算。
12月11日—12月12日	梳理成果。

4. 成果展示，以评促学

本次作业要求小组合作完成，每组最少 4 人，最多 5 人。作业研究成果可以用 PPT 呈现，也可以在 A4 纸或 A3 纸上完成（图文并茂）。无论哪种方式均要体现研究过程，如测量内容、测量方式、数据计算、计算结果、研究成果、活动收获等，过程性的照片每组至少两张。作业活动分工明确，小组成员利用评价表进行自评互评。

小组分工			
组　长	小组成员	测量内容	详细分工
自评互评			
姓　名	评价内容	自评（最高 5★）	互评（最高 5★）
	能设计合理的解决问题方案		
	在讨论中出了不少好主意		
	认真完成了小组交给我的各项任务		
	在交流反思中表达了不少独特的想法		

三、教学反思

"全学习"理念下的作业设计和安排要遵循"以学生为主"的原则，丰富学生的学习方式，拓展学生的学习资源。本次作业设计改变以往的笔头作业形式，让学生走入生活、校园，充分利用环境的"圆"资源。"双减"之后，如何让作业真正有效？评价是很重要的一环，本次作业以自评、他评、师评成果展示的方式，引导每个学生真正参与学习，感受数学魅力。同时，给足学生完成的时间，尊重学生自由支配时间的权利，以此实现"人人可学，处处可学，时时可学"的"全学习"育人理念。

本次作业还有一个隐藏菜单——挑战性作业，给予不同学生不同的平台，同时搭配多种评价方式，有效调动学生学习的积极性。但同时发现，随着学生研究的深入，由于教师观察到生活中圆相关的问题不多，能给予学生的指导就少了，给学生的平台也少了。因此在引导学生用数学眼光看世界时，教师也要打开视野，发现生活中的数学之美。

小学数学拓展类作业设计的华丽转身

北京市育英学校　王小英

一、作业设计缘起

疫情期间，我校各个学科开启了线上教学，一直持续了整整一个学期。特殊时期，面对新的挑战，如何减负增效提质？如何尊重学生差异、满足学有余力的学生的好奇心和求知欲，为不同程度的学生提供探究空间，提高学生解决问题的能力呢？教研组老师们达成共识：每节课除了基础作业外，还要布置一项通过精心设计的拓展类作业。

拓展类作业要具有以下特点：注重激发学生的学习兴趣，不断提升学生的实践能力，注重趣味性、实践性；作业类型灵活多样、开放，重视问题解决，给学生思考的空间；关注学生实际生活；关注学生完成的过程，充分体现探究精神和创新精神。

二、设计与实施过程

1. 分工合作、集思广益

我们使用北师大版教材教学三年级下册内容。教研组老师们分工合作，对自己负责主备的课时内容的拓展类作业，基于教学目标先行设计。每周一次的线上教研，都要对每道题目进行研磨、补充或调整，直到大家满意为止。

每天线上教学结束后，学生会将完成的作业通过平台上交，我们逐一进行批阅，进行文本分析，并选出优秀作业在班级群里进行展示。拓展类作业中经常会有不同的解决方法，老师们进行汇总并制作PPT，第二天课上先进行及时反馈。

2. 作业描述、学生表现

（1）书面作业，灵活多样、激发思维。

①解决问题的方法多样。

在教学"巧求面积"后，我们设计了一道求阴影部分的面积的题。

题目：一个长方形被两条直线分成4个长方形，其中3个长方形面积分别是80平方厘米、20平方厘米和50平方厘米（如右图）。阴影部分面积是多少平方厘米？

学生的解法及分析如下：

A. 利用具体数据解决问题。

直接判断面积是20平方厘米的长方形的长和宽，用除法或乘法计算。

5×4=20（平方厘米）

80÷4=20（厘米）

50÷5=10（厘米）

20×10=200（平方厘米）

B. 利用数量之间的倍数关系解决问题，画图或用算式表示4倍关系。

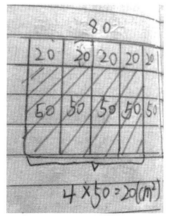 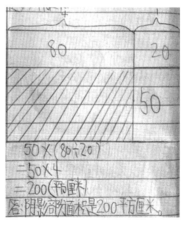

C.利用字母表示长度，帮助解决问题。

b×d=50

a×c=80

a×d=?

a×b×c×d=50×80

因为 b×c=20

所以 a×d=4000÷20=200（平方厘米）

不同思维路径的学生，用不同的方法解决问题，激发了学生潜能。

②问题的答案多元。

在教学《按规律填数》这一内容后，我们布置了几道线下探究题，最后一题如下：

2	3
5	4

1	3
7	15

2	7
?	22

当天，学生提供了四种不同的答案：5、67、97、111。即便结果同样是67，观察的角度也有所不同。没想到这道题激起了学生的探究兴趣。这个有意思的问题，连家长也被吸引："老师，今天最后一道题，是答案不唯一吗？"同时发来孩子的三种解法，并说"算了一下午了。实在忍不住了，才让我问问最终答案是多少"。

反思日常教学，难道不是如家长所说吗？关注标准答案，是多少老师的教学常态？扪心自问：到底真正给学生提供了多少"开放"的探究空间，尤其是结果的开放？关注学生研究精神、批判性思维的培养了吗？这些，才是促进学生长远发展但教学中最缺失的内容。

（2）实践作业，链接生活、感受应用价值。

疫情期间的居家学习，为学生创设了更多了解家庭、关注生活的契机。

在认识面积单位后，让学生用面积单位平方厘米、平方分米、平方米测量家中物体的面积。

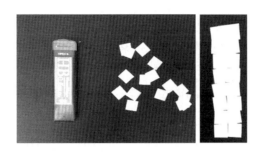

一个铅芯盒面积大约是 16 平方厘米

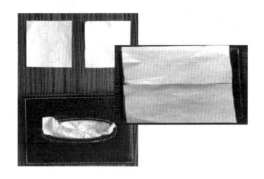

一个纸巾盒的面积大约是 2 平方分米

在学习完统计图后，选择你感兴趣的事物，如家中的图书等，对种类和数量进行统计，用点线图呈现统计结果，并写一写你的发现。

数一数家中的餐具各有多少，估计从没这么"折腾"过厨房。

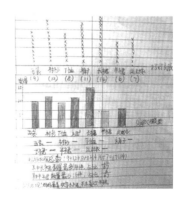

爱美的女孩，都是从统计妈妈的衣服开始的！

当数学与生活相遇，相信学生会从中感受到数学有趣、有用、有魅力！在实践活动中，学生调动了主观能动性，发展了独立思考、解决实际问题及创新的能力，感受数学与生活的密切联系！

学完"长方形、正方形的面积"后，让学生尝试用长 36 厘米的铁丝围图形（没有形状的限制），围成什么形状面积最大？

大部分学生认为围成正方形面积最大，但也不乏创新者：

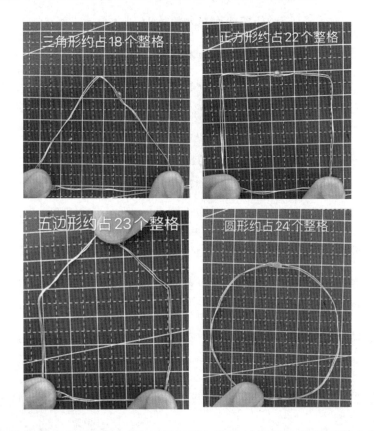

奇迹的发生也有必然性，是老师们精心设计的题目，激起了学生的探究欲望，让他们尽情地在浩瀚的知识海洋中遨游！

3. 作业调研、倾听心声

尝试一个学期，学生会有哪些收获呢？我对所教的两个班的 73 名学生进行了调研。

第1题：你对拓展题的喜欢程度如何？

选　项	人　数
喜欢	55
一般	16
不喜欢	1
空	1

第2题：选择"喜欢"的同学，喜欢的原因是什么？

知识与技能	1. 能增长知识。
	2. 通过做题，知识点记得很牢固。
	3. 老师讲得很有条理，能听得懂。
过程与方法	1. 能动脑筋，与现实生活有密切联系。
	2. 学会多种解题方法。
	3. 喜欢探索新知识。
	4. 思考全面才会做对。
情感体验	1. 题目有趣，拓展思维。
	2. 有难度，动脑子思考出来很有成就感！
	3. 有些题一开始不会做，经过反复读题、思考，最后会做了，很开心！
	4. 因为一些题很难，当想出来的那一瞬间，会有恍然大悟的感觉。
	5. 榜样力量、同伴作用。

第3题：你是通过哪些方式、方法去解决问题的？

方　法	1. 画图、列表。
	2. 利用公式及变式计算。
	3. 查阅资料（课本、参考书、上网）。
	4. 请教老师（上课听讲或回放）。

续 表

方　法	5. 与同学、家长探讨。
	6. 动手实践（剪纸、测量、利用身边事物）。
	7. 讲方法（倒推法、枚举法、假设法、有序思考）。
	8. 回顾基础题，再做拓展题。

三、教学反思

拓展类作业的设计，激发了学生的探究兴趣，学生的方法经常令老师们脑洞大开。特殊时期，不排除家长参与指导，会比日常线下课堂方法更丰富。但无论如何，学生的表现还是令人感到惊喜和意外。不得不承认，学生的思维不一定弱于成年人，他们所受的思维定式更少，而小学正是培养创造力的最佳时机。

老师们和学生一个学期虽不曾谋面，但是这些拓展类作业，无时无刻不在牵动着师生的探究热情，链接着课堂与生活，在尊重差异的同时，让学生感到学习的价值及成就感。

设计拓展作业的目的就是培养学生的思维。教育的本质是培养思维，培养思维的最好场所是课堂。

线上教学结束后，拓展类作业的设计延续到线下教学："双减"背景下的作业，我们坚持每天给学生至少设计一道拓展类题目。

线上线下无缝链接，完成了拓展作业的华丽转身。

基于 SWOT 分析法的问题分析式英语作业设计

北京市育英学校　栗方薇

一、作业设计缘起

1. 创建"解忧杂货铺"，试做"解忧秘方"

在进行人教版八年级上 10 单元教学设计时，我通过创建班级"解忧杂货铺"接收学生的烦恼，继而通过 SWOT 态势分析法对烦恼进行分析并制作"解忧秘方"，力图实现单元情境创设、学科育人与思维品质发展的融合。

2. 利用 SWOT 分析法，提升思维品质

在英语学科中培养学生的思维品质，就是引导学生逐步养成学会分析、推断、归纳等思维方式，从而提升其思维的逻辑性、批判性和创新性。SWOT 态势分析法中的 Strength（优势）和 Weakness（劣势）是对现状优势和劣势的分析，而 Opportunity（机会）和 Threat（威胁）则是对后果的预测，如采取积极措施，则会相应产生积极的影响，反之亦然。下面，我将具体说明我是如何运用 SWOT 来提升学生思维品质的。

二、设计与实施过程

本单元在进行单元整体作业设计时，遵循"描述问题—分析问题—解决问题"的思路，第一步侧重简单描述问题，第二步是把这些问题归为三大类，第三步是介绍并利用 SWOT 分析法来分析问题，第四步是细致描述问题，第五

步则是在前面描述问题、分析问题的基础上，进一步解决问题。

我将主要呈现第五步的作业设计，涉及问题描述、问题分析和问题解决三部分，需要说明的是，由于 SWOT 分析法对学生的逻辑思维和语言表达有较大挑战，因此利用其进行问题分析的作业采用了小组合作的方式。学生在 SWOT 问题分析的基础上再进行独立写作、制作"解忧秘方"。最后将各小组选取的烦恼、SWOT 问题分析以及"解忧秘方"制作成班级"解忧杂货铺"的海报。

1. 课上回顾

（1）情境创设，激发兴趣。

情境导入中我告诉学生："我们的 Worry Relieving Store（解忧杂货铺）开张啦！我们收到了同学们的来信，你们与我们分享了自己的烦恼。"接着，我从学业、人际交往、时间管理三方面简单展示其中的烦恼。

（2）共同分析，激活已知。

我引导学生回顾帮助他人分析问题所用的句式，在引导学生回顾相关知识点的基础上，选取了来信中的一个烦恼，与学生共同进行 SWOT 分析，再次回顾 SWOT 分析法。基于 SWOT 分析，我提供回信的范文，引导学生基于评价标准来评价范文，为后面制作"解忧秘方"写回信的环节做铺垫。

Problem
I quarreled with my best friend and I don't know what to do. If I apologize first, I'll be embarrassed. If I don't talk with her, I'm afraid we won't be best friends any more.
师生共同进行 SWOT 问题分析
1. It helps to realize there is something wrong with your relationship so you need to make a change. 2. You mean a lot to each other. / 1. You two might lack understanding. 2. It's hard for you to commit your own mistakes so it makes it complex. / 1. Apologizing first will show that you really cherish your friendship. 2. Take the first step, like telling her what you really think. It will help to solve the problem. / 1. The relations between you two might get worse. 2. You may feel more depressed.

基于以上教学设计，学生成功回顾了相关语言知识点以及 SWOT 分析法，

我接着布置了以小组为单位选取来信中的一个烦恼进行 SWOT 分析的课后作业。

2. 课后作业

（1）小组合作，集思广益。

为确保小组合作高质高效，我们制定了小组合作评价量表。每位同学的职责和对其的评价标准如下：一是每位同学就自己负责的 SWOT 的那部分进行发言，组长根据发言人能否多角度思考问题来具体赋分；二是每位组员作为听众，在认真倾听完他人的发言后尽力给出建议，以帮助同伴完善分析，组长根据其给出的建议赋分。小组 SWOT 的呈现方式是一人执笔，其余同学依次进行发言或参与讨论。

通过小组合作，各小组的 SWOT 分析非常到位，为回信制作"解忧秘方"这项作业做好了铺垫。

（2）基于回信，推选最佳。

SWOT 分析的作业完成后，下一次作业是引导学生基于评价标准进行独立写作。之后，学生根据自评和他评选出组内最佳作品。

Evaluation Form		
Items	自评	他评
I try to be considerate and helpful.	★★★★★	★★★★★
I can give at least 2 pieces of advice with rich sentence patterns. · If ..., will ... · I think you should/could ... · You'd better ... · It's good/best for you to ...	★★★★★	★★★★★
I try to be logical.	★★★★★	★★★★★

3. 作业展示

（1）回信展示，客观分析。

最后一堂课是以小组为单位进行作业展示，展示内容包括问题（来信）描述、SWOT 问题分析和问题解决（组内最佳作品）三部分。由小组 4 人分工进行汇报。

下面是其中一个小组的作业展示。

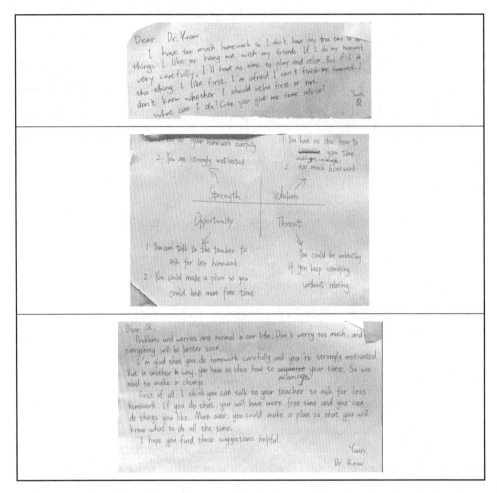

（2）作业反馈，奇思妙想。

通过展示可以看出，对于"感觉作业多、耗时长"这一问题，学生通过SWOT分析法分析出了其优势和劣势，比如优势是"做作业认真、学习动力足"；而劣势是"不知道如何安排时间"。对于机会，积极的措施对应积极的影响，学生分析道：你可以向老师求助（老师会根据你的实际情况布置更适合你的分层作业），如果你这样做，你也许就会有更多时间来做自己喜欢的事；你也可以制订计划，这样你就能更好地安排自己的时间。而对于危机，消极的做法会产生消极影响，学生分析道：如果你继续晚睡，你的身体健康就会受到影响。从"逻辑性思维能力"来看，学生对条件和结果关系的分析体现了学生探究"内在事物逻辑关系"的能力；学生对"感觉作业多、耗时长"这一问题进行的分析和推理体现了学生"批判性思维能力"的提升；而学生创造性地解决问题和表达观点则是"创新性思维能力"的体现。

更加难能可贵的是，学生在回信中体现了同理心，"不要太担心，一切都会没问题的"。"这一问题也是你对待作业认真、学习动力强的体现"。相信这样充满温度的回信会拉近写信人与收信人的距离，这也符合写作中"I try to be considerate and helpful"的评价标准。

（3）海报制作，成果展出。

根据各小组提交的"SWOT分析"和"解忧秘方"（回信）作业，学生继而进行整理，将全班作品制作成了海报。整体的海报从"问题描述"上来说分为 schoolwork，relationship，time management（学业、人际交往、时间管理）三类；而纵向的三栏则是 worries，analysis 和 solutions（问题描述、问题分析和问题解决）。

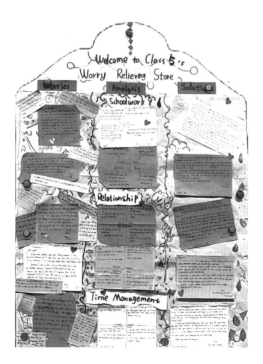

三、教学反思

1. 作业设计层层递进，逻辑思维丰富严谨

（1）本单元作业设计层层递进，学生在进阶学习中学会了描述问题、分析问题和解决问题；同时，利用 SWOT 在问题分析和解决之间搭设了台阶，有效帮助学生进行了问题分析和解决。

（2）SWOT 分析法使学生的逻辑思维得到了较大提升，学生对目标语言"If..., ...will..."的运用也更加到位。

（3）小组合作与独立学习相结合的学习方式尊重了学情，调动了学生积极性，提升了作业质量，作业展示也为学生提供了互相学习的平台。

2. 小组合作仍需打磨，日积月累不断进步

（1）课后小组合作仍需打磨，比如评价量表的作用应如何更好地发挥、分工合作应如何发挥更大的合力等，这都需要在实践中不断探索提升。

（2）在进行问题分析和解决时，学生在细节方面的表述存在不够严谨、不够地道的问题。

当然，这次作业尝试最大的收获是学生在思维品质上有了很大的提升，我会在日后的教学中继续探索。

制作健康生活杂志：基于主题意义探究的英语单元作业设计与实践

北京市十一学校一分校　刘石岩　范冬晶

一、作业设计缘起

"双减"背景下，如何进行作业设计能够切实减轻学生学业负担，体现素质教育导向是一线教师亟待研究的问题。当前英语教学中，作业设计往往易陷入以下困境：定位上以教师为主体；目标功能上倾向于"一课一练"；内容形式上较单一、重复，多为独立完成；评价反馈上，以"完成"和"正确"来衡量品质。不难发现，学生易对作业产生倦怠和抱怨心理，认为零散的练习缺乏趣味性和满足感。

探其根源，本质是教师对作业目标的认识不到位。教师普遍将作业目标归入教学目标，将其视为巩固教学成果、达成教学目标的有效途径，注重个人教学感受，忽略学生个体学习体验，从而导致学业负担的加重。为了突破局限性，依照"全学习"的理念，我们从教师和学习者的角度出发，将作业放入单元整体设计中，把作业目标融入学习目标，使教学活动更具系统性、整体性，使学生更好地实现学习目标，理解主题意义，培养学科核心素养，实现学生的"全学习"。

二、设计与实施过程

以部编版英语七年级上册五、六单元为例，依照"全学习"的理念，在单元学习前加入前测环节，通过调查学生们对运动物品、食品名称的英文表达掌握情况及对健康生活的认知，站在师生共同的角度上，确定了成果目标，并将关于运动和饮食的两个单元整合成了"Healthy Lifestyle"大单元，确定了"通过合理安排饮食和坚持运动等习惯构建健康的生活方式，是获得人生幸福的保障"的大概念和"认识什么是健康的生活方式""知晓如何培养健康的生活方式"以及"感悟健康生活方式的意义"的单元学习目标。

基于单元学习目标，围绕单元大概念，提出了三个开放性核心问题（what，how，why），用以实现与学生的思维对话，并设计了"以小组为单位，担任 Healthy lifestyle 英文杂志编辑，制作杂志专栏，宣传健康生活方式"的核心任务、相应的子任务和课时作业。

确定了成果目标，明确了思维对话的问题后，情境导引也是"全学习"中很重要的一步，在本单元实施中，借助了翻转课堂，改变了以往拘泥于文字的作业发布形式，而是以学生更感兴趣的形式来呈现：大单元任务作业视频。单元开始前，将海报（见下图）发至班群，学生扫描二维码即可观看时长约1分钟的视频。这样学生们不仅能够提前了解到单元学习任务，还可以提前思考完成核心任务、子任务和作业的思路，与小组同伴沟通，寻找灵感，提出问题，展开讨论等。原本被动的作业发布，变成了学生的主动了解和有备而来，学生对单元学习和作业的积极性与热情也被大大点燃了。

为了实现"全学习"中的拓展迁移，尝试在作业实施中拓宽学生的学习渠道和边界，选择多种学习途径和手段，通过独立完成、小组合作等方式，锻炼学生应用、分析、评价和创造等能力。

例如，单元课时 2 的作业为：以小组为单位，选择较为流行的日常活动，调查、记录班内同学对此活动的感受，以表格、饼图、柱状图、文字等呈现。通过搭建小组合作的平台，将数学学科的统计等知识与课时作业相结合，增加了作业的表现形式，如表格、饼图、柱状图，并将学生成果张贴在学科教室的墙上。这样一来，作业的可选择性、对数学的喜爱度、对数据的好奇心、作业上墙的激励驱动等方面共同促进了学生们对英文采访的参与度，不仅实践应用了英语采访常用的句型表达，锻炼了统计和分析数据等能力，也在此过程中促进了英语学习和作业的完成质量。

再如，单元课时 5 的作业为：在社交媒体上发布文字或视频版 FOTD（今日饮食）并配图后，请在评论区就营养元素摄取、卡路里摄入等方面对至少 5 位同学的 FOTD 进行评价。借用了社交媒体这一渠道，并针对其网络和社交属性，设计了相应的作业，制定了配套的评价手段。首先，改变了以往的思路，即提供评价量规，把食物选择的健康程度、英文表达的准确程度和朋友圈的图文质量作为评价维度，而改为将作业的社交属性融入其中，将朋友圈获得的点赞总数和有效评论作为评价标准。有了趣味性和社交需求的双重驱动，学生们不仅积极完成了作业，也纷纷鼓动身边的同学一起点赞、评论，进一步提高了作业质量和完成品质，也使得单元大概念中的"合理安排饮食"更加深入人心。

"知识建构"作为"全学习"中的重要过程，起着梳理、归纳和总结单元学习知识的作用。例如在课时 4 和 5 中，教师充当示范的角色，将健康饮食的认知建构为"eat the right food"和"eat the right way"两个方面。在课时 6 作业中，将梳理、归纳知识这一角色交给学生，通过在真实生活场景中，用英文采访身边最健康的人，梳理、归纳其运动和饮食等习惯并进行评价，最终建构对健康生活的整体认知，即通过小组分工合作（担任记者、摄像、记录员、评论员等），深入采访一位身边较健康的人士，了解其饮食、运动等日常习惯，学习并总结如何建立健康的生活方式，完成一份可供大家阅读、思考、借鉴的杂志专栏文章或视频。基于课时 4 和 5 的铺垫，课时 6 的作业不仅完成了教师从示范到监督，学生从学习到迁移运用的角色转变，将知识建构的主角从教师变成了学生，加上与真实生活场景的联系，也给予了作业充分的开放性、选择性和独创性，可供学生根据生活经验和采访体会生成专属于小组的个性化健康生活方式认知。

三、教学反思

依照"全学习"理念，通过"成果目标""情境导引""思维对话""拓展迁移""知识建构""学教反思"，本单元设计实施了有梯度层次的作业，与单元课时相结合，前后呼应，共同建构了单元大概念，促进了学生对大概念的理解，挖掘了单元主题意义。

作业设计可按照"全学习"的理念，采用"逆向设计"的思路，围绕学科核心素养，确定单元主题大概念，从师生共同的视角出发，确定单元学习目标，提出核心问题来进行思维对话，创设基于真实情境的核心任务和子任务，明确课时学习及作业目标以进行拓展迁移和知识建构，在单元结束后进行教学反思。

针对本单元的作业实施，在"学教反思"过程中，暂且停留在了教师反思教学设计实施的层面，忽略了帮助学生成为反思的主体，改进学习方法和策略，促进更深层次的元学习。

"育英大讲堂"微讲座：让作业为学生成长"赋能"

北京市育英学校密云分校 张玉淑 刘晨

一、作业设计缘起

2020年开始，一场新冠疫情席卷了整个世界，学校也迎来了非常规的运行模式，教与学的方式发生改变。学校的调查问卷显示，比较突出的问题是教师管理被弱化，如今隔着屏幕与学生互动，以前有效的教学管理方式显然不再奏效，学生被动应对教师安排的居家学习课程，相关学科作业的完成效果也不尽如人意，教师因此变得异常焦虑。

面对此现状，作为班主任，我内心十分焦急，再不采取有效措施，孩子们可真都"放飞自我"了。校长李志欣说："任何事情都有两面性，也许能将焦虑与慌乱，转变成各种尝试和探索。"我不断思考，疫情下的"危机"是否能转化为"机遇"。由此，我与校领导商讨是否可以布置"全学习"式较为开放的作业，为学生提供选择作业的机会，实现内在、强大、深入的学习。最终在领导的大力支持下，决定由校团委具体牵头负责开展"线上育英学生大讲堂"。

任务批准下来，我制订了具体的实施方案，为了让学生找到自己的兴趣、激情与目标，他们不仅可以自主选择任务内容、目标和活动，还可以选择同伴、老师等进行各种评估。我在班内提出这个想法，学生们听后都很兴奋，非常愿意参与。我们计划在初一、初二各选一班先行试点，然后全年级推广。

二、设计与实施过程

1. 作业前期问卷调查

调研问题	学生需求
若作为主讲人或观众,你对哪些方面感兴趣?	书法、航海、绘画、英语口语、电影、戏剧、相声、音乐特长、舞蹈、出国旅行经历、科技发明创造、游戏设计原理、写作、篮球、足球、赛车、围棋、学习产品介绍、跆拳道、防身术等。
若作为互动观众参与活动,你想收到何种鼓励或奖品?	奖状、带有学校 logo 的文具(普通钢笔、中性笔、笔记本等)。
若作为主讲人,你想获得何种鼓励或奖品?	同学们的掌声、老师或同学们的认可。奖杯、奖状、带有学校 logo 的文具、个人风采展示海报等。
作为主讲人,你想几人完成微讲座?	一人独立(2 名同学选此项)。 两人合作(7 名同学选此项)。 三人及以上合作(1 名同学选此项)。

2. 作业形式

通过学生自主报名参与面试、张贴海报、制作课件和主讲稿,最终以讲座形式展现。

3. 活动主题、时间与地点

(1) 主题:"分享是一种幸福"。

(2) 时间:拟定周一至周五晚上 6:00,周末或节假日活动时间由学生自行讨论决定,时长 20~25 分钟。

(3) 地点:腾讯会议。

4. 作业准备

(1) 前期报名。拟设计的调查问卷包括以下内容:申请人姓名、班级、指导老师、接触该领域时间、主讲人联系方式、拟定主讲题目、主讲内容的主要分类（单选且必选，选项包括人文艺术、国学历史、自然科学、生活经验、政治经济）、内容简介与规划（此项为评选重要依据，尽量完善具体）、希望得到学校哪些方面的支持与帮助。

（2）确定活动微主题。

（3）准备好 PPT 与主讲稿。

（4）活动宣传：设计海报，具体内容包含讲座主题、时间、地点及主讲人照片。

（5）直播小助手：需要 1～2 名助手，检查签到情况，管理纪律秩序，记录互动观众留言与名单。

（6）主持人一名：介绍活动流程、活动人物以及进行活动总结。

（7）后期宣传：专人制作美篇；专人运营微信公众号"晨曦五班大讲堂"并做好记录与存档。

5. 流程

提前到场调试设备—活动开始—主持人介绍本次活动并与观众进行互动—主讲人演讲—提问与互动—主讲人分享感受—主持人总结并公布奖励。

6. 评分细则

（1）主持人：总分 = 基本学分 + 出勤分数。

基本学分 50 分。

出勤分数：出勤次数 ×1 分。

奖励机制（分数待定）：

主讲人分数达到 × 分（一等）：奖杯 + 文具。

主讲人分数达到 × 分（二等）：奖状 + 文具。

主讲人分数达到 × 分（三等）：奖状。

（2）观众互动：

回答问题并且答对（原则上一场讲座累计不超两次）：5 分 / 次。

提问（原则上一场讲座累计不超两次）：5 分 / 次。

观看后截图发朋友圈并且配 50 字以上收获：10 分。

观众采取积分制：累计 50 分可兑换一支中性笔；累计 100 分可兑换一个笔记本；累计 180 分可兑换钢笔一支。

减分规则：因说话影响会议秩序，−5 分/次；在聊天对话框输入无关内容，−5 分/次。

7. 活动支持单位与资源

支持单位：北京市育英学校密云分校团委。

活动资源：腾讯会议小程序，奖品，参赛学生，教学和宣传材料。

下面是一位同学参与后写下的感受，原文整理如下，大家可以从学生的感受中体会到他们的兴奋与喜悦，感觉到他们因此得到的能力与素养的锻炼。

今天下午，我们迎来了一次特殊的活动，那就是"育英大讲堂"。这次活动设有观众和主讲人两种身份。通常我只是一个小小的观众，但这次活动，我选择了做主讲人，挑战之前没有做过的事情。

在准备 PPT 的时候，我遇到了各种各样的困难，比如在里面插入音乐，其实一般人可能觉得很简单，但是对于打字都很慢的我来说简直太难了。经历了三个小时的研究，身为计算机"废柴"的我终于成功地把每一段音乐都插进了 PPT。这对我来说也算一个进步。

而更大的进步应该是我成功地给很多同学讲解了一些关于声乐的知识。我比较内向，当知道有很多老师、同学来听我主讲的小课堂时，感到非常非常紧张，因为我从来没有专门给别人讲过课，更何况那么多人。但这次讲课讲得也算成功，成功的原因可以说非常简单，那就是多练习，以及得到了很多人的鼓励。好朋友们一个一个地给我加油打气，还有刘老师和同学们跟我们一次次地彩排，成就了今天的成功。

在主持人念完最后一句话时，我深深地松了一口气，同时成就感"扑面而来"：通过这次活动，我锻炼了自己，也深深体会到了只要努力，就会有收获。（主讲人，初一五班何卓美）

三、教学反思

早在 2016 年，育英学校密云分校就提出"全学习"课程改革理念，其中一个依据就是"互联网+"时代呼唤"全学习"。教育信息化的最高目标是实现信息技术与教育教学的深度融合，从而促进教育的进一步发展和人的全面发展。而作业作为连接课程实施与课程评价的中间环节，从来都不可小觑。

首先，此项作业以学生个人兴趣和需要为中心，是从所选主题开始并以主题为线索向前推进的；其次，此类作业完全是个性化的；最后，学习的过程是生成性的，而不是预设性的。内容围绕趣味性、真实性、价值性三方面展开，由学生自主完成短小精悍的"微课堂""微讲座"，既符合信息时代碎片化、零存整取式的学习需求，又对传统教育教学模式做了有益变革。

同时，在"双减"背景下，学生拥有了更多自主支配的时间，学校老师更应该听取他们的意见与建议，感受他们的情感，尊重他们的选择，为他们创造条件参与学校治理，为他们搭建平台开设多彩的课程，乃至走出校园，找到属于自己的通向成功与幸福的道路。由此，以新颖的方式、迭出的新招让学生在完成作业时兴味盎然，为达到轻负高质的理想境界增添现实价值和意义。

统一的多民族国家的建立与巩固
—— "剧本杀"与历史作业的结合尝试

北京市燕山向阳中学　杨寒文

一、作业设计缘起

"剧本杀"是当下风靡的学生休闲游戏，乘着"双减"减负提质的东风，将"剧本杀"与历史教学进行有机结合，寓教于乐：一方面，可以调动学生对于历史学科的兴趣；另一方面，"剧本杀"沉浸式体验能够加深学生在历史学习过程中的带入体验感，加深对历史知识的理解。

通过创设还原历史场景，使学生设身处地以历史人物的第一视角感知历史，颠覆传统的以第三人称视角"观看"历史的思维，能够让学生充分理解历史事件发生的背景、结果、影响等，以及史实事件在历史长河中的重要作用，与正常教学相得益彰，共同促进学生对历史知识的理解，培养历史核心素养。

部分年轻老师已做了初步尝试，将"剧本杀"形式融入到历史教学当中，并取得了一定的好评。通过与学生共同开发"剧本杀"游戏可以实现师生的双向互动，共同加深对于历史知识的了解，从而实现教学相长。

二、设计与实施过程

1. 作业实施步骤

本次"剧本杀"与历史作业的结合尝试分三个步骤实施。

第一步：教师与学生共同以时间顺序整理秦汉时期重大历史事件。初步将本次"剧本杀"按朝代划为"秦""汉"两章节，本次作业以"秦"这一章节作为试点，涵盖课本第九课《秦统一中国》和第十课《秦末农民大起义》的内容。确定要扮演的角色以及随着历史发展趋势人物角色的转化，编写旁白引导词。为了给学生以全面的历史感知，建议在朝代章节或者具体历史事件结束后，角色定位转化跨度要尽可能大，例如在秦统一中国事件中扮演秦始皇的同学在秦始皇去世后扮演平民百姓。在秦统一中国中扮演六国士兵的同学在秦末农民大起义事件中扮演秦国士兵。

第二步：学生分组制作相关游戏素材，包括但不限于人物卡片、设计时间轴走向地图、相关历史模型道具制作，尽可能还原真实历史情境。

第三步：教师审核并提出修改指导意见，剔除不符合史实的误导性信息，保证"剧本杀"服务于历史教学的根本目的，并进行试玩修改。

本次作业的筹备完成情况如下：

首先，由学生将教材中本单元相关知识点以编年体方式初步整理，鼓励学生自主查找相关教材外的学习资源添入其中，教师做最后的把关审核，将对历史有干扰的错误信息排除在外。

其次，由学生分组制定游戏规则、相关事件年表及地图、相关人物、事件等卡片素材，根据事情发展走向编写旁白引导词，其中引导词是本次作业的重中之重，旁白引导词需要把游戏发展指引至真实的历史发展脉络，以秦末农民大起义为例，游戏走向可能是扮演秦二世的同学想放弃暴政，爱惜民力，允许进行一定的自主演绎加工，但是需要旁白将游戏情节带回真正的历史，可以尝试这样编写引导词以回归历史发展的情况：面对各地上报人民怨声载道的情报，秦二世一度陷入了迷茫，可是望着歌舞升平的朝堂，想起战无不胜的大秦铁骑，仿佛大秦帝国统治之下潜藏的危机又消失了。父亲所盼望的万世帝国如边疆上的长城一样坚不可摧。秦二世的思绪又回到了这次宴会上，一杯接一杯地痛饮而尽。由教师在剧本敲定前做最后的审核，必要时给予相应的修改指导意见。

最后，选取部分基础较好的学生进行试玩，根据试玩情况进行进一步的修改和调整。

2. 作业实施效果

本次作业展示课用时一课时，展示期间同学们参与热情高涨，扮演秦始皇以及朝堂百官的同学代入感极强，针对不同的历史事件以当事人的身份充分参与其中；扮演平民百姓阶层的同学结合掌握的历史知识给予了充分的反馈信息，实现了有效的互动；旁白引导在关键时期做到了修正历史发展脉络的引导说明，圆满完成了本次教学任务，充分尊重了学生在学习过程中的主体地位。课下，同学们掀起了对秦汉时期历史学习的热潮，部分同学自主绘制了心目中相关历史人物的画像以及对秦始皇在建立和巩固统一的多民族封建国家措施的得失进行了激烈的讨论，进一步加深了对于中国历史大一统是中国历史主旋律的认识。部分同学逐步认识到了评价历史人物和历史事件需要从多方面综合看待，更有部分基础比较好的同学，通过本次作业后认识到了应结合具体历史环境去评价历史人物的方法，结合秦朝所处的时代背景与具体历史事件，对相关历史人物形成了相对全面、客观的认识。

从后期问卷反馈结果来看，83%的同学对这种能够充分自主参与设计的作业表示欢迎，希望在今后的教学中继续使用。76%的同学在完成本次作业后再进行相关知识点的考查有了进步。本次作业与传统的做题练习作业相比，给了学生更大的自主性，激发了学生的学习兴趣，实现了寓教于乐的效果。在设计筹备及应用的过程中充分锻炼了学生的综合能力与历史学科核心素养。

针对本次作业，我认为可以在投入使用后继续根据学生所学及反馈动态调整，例如在学习世界史后可以开辟东西方两个发展剧本，经丝绸之路将两个文明进行初步的连接，进一步开拓尝试。

三、教学反思

本次作业设计充分尊重了学生在学习过程中的主体地位，实现了寓教于乐的效果，是"双减"政策背景下一次大胆有效的尝试。但是在实施过程中也暴露了一些问题：

（1）部分学生基础过于薄弱，参与性不强。在本次作业过程中，如果学生没有一定的学习基础与语言表达能力则无法还原出历史事件的经过，从而无法做到相互角色的衔接，造成一种"出戏"的感觉，进而影响整体作业的实施效果。

（2）对旁白要求过高，多次尝试后发现对学生情况预设脱节，过于依赖旁白，出现了部分衔接不畅的情况。

本次作业充分体现了"双减"背景下减负提质的要求，但是对教师及学生的综合能力提出了更高的要求，建议实施阶段为复习课，此时学生有了足够的知识积累并且一改传统复习课只做题讲题的枯燥无味的做法，充分激发了学生的自主学习兴趣。

议题式作业对提高高中思想政治作业有效性探究

北京市大成学校　李莉

一、作业设计缘起

《普通高中思想政治课程标准（2017年版）》建议"以议题的方式提示课程内容"，议题式不仅应成为打造活动型课堂的重要抓手，也应成为提高作业有效性的重要途径。议题式作业即围绕议题，通过设置微议题、创设微情境、自主微探究，采取活动与内容相互嵌入的组合方式，进而发挥学生的主体作用，在合作探究中提高学生的思维品质、创新意识和分析问题、解决问题的能力。

2021年是中国共产党成立100周年，我们党的100年，是奠基立业、开辟未来的100年。聚焦"中国共产党为什么能"这一议题，结合高中思想政治必修三《政治与法治》第一单元"中国共产党的领导"单元主题教学设计此作业，培养新时代学生对党的领导的政治认同，让红色基因、革命薪火代代传承。

我校学生具有美术特长，美术作品是有生命的，学生在绘画过程中会将自身感悟融入其中，通过绘画表达感情。在作业设计中充分发掘学生这一特长，发挥学生发现者、探索者的主体作用，让学生把自己的所思、所想、所悟，用画笔形象生动地表达出来，能够有效地提升学生思维品质，培养学生核心素养。

二、设计与实施过程

1. 课前作业

（1）课前作业准备。

围绕建党100周年，以探寻"脱贫奇迹背后中国之治的核心密码"为议题，在议题解决过程中，以百年党史上的伟大奇迹之一——脱贫攻坚为例，引导学生提炼出背后所蕴含的中国之治的独特魅力——找寻中国之治的核心密码是党的坚强领导——从而理解"中国共产党为什么能"。本议题以"西海固之变"为情境主线，基于两个方面的考虑：一是以西海固为原型的《山海情》是2021年热播的一部电视剧，学生普遍看过，有一点儿认识基础；二是西海固曾被称为最不适宜人类生存的地区之一，其脱贫前后的变化是党领导下的脱贫攻坚的一个极具代表性的缩影。因此，分析西海固脱贫背后的原因，对于身在大城市的学生来说，并没有显得遥远，反而由于其具体生动而更能激发学生的探究热情。

（2）课前作业实施。

学生首先观看纪录片《西海固之变》。纪录片分为三个部分，分别是"西海固贫困历史""西海固脱贫之路""西海固脱贫领路人"。

学生分组：第一小组画"西海固贫困历史"；第二小组画"西海固脱贫之路"；第三小组画"西海固脱贫领路人"。

第一小组绘画思路及作品：当年，在西海固，大伙儿吃水困难，见面第一句话，不是"你吃了吗？"而是"喝水了吗？"半年也难得洗一次澡。以此为创作灵感，第一小组画了《缺水，西海固最大的殇》这幅画。

第二小组绘画思路：在

了解了西海固贫困的历史后,深入分析西海固战贫难不难?难在哪儿?经过分析得出有自然条件恶劣、经济基础薄弱、人们缺乏奋斗精神等原因。而扶贫搬迁是阻断贫困代际传递的有效手段和根本性措施。西海固地区先后进行了6次大规模移民搬迁,累计移民130万人,大大减轻了人口、资源矛盾,移民得以在近水、沿路、靠城的区域拔掉穷根。搬迁之后,有了水,西海固人琢磨着怎么富。

第二小组绘画作品:搬迁到新址更重要的是找到致富之路,第二小组画的第一幅作品是上黄村第一书记杜军在专家指导下带领村民进行菌菇种植。

在此基础上,第二小组又提炼画了第二幅画《两手相握,助力脱贫》。设计灵感一方面来自对口扶贫的模式,众所周知的闽宁对口帮扶,这幅画可以理解为一只手代表福建,一只手代表宁夏。这幅画还表达了在党的领导下,汇聚起多方合力才能激发更大的力量,助力脱贫成功。

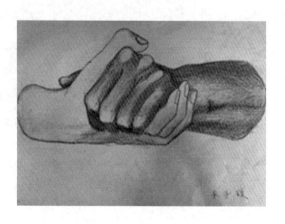

第三小组绘画思路:党的十八大以来,像杜军这样的第一书记还有很多。全国累计选派 25.5 万个驻村工作队、300 多万名第一书记和驻村干部,同近 200 万名乡镇干部和数百万村干部一道奋战在扶贫一线。他们中有的人甚至献出了自己年轻的生命。

第三小组绘画作品:到去世,也没有透露自己患重症消息的原黄花乡党委书记马新娟;扎根贫困一线,鞠躬尽瘁的黄文燕;回乡奉献,谱写新时代青春之歌的黄文秀……他们的名字,将永远铭刻在百姓的心里。

2. 课后作业

(1)课后作业准备。

课堂完成新授课,得出结论:历史和现实反复证明中国共产党具有无比坚强的领导力、组织力、执行力,是团结带领人民攻坚克难、开拓前进最可靠的领导力量,是中国之治的核心密码,也成为"中国特色社会主义制度的最大优势是中国共产党领导"的生动诠释和注脚。但是"脱贫摘帽不是终点,而是新生活、新奋斗的起点",2021 年已经开启"十四五"的新征程,继续大踏步迈向实现中华民族伟大复兴的中国梦。中国梦是国家的梦,民族的梦,也是每一个中华儿女的梦。只要每个人都把人生理想融入国家和民族的伟大梦想之中,把小我融入大我,敢于有梦,勇于追梦,勤于圆梦,就会汇聚起实现中国梦的强大力量。

课上学生交流人生理想:有的谈到未来想成为一名设计师,设计规划宜居美丽的城市和乡村;有的谈到未来想成为一名优秀的画家,画社会主义新面貌，激励更多的人投身到社会主义现代化强国的建设中……

（2）课后作业实施。

请同学们在课下拿起手中的笔，为"青春之我，奋斗之我，未来之我"画像，与祖国未来同行！可以是未来的职业角色画像，也可以是未来的社会角色画像等。

三、教学反思

在分析议题的过程中，学生是认知的主体，教师是指导者、帮助者和参与者。课前学生分组完成绘画、设计问题等，不仅在真实情境和体验中真切感受到扶贫的艰难，进一步思考理解为什么脱贫是"奇迹"，以及党领导下的扶贫成就的伟大，进一步了解了冲在扶贫一线解决扶贫难题的是驻村干部、第一书记们，感受党员的使命与担当，感受我国集中力量办大事的制度优势，学生初步从感性认识上升到理性认识，从而培养科学精神和对党的领导的政治认同。课后学生对自己的未来画像，进一步理解中国梦与个人梦的关系，感受到自己的时代重任，从而增强家国情怀及公共参与意识。

无论是课前作业还是课后作业，都结合了美术生的特长，拿起画笔，在画室中完成，从而引导学生在学科融合中感受、理解和认同党的领导，实现"真学、真懂、真信"，做到知行合一，真正体现了"全学习"课程育人模式所提倡的整合学科育人的各要素、丰富学习方式、使系统育人效应得到最大程度的发挥、提升学生核心素养的教学目标。

《学习导航》：以评价体系构建系统设计九年级化学作业

北京市育英学校　欧阳红霞　王赫

一、作业设计缘起

目前各学校在作业设计实施过程中普遍存在作业设计与教研脱节、与学情脱节、与评价脱节的问题。化学作为一门实验学科，作业布置更应注重实践性，防止因单一纸笔练习作业而导致学生素质培养"偏科"现象。

我们借助育英学校的综合素质评价体系，对九年级化学作业进行了系统设计，并以《学习导航》的形式固化下来。这一做法主要是为了提高作业的计划性，将教学安排与作业设计紧密结合、深度匹配，适时安排实践性作业。同时，将《学习导航》的过程性评价记录与综合素质评价体系的素养积分挂钩，希望达到以过程性评价促进学生作业落实，提升学习效果的目的。本文将阐述如何围绕"教、学、做、评"进行作业设计来解决以往化学学科作业设计存在的问题。

二、设计与实施过程

1. 基于课程标准的教、学、做一体化作业设计过程

首先，依据国家课程标准和学校育人目标，我们明确了《学习导航》中九年级化学作业设计的三大目标：落实学科基础知识、发展科普阅读能力、增强实验探究能力。根据这三大目标，规划了三种类型的作业：以落实学科核心知

识为主的习题型作业、以提高科学兴趣为主的科普阅读型作业、以增强实验探究能力为主的实践活动型作业。

其次，深入每一单元，进一步研读课程标准。我们梳理了课程标准中的内容和教材编排内容的对应情况，确定单元教学目标，再结合本年级学生实际情况确定单元作业目标和课时学习目标，基于课时学习目标确定课时作业目标。

最后，在每一课时中，我们根据学生的学习规律，将作业设计成"课前—课中—课后"系列作业。课前作业是围绕课上将要学习的内容，学生进行有计划的尝试性学习任务，目的是积累感性经验和提高学习兴趣，以阅读型作业和实践活动型作业为主。课中作业是学生在课堂学习过程中围绕核心知识完成的学习任务，目的是检测学习效果和反思学习内容，以核心知识在新情境中的应用为主。课后作业是在课时结束后，学生完成的以巩固和提升核心知识和关键能力为目的的学习任务，以习题和实验探究为主。由于"课前—课中—课后"系列作业的联动，所以课后作业的习题量以中等生的速度规划，一般不超过15分钟。

例如，部编版九年级化学上册第三单元课题1《分子和原子》的第一课时学习目标为：(1)知道物质是由分子、原子、离子等微观粒子构成的。(2)以水分子为例，从微粒的角度解释物质的三态变化，认识物理变化的微观本质。(3)能说出微观粒子具有小、不停运动、有间隔的性质，并能用这些性质解释生活中的现象。(4)能辨认常见物质与分子间的对应关系。本课时学生待提升的关键能力是将物质的宏观现象与微观解释相结合。针对这一课时的学习目标和学生认识的困难点，《学习导航》中补充了有关水分子的三态运动科普文章作为课前作业，为学生从宏观顺利进入微观积累感性认识，大概用时5分钟。围绕4个课时目标设计了课中的反思梳理任务和课后的巩固提升任务。由于目标1和目标4只需达到辨识和记忆水平，相应各设计了一道题。目标2和目标3要达到分析解释能力水平，各相应设计了两道题。再考虑到本课题抽象难懂，还设计了家庭小探索作为选做任务，引导水平相对高的学生在实践中用微观本质解释宏观现象。即使将习题与家庭小探索全完成，本课时的课后作业最多需要20分钟。

2. 借助综合素质评价体系促进作业有效实施

利用教、学、做、评一体化方法设计作业使作业量精简之后，要使作业功能最大化，还有非常关键的一环——作业设计的实施和评价。因此，本设计进一步依托育英学校的综合素质评价体系，设计化学课程评价方案来促进系列作业有效实施。

（1）评价原则。

以激发学生学习化学兴趣为重点，同时落实核心知识，关注学生关键能力培养，重视实践经验积累。在化学学习中，提倡学习互助，互助伙伴能够相互促进，共同进步。在伙伴评价过程中，能够公正评价，诚信记录。

（2）评价细目。

评价指标	评价项目	评价节点	占比率		评价细则（包含计分方法）
过程性评价 60%	基础课程	期中	20%	学习积累 10分	认真完成《学习导航》及自主建构，根据质量每次1—2分。
				平时检测 10分	平时检测优秀且认真改错，根据质量每次1—5分。
		期末	20%	学习积累 10分	认真完成《学习导航》及自主建构，根据质量每次1—2分。
				平时检测 10分	平时检测优秀且认真改错，根据质量每次1—5分。
	阅读课程和实践课程	期中	10%	阅读实践积累 10分	1. 主动完成阅读和实践任务，根据质量给1—5分。 2. 分组实验操作规范，效果好，根据质量给1—5分。
		期末	10%	成果展示 10分	1. 主动完成阅读和实践任务根据质量每次1—5分。 2. 能够对本学期的阅读和实践活动进行反思总结，根据质量给1—5分。
终结性评价 40%	期中	成绩	20%		卷面折合成百分制成绩的20%
	期末	成绩	20%		卷面折合成百分制成绩的20%

本设计针对习题型作业、阅读型作业以及实践型作业分别设立评价指标，对应评价"课前—课中—课后"系列作业完成情况。而系列作业又围绕每一课

题的学习目标设计成自主阅读、反思梳理、应用迁移、家庭小探索、挑战自己等小栏目，印刷在《学习导航》上。最后，老师和学生通过《学习导航》完成情况来评价作业完成情况。

3. 促进学生反思的总结性作业评价单

通常综合素质平台计分均由教师在期中和期末进行记录和平台录入。学生在学期初了解评价细则后，一直等到学期中才会根据细则和教师的评分对学习过程进行被动反思，部分学生还会因为评价滞后而遗忘评价细则，导致教师需要花费不少精力帮助他们解读方案并找齐可能遗失的评价材料。

本设计在评价的过程中引入了总结性作业评价单（见下表），引导学生及时记录跟踪自己的学习过程并自我赋分，在评价时间节点由同伴间互查，课代表统计，教师再根据班级记录单进行核实。将计分纳入作业训练的一部分，教师角色由赋分转为引导和监督。

姓　名			班　级			学　号			
学习积累（记录化学导航完成情况，优良计一分）									
主题1	主题2	主题3	主题4	主题5	主题6	主题7	主题8	主题9	主题10	总计
自主建构（记录化学导航 P59—P71 主动建构完成情况，完成一次一分）										
主题1	主题2	主题3	主题4	主题5	主题6	主题7	主题8	主题9	主题10	总计
平时检测（记录每次小测成绩，及格一次一分，标注日期）										
										总计
实践任务（记录家庭小探索题目，一次一分）										
自主阅读（完成任务单，积极参与讨论交流，主动分享个人见解的加一分，记录题目）										
期中平时成绩					期末平时成绩					
期中考试成绩					期末考试成绩					

之所以这样做，一方面，因为九年级学生的自主规划能力已经初步形成，学生作业评价记录单作为脚手架可以帮助他们进一步提高自主规划能力；另一方面，学生通过自主计分行为，不但可以提升自我效能感，还可以主动认识到学习过程的重要性，从而及时听从老师引导，优化学习过程，逐渐从能学习成长到会学习。

三、教学反思

我们在近三年的教学实践中设计并完善了针对九年级学生特点的系列化学作业，并利用综合素质评价体系为作业的实施提供了有效支持。本设计有如下优点：（1）紧扣课程标准，精简作业内容；（2）形式丰富多样，培养学科素养；（3）评价模式创新，提升综合素质。从已完整使用过该《学习导航》的2020届初三学生的作业满意度调查问卷反馈和全区统考成绩来看，化学组始终排在年级各学科的前列。

当然，回顾完整使用《学习导航》的两届九年级教学过程，本设计方案中还有两个不足可以继续改进：一是加强各单元作业设计的系统性与连贯性，将上一课时的课后作业与下一课时的课前作业进行有机整合；二是加强学生作业自我评价反思与知识能力提升之间的联动性，使能力较强的学生可以在自我评价过程中更深一步地理解题目设计的深意，检验自身知识漏洞，培养元认知能力。

层进式音乐综合性实践作业设计初探
——以《浓郁的思乡情》单元作业设计为例

北京市海淀区五一小学　梁小娟

一、作业设计缘起

小学音乐学科承担着从"审美"到"美育"再到"育全人"的重任。在"双减"提质增效背景下，我们尝试以"科学精神——勇于探究""学会学习——乐学善学""实践创新——问题解决"为切入点，构建音乐学科的作业设计。

音乐的"非语义性"特点，决定了音乐学习应延伸、拓展至学生的现实生活及精神世界。学生在课下围绕音乐展开的学习活动，突出的是学生个体和个性发展，与课堂音乐教学形成互补共生关系，助力学生成为全面发展的人。

根据校内的"音乐大单元主题"课堂教学，以学生的"已知"为切入点，用聆听、演唱、演奏、综合性表演、编创、音配画、欣赏音乐会等多种形式，鼓励学生开展音乐实践活动，是本文所指的"音乐综合性实践作业"。

二、设计与实施过程

1. 设计过程

我以"思乡情"为主线，选取了人民音乐出版社出版的四年级上册《大海啊，故乡》《蓝色的雅特朗》《思乡曲》三首作品，确定了单元主题——"浓郁的思乡情"，以《思乡曲》的课前准备、单元的课后复习和能力延展，进行了三个环节的作业设计。

环节一：小提琴，我知道。以"小提琴"为线索，搜集与小提琴相关的知识以及小提琴独奏的曲目。

环节二：我分享，我快乐。向家人或同伴分享：哼唱或演唱本单元三首作品《大海啊，故乡》《蓝色的雅特朗》和《思乡曲》。

环节三：我欣赏，我体验。拓展聆听其他有关"思乡"情感的音乐作品，并与家人开展"分享会"（一起聆听音频、观看视频、哼唱主旋律、随乐律动等）的形式，表达聆听音乐、体验情感的过程。

本单元的音乐综合性实践作业体现了三个递进的层次：其一，以音乐相关知识积累为主的课前自主学习；其二，以音乐感受、表现为主的课后分享活动；其三，以新音乐作品感受和表现为主的核心素养的延展活动。在探究、体验式的主动学习中，学生逐渐获得音乐核心素养，设计思路图如下：

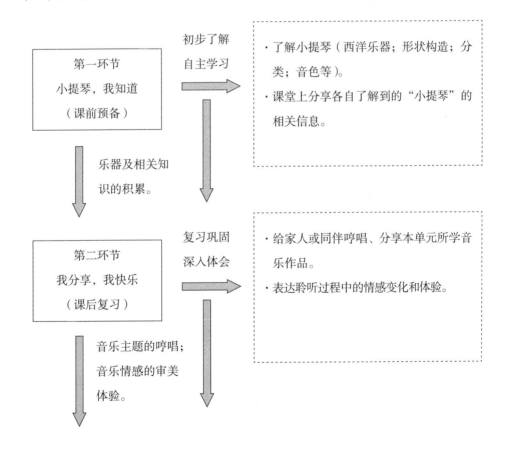

```
┌─────────────────┐
│   第三环节      │      学会运用
│  我欣赏，我体验 │  ═══能力迁移═══▶
│   （拓展延伸）  │
└─────────────────┘
```

· 选择、拓展、欣赏"思乡情感"的音乐作品（音频或视频或现场音乐会或综合的演出活动）并体验；

· 表达自己的聆听感受，并通过"音乐作品分享会"的形式展示自己对作品的理解。

运用新作品，延展已获得的"审美体验"。

2. 实施过程

（1）第一环节：小提琴，我知道。

① 学习目标：

通过自主学习、互相学习，了解小提琴及相关的知识、文化和作品，为新课欣赏《思乡曲》做准备；

在搜集资料的过程中，学会选择、筛选有用的学习资料；

能够发现并尝试解决在搜集资料过程中遇到的问题，培养科学的学习精神。

② 具体作业 1：了解西洋乐器——小提琴。

A. 设计说明：

利用业余时间，通过互联网、书籍、图片、视频等多种方法，相对全面地了解西洋乐器小提琴；与家人交流收集的信息，并进行筛选、梳理，形成一段完整的口述表达语，为课堂上的分享做准备。

B. 内容描述：

认识小提琴，了解弦乐组分类和小提琴的形状、构造及音色；

与家人交流、筛选、梳理信息。

③ 具体作业 2：课堂上分享了解到的小提琴的相关信息。

A. 设计说明：

在《思乡曲》欣赏课的导入环节，学生听辨小提琴的音色，相对清晰完整地表达自己了解到的相关内容（有学习经验的同学可以为大家演奏一段小提琴）。

B.内容描述：

在课上，请学生自主分享对小提琴的认识：小提琴的形状、构造、演奏方法、音色；

学过小提琴的同学可以为同学演奏乐曲的片段。

④实施效果：通过课下的自主探索，学生了解并能分享自己了解到的小提琴的信息，部分学过小提琴的学生为大家演奏了小提琴独奏曲目片段，加深了大家对小提琴音色的认识。

（2）第二环节：我分享，我快乐。

①学习目标：

深入体验音乐中的"思乡情"，稳定业已获得的音乐表现能力、音乐欣赏能力和审美能力；

在准确表达聆听感受的过程中，提升音乐情感感悟和共鸣的能力。

②具体作业：至少选择本单元一个作品与家人进行分享。

A.设计说明：

选择《大海啊，故乡》《蓝色的雅特朗》和《思乡曲》其中一首作品，通过哼唱乐曲主题、演唱歌曲、乐器演奏（有乐器学习经历的学生）、讲述作品的相关音乐文化、律动等形式（选择其中一种或多种方式），业余时间分享给家人，体会音乐带来的情感愉悦，分享音乐带来的快乐。

B.内容描述：

确定自己要分享的乐曲名称；

选择要分享的一种或多种形式：哼唱主题，演唱歌曲，演奏主题（有乐器学习经历的学生），讲述作品相关文化，跟着音乐律动，配乐诗朗诵等；

体会分享带来的愉悦。

③实施效果：学生通过与家人分享的方式，巩固了课堂所学的音乐作品和业已获得的音乐核心素养。

（3）第三环节：我欣赏，我体验。

①学习目标：

选择、明确一首自己要拓展欣赏的"思乡情感"的音乐作品（歌曲或器乐曲）；

通过自主学习和表达,实现音乐欣赏能力的迁移和延展;

通过多种方式的探究和展示,开阔学生的音乐、艺术视野,达成音乐核心素养的提升。

②具体作业:确定聆听曲目,分享聆听过程,表达情感共鸣。

A.设计说明:

鼓励学生选择自己喜欢的新曲目,培养聆听音乐的持久兴趣,尊重他们的独到见解。

通过新作品的欣赏和分享,提升学生的综合艺术素养,实现学生音乐聆听及审美能力的提升,达成音乐核心素养的持续延展。

B.内容描述:

学生确定自己选择的曲目名称和音响版本;

选择要分享的一种或多种形式:哼唱主题,演唱歌曲,讲述作品相关文化,跟着音乐律动,配乐诗朗诵等。

③实施效果:学生确定了新的音乐作品,分享给了家人,把自己对音乐的感受和理解表达出来,得到了家人的好评。

三、教学反思

音乐学习,是从音乐要素感知上升到音乐情感感受的体验过程;是从音乐情感转化为个人情感共鸣的升华过程;是从"音乐审美"到"以美育人"的转化过程。鼓励学生积极参与音乐的感受、体验、表达等活动,在课上、课下的交互中提升音乐核心素养,是本单元作业设计的初衷。

依据学生在课堂上的真实表现,学生课前的自主学习与课堂上的交流分享形成了良好的互补关系。基于此,学生构建了自己的音乐聆听曲目库,并与家人做了互动和分享,本作业设计突出了课上、课下的能力关联及延展;激发了学生主动感受、体验、表达音乐的兴趣;构建了学生真实的音乐生活,丰富了他们的情感及精神世界。

当然,在未来的教学中,如何以更多样的形式帮助学生构建自己丰富的音乐生活,是我们需要深入、持续研究的课题。

后记 | POSTSCRIPT

重构家庭作业的逻辑起点

我们十二个人，忙活了一个假期，书稿终于梳理完成。本书案例主要呈现的是一些骨干教师"双减"背景下有效作业的创意设计，能够给读者以启发。但是，作为一名长期关注作业改进的教育者，想在后记中阐明一下我一直坚持的观点。这是因为我仍然内存隐隐的担忧，"双减"背景下，广大中小学校积极作为，所有老师的精力都投入到校内教育"提质增效"上来，学校的作业的确减下来了，谁能保证家长给孩子的作业也会同步减下来？

在所有教育问题中，作业成了最容易让人情绪化的领域之一。教育部曾多次下达"减负"令，但由于种种原因，仍难以有效落实。其中作业管理是一个关键环节。作业管理不善不仅会影响学生睡眠、体质等身心健康问题，还会降低学生学习兴趣，加剧家庭教育中的亲子矛盾。做好作业管理，要厘清作业来源，找准原因，有效施策。

实践中，即使学校明确规定课下作业量和作业类型，但靠谁来落实？即使学校每天在认真检查作业布置情况，一些隐性的家庭作业也很难控制。比如，小学低年级不允许布置课下书面作业，但教师可以布置背诵作业；调查时，被调查者有可能隐瞒真相。

家庭作业是学习、理解、消化、巩固所学内容的有效方法，教师当然不想放弃这种课下还能继续学习自己所教学科的绝好机会。实践中，在教育评价制度和人才选拔机制都还没有做出满意的科学调整的情况下，任何强行要求教师放弃家庭作业的做法，都会遭到多数教师的抵制。因为教师要想取得"教学成绩"，必须让学生在自己的学科上投入更多的学习时间；当各学科课时一定时，教师必然要想办法占用学生的课余时间，一个简单的办法就是布置作业，布置比其他老师更多的作业。

家长认为家庭作业可以让自己了解学校的想法、教师的教学情况；有助于学生在课下管理好自己的时间；家庭作业是保持学生竞争力和提高学业成绩的重要方式。有家庭作业，家长就能够看见自己的孩子在学习，就能够掌控孩子的学习情况。为了学生"完成"或"正确地完成"家庭作业，教师和家长很容易加强彼此之间的联系。在他们看来，他们一旦没有家庭作业可做，便不会去主动学习，甚至根本不会学习。当家庭作业成了学生课余的主要生活内容时，独立思考和终身学习的习惯便很难在这些学生身上埋下种子。

家庭作业相对于孩子的其他各种学习活动，到底意味着什么？我们应该好好计算一下家庭作业的成本：不堪重负的家长，重压之下的孩子，家庭冲突频繁，自由时间丧失，学习兴趣减弱，不良习惯滋生，等等。（艾尔菲·科恩，《家庭作业的迷思》）"互联网+"时代，在传统纸质线下作业还没来得及更新转型的情况下，又加上了线上的各种作业。

值得深思的是，既然现在的多数人都已经明白这样做不利于孩子的身心发展，是在做着未来会悔之晚矣的蠢事，但为什么布置作业却仍然在一代代地重演？这种明知故犯的思维惯性为何有如此大的力量？

教师可能会说"我们不想失职"，家长可能会说"要尽自己的责任"。这样的理由，促使我们想当然地把学习的责任留给了学生，而不再去读懂我们的孩子，去想其他更有效的办法和策略去激发他们的潜能，点燃他们的兴趣。大家其实都在不自觉地选择了一条简单一致的做法——作业是最容易操作的管理孩子学习的方式。其实这是以自己的懒惰态度与对学习实质的误解来管理孩子学习的教育方式。看着孩子每天趴在书桌上忙着做作业的情景，成人会感到"心安"。但由于作业多，其实教师没办法也没时间用心设想更加有效有创意的作业，而是布置一些抄抄写写的或是重复性、机械性的作业。批改时，就是一个对号或错号或只是签字写上日期。由于作业多，教师无暇设计以育人为目标的课程与活动，致使学生不能全面发展、个性不能张扬、特长得不到培养，缺乏创造力和实践能力。教师不再认真备课而致使课堂效率低下，只好用作业来补救……孩子的未来岂是一个"心安"能够搪塞的！

其实，布置适量的家庭作业本身没有错，关键是以什么心态布置，布置是否有必要；在这种思维逻辑下，布置什么样的作业、布置多少，才是问题的根源。设想当"只有当作业真的重要而值得时，才能予以布置"这一观念确定后，便会逐渐引发教师一系列的思考与措施。

在以纸笔考试为主的选拔机制下，老师很容易把目光盯在课余时间上；当学生不得不完成课下过多的家庭作业时，他的学习质量也得不到保证。因为教师没有精力认真批阅学生所有的作业，学生也疲于应付，而真正需要在课堂上处理的重要问题却丧失了机会。学生在课堂上无法产生真正的学习，教师也无法顺利完成自己已经预设好的任务，于是教师就会以课下作业的形式来"弥补"……一个低效甚至无效循环的教学生态逐渐形成。

最根本的因素还有，有些教师没有把握好课程标准、教材编写、课堂教学、考试命题、管理评价等一系列专业方面的科学依据与有效操作；不少校长的管理方式依赖于行政推动，而真正从专业方面进行有效管理和清晰引领的意识与能力有所欠缺。

那么，如何才能化解家庭作业负担过重的问题呢？我曾在多所学校工作过，我有自己一直坚持的观点：学校要主动自觉行动起来，直面现实问题，动真碰硬，体现出教育工作者应有的责任担当。"专业减负"原点应该是来自课堂改革的效益。

追求课堂高效益需要教师转变观念，由重教到重学，重问题的生成、思维的碰撞、精彩观念的诞生，重当堂的反馈与达标等。当教学中该完成的任务在课堂上就能解决时，教师布置的课下作业就会减少，教师就会自觉设计分层次作业，设计具有创新性、实践性、生活性、研究性的作业，甚至不布置课下书面作业。学生会愿意学习，因为他们享受到了学习的乐趣。

学校需要协调各个学科之间、教师之间作业布置的质量与数量，要求教师精心备课、精心选题、精心批阅、精心讲解，自觉进行课堂变革，教师在课堂上要更加关注育人功能，提升学生的必备品格与关键能力。学校还要鼓励教师开发精彩课程、创新多种学习方式，创设优雅轻松的环境与文化，积极培训教师，提升教师的专业能力与道德素养等，为提升教学效益提供好各种支撑条件。

我要表达的观点到此为止，可能有些犀利，但是我相信会引发读者的思考。不管我们在"双减"背景下，还是在其他背景下，教育规律是不变的，作业的本质目的是不变的，而课堂永远是提升学生学习质量，实现育人的主阵地，只要抓住这个本，理解这个逻辑，作业的设计与实施就不会背离规律与科学。

最后，感谢华东师范大学出版社给老师们提供这次展示的平台，让我们再次思考作业改进的重要性与有效路径，真正意识到国家出台"双减"政策的意义与价值；感谢一起参与编辑整理本书的老师们，他们是袁凤琴、刘向娟、张艳君、丁曼旎、潘啊媛、王小英、尹宏、朱盈梅、王作舟、徐娟、刘怡斐、刘晨；感谢所有提供稿件的老师们，虽然不少老师的作品未能入选，但是体现出了他们的教育情怀与积极改进作业的精神；本书编者引用参考了各位专家的研究成果与实践智慧，在此，我代表大家一并感谢。

由于我们编写组老师们水平有限，可能难免出现观点的偏颇、表达的模糊、引用的疏漏等问题，敬请各位读者提出批评意见，我们将不胜感激。愿我们的作业设计与实施能够真正实现育人为本，让我们一起走向理想的教育之地。

李志欣

2022 年 3 月 1 日于北京